現象学の転回

現象学の転回

「顕現しないもの」に向けて

永井　晋著

知泉書館

序　論

現象学は還元を唯一の方法として「事象そのもの」へ接近する試みである。還元が実体として素朴に思念されたものを徹底して解体し、直接与えられた現象性において証示してゆく作業である以上、この「事象そのもの」とは、厳密に現象学的に考えれば、もはやいかなる実体性の影も残さない「純粋現象性」であろう。だが、さしあたり還元を遂行して現象学的な経験の領野を開いても、われわれはそこで或る種の現象性に接近はするものの、「事象そのもの」としての「純粋現象性」に一挙に達するわけではない。現象学的分析の主題領野はさしあたり志向性／地平という現象化の媒体に映った限りでの「事象の像」にとどまっている。そこでは「現れ（Erscheinung/apparition）」は端的に現れているのではなく、常に何らかの「現れるものの現れ（Erscheinung *des* Erscheinenden/apparition *de* l'apparaissant）」として媒介され、限定されてのみ現れる。いかなる現れもそれだけで自律的に現象することはなく、それがその現れであるような、それ自体はさしあたり現れていない「現れるもの」に地平的に送り返されるのである。世界の現象性はすべてこの差異構造によって開かれる地平の中で無際限に進展してゆくことを運命づけられるが、そのプロセスは一見開放的に見えながら、実は閉鎖的な現象領域に閉じ込められている。しかも地平の内部にいる者はこの閉鎖性に気づくことができず、それを解放性と取り違えてしまうのである。地平こそは還元の体制においてなお残る素朴な実体性の残滓なのだとも言えよう。

「現象学の転回」とは、現象学がこの限界を破って「事象の像」からその本来の、そして究極の主題である「事象そのもの」に突入する出来事である。したがってそれはすでに現れている現象性の平面上で単に主題領域を転換させることではなく、ラディカルな還元を遂行することによって志向的現象性の地平そのものを突き破り、それに先立ってこの地平そのものを出来せしめる根源的な出来事、「現れることそのこと」に接近することである。それはラディカルな変容なのであり、そこにはこれまで「事象そのもの」への途上にあった現象学が経験したことのないある新たな次元が開けてくる。それが「顕現しないもの（unscheinbar/inapparent）」である。

「顕現しない」とはしたがって現象しないことではなく、あくまでも志向性に支配された現象野には現れないということであり、そこでは「目立たない」ということである。もしまったく現象しないならばそれは現象学の主題領野から外れ、素朴な実体形而上学に逆行することになるが、「顕現しないもの」の現象性はそれどころか転回的還元によって開かれた現象野においてはむしろ優れて現れるものなのであり、もはやいかなる地平的な「現れないもの」にも制限されることなく現れきった純粋な現象性として、最も現象学の名に値するものでさえある。そこにはもはや地平的に隠れたもの、現象化していないものはなく、すべてが現れているが、この現れにおいてまさに真に隠れる次元が現象学的に告げられるのである。

転回した現象学はこうして、厳密に現象学的な意味で捉え直された絶対者への問い、すなわち形而上学となる。あくまでも地平的現象性に定位する現象学にとって、形而上学的次元は「現象しない」不可知実体として還元すべき素朴性にすぎないとされる。あるいはそれはせいぜい地平的現象性の目的論的プロセスを導く理念として想定されるにすぎない。だが、転回した「顕現しないもの」の次元においてはむしろ、「現れる／現れない」の意味が還元によってラディカルに変容するために、これまでの現象学の現象性の枠組みの中では現れないとされてきた「絶対者」、「一者」、「無限」、「神」、「生」などと名指される形而上学的次元こそが純粋な現象性を呈示するものとして現象学の究極の「事象そのもの」となる。形而上学は現象学によって初めてその厳密な形態を獲得するに至り、現象学は形而上学においてその潜在力を発揮し尽くして究極の目標に達するのである。

だがこの新たな現象学は、現象学がこれまで主題としてきた現象性の徹底的な否定的解体としてさしあたり構想されるために、独特の困難に曝される。顕現しないものの次元をいかに現象性として示すことができるのか。それは志向性／地平に拠らずに、それとは異なる原理にしたがっていかに像化するのか。この点を解明することが否定的解体のあとに生じてくる課題であるが、その新たな像化の原理が「創造的想像力（imagination créatrice)」であり、それによって現れる現象性が「イマジナル」である。従来の現象学における還元と構成という対になった作業に、転回的還元による現象性の徹底した解体と創造的想像力によるイマジナルの像化が取って代わるのである。この像化の理論を練り上げることが「顕現しないものの現象学」の鍵となるであろう。

そのような新たな像化理論の主なモデルとなるのが宗教と芸術である。宗教は、さしあたり素朴なレベルではあれ、このような世界・存在に先立つ現象性の典型を示し、それが持つ独自の論理を展開している。例えばキリスト教の教義であるイエスを通しての神の「受肉」は、無限の絶対者である神が世界の有限性に切り詰められることなく世界内に現象する独自の論理を提供している。これを還元を通して捉え直すことによって、「顕現しないもの」の現象化の新たな原理とそこで開示される現象性が得られるであろう。とりわけ、概念的な説明に依るのではなく、あくまでも経験に即して教義を実証しようとする神秘主義は、現象学との方法的親和性を持っている。例えばエックハルトの神秘主義を手がかりとして受肉の論理を現象学化することは、自己の根底を超越論的絶対者に向けて掘り下げて行く還元のモデルとして極めて有効である。この還元によって自己は絶対者の顕現の場に変容し、絶対者もこの自己を通してのみ現れる厳密に現象学的なものに変容する。還元と神秘主義的実践のこの対応関係はさらに、キリスト教の枠組みを脱してユダヤ神秘主義カバラーやイスラームのスーフィズムを参照することでより現象学的なものになってくる。そこでは「創造的想像力」において絶対的一者が世界創造(地平的/志向的現象性)に先立って、そこには顕現しない自己の内在において多なるものとして分節化されて現れる「イマジナル」の現象性が決定的な役割を果たすからである。そしてこの現象性の次元こそ、芸術家が製作という暗黙の還元の遂行によって世界の形式への繋縛から脱しつつ作品に像化するものに他ならないのである。

第I部では、「顕現しないもの」の現象学への道を開いた現代フランス現象学の試みに即して、いかなる還元が「顕現しないもの」の次元を開くのか、その次元を現象化する新たな原理とはいかなるものか、そしてそれによっていかなる現象性が呈示されるのかを見てゆく。フッサールによって「事象そのもの」に接近する方法として提唱された現象学は、ハイデガーによって「存在すること」という顕現しない次元に向けていったん深化させられたが、その後この次元は主題的に究明されることなく、サルトルとメルロ・ポンティに代表されるフランス第一世代の現象学者たちによってむしろ世界の多様な経験領域の記述へと方向づけられた。これに対してアンリ、レヴィナス、デリダ、マリオンといった第二、第三世代の現象学者たちは「顕現しないもの」への問いを再び先鋭化させ、敢えて宗教的次元に踏み込むことによってフッサールの志向性や世界地平のみならずハイデガーの「存在すること」すらも真の「顕現しないもの」を覆い隠すものとして解体し、転回的還元を徹底化させている。

アンリは「生(Vie)」という顕現しない形而上学的次元をキリスト教神秘主義やスピノザ、ドイツ観念論などの論理を手がかりとしつつもラディカルな還元を通して現象学化し、これまでの現象学が届かなかった「内在」

の現象野を開示して「顕現しないもの」の現象学への道を新たに開いた。第一章ではまず、この新たな現象学の端緒として、アンリによる転回の概要を示す。現象学的に「絶対者」に接近するにあたって、アンリはスピノザの「自己原因」としての神の観念を「自己触発」として現象学化して導入し、フッサールの「超越論的主観性の自己構成」という構想の限界を転回的に超えてゆく。「自己構成」、「自己現出」から「自己触発」へと還元が深まるにつれて「自己（auto-）」の意味も現象の徹底した自律性へと変容してゆき、そこに新たな現象野が開けてくるのである。

さらに第二章では、アンリによる「顕現しないもの」の現象化とその知の原構造の解明を主題とする。志向性／地平の原形態としての「生き生きとした現在」の差異化＝現象化にすら先立つ生の内在において、いかなる分裂にも媒介されずに密やかに「同じものの自己差異化」という出来事が生起しているが、それは「自己触発」（弱い自己触発）と「自己産出」（強い自己触発）によって二重に構造化されて初めて可能となる。「顕現しないもの」の像化と内在的自己知のこの原構造を、神が「原息子」キリストを生む「受肉」の出来事を現象学的に捉え返す分析のなかで見直し、啓示宗教の論理が脱神学化されて転回した現象学の最深部にいかに生かされうるのかを見る。

第三章ではこのような「神学的転回」の総括を目論むマリオンの「贈与の現象学」に即して「顕現しないもの」の現象学的構造を統合的に示すことを試みる。マリオンはアンリやレヴィナスによる「顕現しないもの」の次元への接近すらもなお限定されたものであるとしてさらに還元を徹底させ、「生」も「他者」もそこにおいて与えられる最も広やかな「贈与」へと遡行するのである。

第II部では、第I部で検討したフランスの現象学者たちが「顕現しないもの」の現象化に際して共通して直面する問題点を克服するべく、西洋哲学の「外部」もしくは「境界線」への「迂回」を試みる。彼らは確かに還元を「顕現しないもの」の次元にまで推し進め、地平的現象性を徹底して解体した。だがそれは新たな現象学の前半にすぎないのであり、解体のあとで「顕現しないもの」の現象性を呈示するというさらに困難な課題が待ち受けている。この点が十分に展開されていないために、呈示される「顕現しないもの」の現象性が極度に乏しいのである。前世代の現象学が世界経験を豊かに記述して見せたのに対して、世界に先立つ「顕現しないもの」の次元を主題とする新たな現象学はいわばミニマルな、「盲目」の現象学にとどまっている。しかし、「創造的想像力」の機能によって「顕現しないもの」の次元にこそ世界地平以上に豊かな現象性を見出す伝統が「東洋」にはある。ここではユダヤ神秘主義カバラーの伝統に即してこの「顕現しないもの」の現象性を探ってゆく。まず第四章で、フッサールの現象学の発想そのものにすでにユダヤ的次元が潜んでいることをフロイトとの対比において示し、レヴィナスとデリダというふたりのフッサールの「ユダヤ人」後継者の現象学的思惟の中にユダヤ性の痕跡を探る。ただしここで言う「ユダヤ性」とは経験的な民族としてのユダヤのことではなく、あくまでも現象学的に還元された意味で用いているのであり、「顕現しないもの」の現象化の可能性を指している。さらに第五章、第六章ではレヴィナスに焦点を絞り、彼の現象学においてカバラーがいかに現象学化され、新たな現象性の原理としてその核心をなしているのかを示す。

第III部では、第II部においてカバラーを迂回することによって獲得された成果を、第I部で「顕現しないもの」へと転回し、変容した現象学に取り入れることで、その限界を超えた新たな「顕現しないもの」の現象学を構想するが、第七章でまずそのような新たな現象学として「イマジナルの現象学」を提唱する。「イマジナル」こそは、世界地平には顕現しない形而上学的一者を「創造的想像力」によって厳密に現象学的に、豊かに像化するものに他ならない。それに続く第八章と第九章では、芸術と民俗学というふたつの分野において「イマジナルの現象学」の展開の素描が試みられる。「イマジナルの現象学」は、転回を経た現象学として、多様な経験領域の中で実践され、示されてゆかねばならないからである。

ドイツの表現主義に属するアンゼルム・キーファーは、「絵画の終焉」という絵画史上の出来事に直面して絵画という形式そのものを葬り去り、芸術に新たな次元を開こうと試みているが、そこで葬られるのは「見えるものの像」という「世界の現象性」なのであって、現象性一般が否定されるわけではない。キーファーはカバラーの「寓意と象徴」という次元を使って世界には顕現しない現象性次元を作品として呈示し、ミニマルや抽象表現主義によって葬り去られたかに見える像を救済しようとする。第八章ではこのメシア的な試みを「イマジナルの現象学」のひとつの展開として新たに捉え直す。第九章では、「妖怪」という民俗学上のカテゴリーを日本の神が「イマジナル」として現象したものとしてラディカルな現象学の中で捉え返すことを試みる。日本の伝統的思惟を、歴史的・民俗学的な方法に付きまとう先入見から現象学的還元によって解放し、新たに主題化しなおす試みである。

目　次

第II部　ユダヤ神秘主義カバラーと現象学

第Ⅲ部　イマジナルの現象学とその展開

現象学の転回

第Ⅰ部　「顕現しないもの」への現象学の転回

第一章　内在領野の開示

序

よく知られているように、フランスの現象学は長い間、サルトルとメルロ・ポンティによって代表されてきた。彼らの功績は、第二次大戦後の混沌とした具体的状況の中で、生きられた現実を厳密に哲学的に思惟することを可能にする方法として現象学を選び、フッサールの「志向性」やハイデガーの「世界内存在」の分析を応用しつつ、世界経験の詳細な記述分析を行ったことにある。その後、構造主義や精神分析、マルクス主義など「主観的なもの」をラディカルに否定する思惟の隆盛の下にフランスの現象学はいったん影を潜めるが、主に八〇年代から新たな問いをもった現象学運動がいわゆる「転回（tournant）」の名の下に展開しつつある。この新たな現象学は、現在の中心人物であるジャン・リュック・マリオン（Jean-Luc Marion 一九四六－）によってひとつの運動として纏め上げられているが、(1) 元来はそのような統一的運動としての意識はなく、同じ次元の問いを問う現象学者たちが必ずしも相互に連携し合うことなく同時多発的に提唱してきたものである。その中心人物がミシェル・アンリ（Michel Henry 一九二二－二〇〇二）とエマニュエル・レヴィナス（Emmanuel Levinas 一九〇六－一九九五）である。彼らの問いは、それぞれが「内在」と「超越」の現象学を標榜しているように、一見相対立する事象を目指しているように見えるが、問いの次元は共通しているのであり、それは、サルトルやメルロ・ポンティが問題にしていたのとは決定的に次元を異にしている。

だが、この新たな問いの次元が何であるかをめぐっては、非哲学的な批判も含めた多くの誤解が流通している。前世代の現象学が還元の方法によって「世界」という事象を発見したのに対し、彼らの現象学は還元をさらに深めることによって「神」という事象を開示するのだとしばしば言われる。確かに、ドミニク・ジャニコーが批判的な意味を込めて「神学的転回」とこの現象学運動を名づけたように(2)、アンリとレヴィナスの現象学は世界を飛び越えて宗教的な次元に向かうように見える。だがそれは、ジャニコーが政治的な意図をもって批判したように、単純に中世に回帰したり、現象学的還元を放棄して、ユダヤ教であれキリスト教であれ、実定的な宗教に帰依するものではない。そうではなく、世界の現象性が前提としている別の現象性次元、決して世界の現象性の平面には現れてこないが、それなくしては世界の現象性が実在性を持つことのない次元、「神」、「生」、「存在」、その他いかなる名で呼ばれようとも、哲学の歴史を通じて形而上学が思惟しようとしてきたが、その方法論的素朴さゆえに捉え損なってきた次元——「顕現しないもの」の次元——を、あくまでも現象学的方法で、還元をラディカルに深化させることによって、伝統的形而上学の限界を超えて、現象性として開示しようとするのである。したがってここには確かに「転回」があるが、それは「〈神学的〉転回」などのように領域的に限定されたものではありえない。ここで問題になっている転回は、まったく無条件な、いかなる限定も受けない次元への思惟のラディカルな転回なのである。

この新たな現象学の射程はフランスに限られたものではなく、フッサールから後期ハイデガーへと受け継がれて展開された現象学の問いを再びフッサールに戻ることで現象学として捉え返そうとする、フライブルク系のドイツ現象学の展開とも事象の上で重なり合うものである。したがってこの運動を、フッサール以来の「現象学運動」全体の中のひとつの転回として位置づけることが可能であろう。この転回は、今後展開されるべきさらに新たな現象学的哲学のための新たな「突破口」を開いたものなのである。(3)今日の現象学にとって、彼らが開いた新たな事象の次元、それも本質的な次元を曲解し、避けて通ることなく、問いとして受け取り、彼ら自身の限界も超えて現象学のさらなる展開を遂行してゆくことが重要である。

本章では、この新たな現象学運動の全体を視野に入れているが、主題的にはアンリの現象学に絞って論じる。アンリの「内在領野」の現象学は「超越」の現象性を目指すレヴィナスやデリダ、マリオンの現象学とは正反対の方向を向いているように見えるが、世界の現象学が見逃してきた「顕現しないもの」の次元を還元によって主題化しようとする点では彼らと共通しており、そのような現象学のひとつの典型を示していると思われるからである。

一　「顕現しないもの」への現象学の「転回」

(1)　フランス現象学における諸々の転回

現在フランスにおいて、現象学の多様な「転回」が語られている。神学的、実践的、芸術的、認知科学・分析哲学への転回。それは、これまでの現象学を制限していた枠を超えて、現象学のもつ可能性を開きつつあるものと言えよう。「現象学を転回させる」と題した『哲学雑誌』の特集号(4)の巻頭で、編者のユーグ・ショプランは正当にも、これらの「転回」に関わるふたつの点を取り出している。まず、現象学の「転回」とは、神学的、芸術的等いかなるものであれ「外部」から現象学に押し付けられたものであってはならず、「現象学はそれ自身が転回である」という点である。新しい多様な経験領域へと現象学そのものが展開してゆくことこそが「転回」の現象学的な意味である。もうひとつの点は、「転回」が現象学と形而上学との新たな関わりを結ぶことを要求するということである。

ここで述べられていることは正しいが、このふたつの要求を満たすためにも、「転回」がどうしても経由せねばならない地点がある。それが、「現象学の転回」の原点になっているハイデガーの「顕現しないもの」への「転回《ケーレ》」である。ハイデガーの「転回」において何が問題になっているのかを理解した上で、それを現代の問いの文脈において批判的に継承するものとしてこれらの「転回」を捉え直すことが必要なのである。今日盛んに行われているように、現象学をただ単に認知科学へ接続するだけでは本論で問題にしている「転回」はありえない。

「顕現しないもの」への「転回」とはまず第一義的に、思惟が単に何らかの新たな領域へ転回することではなく、思惟が「事象の像・表象」（非実在的な平凡な意味での現象）から身を背けて、「事象そのもの」（ラディカルな現象としての実在）へ参入することなのである。その意味で、この「転回」は「事象そのもの」に接近するという現象学の「約束」を成就するものとなるだろう。こうして現象学は「途上における現象学」から「現象学そのもの」となる。そのような「現象学そのもの」の「事象そのもの」こそが「顕現しないもの」なのである。

（2）「顕現しないもの」の暫定的規定

問題になっている「顕現しないもの」とは何を意味するのか。その暫定的な規定をすることから始めよう。

「顕現しないもの（unscheinbar/inapparent）」は、「現出しないもの（inapparaissant）」、もしくは「見えないもの（invisible）」などと表現してもよい。いずれにせよ、現象学が、ギリシャ以来伝統形而上学において実在に対してその影としての身分に甘んじてきた「現象」をこの形而上学的体制から解き放ち、「現れること」をこそ「存在すること」と等置するものである以上、一見その現象性の否定であるかに見えるものを現象学の主題事象とするのは矛盾しているように思えるかもしれない。それでは、カントの「物自体」のように、人間の可能的経験には現れることのない不可知実体を今一度現象学のなかに持ち込むようにも思われる。実際、そのように考えて「顕現しないもの」の現象学を認めない現象学者も多く存在する。だが、事象に即して考えるなら、事態はそれほど単純ではない。

まず、「顕現しないもの」とは「現象」に対立する概念ではない。「顕現しないもの」は「現象しない」のではなく、かえって通常の意味で「顕現する」現象――世界の中に対象として現れる存在者の現象――よりも〈本質的な意味で現象する〉のであり、〈純粋な現象性である〉と言うことができる。だから、「顕現しないもの」は現象学の事象たりえないどころか、それこそがその最終形態にまで徹底化された「現象学そのもの」の事象なのである。(5)

なぜなら、通常の、世界内で動く思惟や知覚に対象として与えられる現象、もしくは明確に対象として定立されていなくとも、それに準ずる形で受動的にであれ与えられている現象は、その本質に由来する必然性によって、完全に現象化しきることはないからである。例えば目前にある立方体を知覚するとき、われわれはある特定の視点からしかそれを知覚することはできない。立方体はその一面しか与えない。あらゆる面から一挙に、全体を捉えることは知覚には絶対に不可能である。フッサールの言葉を使えば、世界の内部に存在し、「外部知覚」の対象となるものは「射影」する。すなわち、直観的に充実されるのは一面だけであり、その周囲には膨大な空虚な（充実されていない）「内部地平（その立方体の内部のまだ見られていない面）」と「外部地平（立方体の周囲との関係におけるまだ知られていない規定）」を伴って現出するのである。この事情は、「内部知覚」においても基本的に変わらない。後に超越論的主観性の「自己構成」の問題に即して見るように、知覚する主観性が自己を捉えようとする場合でも、「内的時間意識」という地平的射影の構造を免れることはない。カントの概念を借りるなら、われわれの経験は「可能的経験」に制限されているのだとも言える。カントにしろフッサールにしろ、「超越論的哲学」においては、われわれの経験の「有限性」が基本になっており、それゆえに一挙に全体を与えるとされる「純粋な現象性」は「独断論」や「素朴形而上学」の名の下に可能性から除外されてしまう。このような現象学が考えうる「見えないもの」、「現出しないもの」は「空虚な地平」のことであり、さしあたり今・ここからは「見えない」という意味であって、それは、身体を移動させたり対象を動かしたりして状況を変化させることによって「現れる」ことが可能である。つまり、それは条件付きで相対的な「現れなさ」なのであって、絶対的な意味で「現れない」わけではない。

　このような地平的な「見えないもの」、「非現象」と、ここで問題になっている「顕現しないもの」とは何の関係もない。「顕現しないもの」は絶対的な意味で「現れない」のである。いかに状況を変化させてみたところで、「顕現しないもの」が世界地平のうちに「現れる」ことはない。だが、この「地平面に現れない」という徹底的な非顕現こそが「純粋現象性」を示している。それは志向性や地平とは「別の仕方で」現象するのである。それこそが「顕現しないものの現象学」の目指すものであり、その現象性の構造と具体的な現象学的現象様態を明らかにするのが新たな現象学の課題である。

(3) ハイデガーの「転回」とそのふたつの問題点

このような意味での「顕現しないもの」への道を開いたのがハイデガー、とりわけ彼の「後期」の思惟を画することになる「転回《ケーレ》」である。ハイデガーの「転回」の詳細に立ち入ることはここではできないが、本論の文脈において必要な限りで、その要点だけを取り出しておこう。

ハイデガーは当初からフッサールの志向性を軸とする現象学を批判的に継承しつつ、「存在するもの」との差異における「存在すること」という、世界の地平面には姿を現すことのない事象を現象学の主題とした。「存在すること」はしたがってある意味で初めから「顕現しないもの」として規定されている。その思惟の出発点となった『存在と時間』(一九二七)において、ハイデガーはこの「顕現しないもの」を現象にもたらす方法としての新たな現象学を構想している。そこでは、「さしあたり現れていないもの」を、志向性のまなざしのもとに暴き出すのではなく、「それ自身の方から顕になるがままに、それ自身の方から見えるようにさせる」(6)のが現象学の方法だとされる。『存在と時間』全体を通じて行われた有名な分析は、この方法の実践にほかならない。だが、フッサールの現象学の欠陥を補うものとして解釈学が導入されたため、「存在すること」がそのものとして明らかになることはなく、なお「存在するもの」とのすり替えが起こっている。この現象学の当初の混合形態(「存在者の存在」を顕にする現象学)から「存在そのもの」を開示する「現象学そのもの」への転回が「転回(Kehre)」と呼ばれる出来事である。(7)

このようなハイデガーの議論に対して、ここでふたつの問題点を指摘することができる。

①「顕現しないものの現象学」の提唱が、なお「解釈学的」レベルに留まること。ハイデガーが「顕現しないものの現象学」を提唱したのは、ジャン・ボーフレの主催によってツェーリンゲンで開かれたゼミナールにおい

てであるが、そこでは、「顕現しないもの」が現象学的分析において示されるよりも、ヘラクレイトスとパルメニデスのテクストのなかに「思惟されていないもの」を読み取る解体的解釈という道が採られている。(8)

②「存在そのもの」の実体化の危険。「事象がおのずから現れるがままに現れさせる」という現象学の基本的な態度は維持され、それが徹底化されたものが転回であった。だがその転回においては、存在を顕にする「現存在」というフィルターも解体され、それとは次元を異にする審級における「存在そのもの」の現象化が目論まれる。そこではともすれば「存在そのもの」が自己展開するかのような印象を与えかねないが、それは現象学である限り、形而上学的実体の自己展開を外から思弁的に説明するものであってはならない。そこでは「現存在」に代わって「存在そのもの」の生起の場となる「自己」の身分を現象学的に規定することが重要となる。(9)この、近代的主観性とはもちろん、フッサールの超越論的主観性とも現存在とも異なる「自己」とはいかなるものだろうか。ハイデガーは、後期の『時間と存在』などで「存在そのもの」の根源的な動きを「それが与える(es gibt)」や「生起(Ereignis)」として語るが、(10)ハイデガーの真意はどうであれ、この出来事を「それ(es)」と名指すことは、現象学的には危険が大きすぎると言うべきだろう。レヴィナスがハイデガーの「存在」に対して行った「中性的なものの唯物論」という批判はあまりに素朴だが、現象学的に捉え返すならば、それも故なきこととは言えないのである。あらかじめ指摘しておけば、アンリの現象学は、レヴィナスと同様、存在の匿名性を批判し、生(存在)の内在に組み込まれた限りでの根源的な自己性・特異性を原現象化の原理として強調する試みである。

要するに、このような次元では現象学が、すでに解体したはずの素朴形而上学へと逆行的に滑り込んでしまう危険が常に伴うのであり、それに抗して「顕現しないもの」を、あくまでも「現象」に即して現象学的に示すこと、そしてそのためにさらなる還元の遂行によってその現象化が起こる場としての「自己」を練り上げることが要求される。ここに、「顕現しないもの」を現象学的に思惟するにあたってハイデガーからフッサールにいったん戻る必要性があるのであり、それが現代フランス現象学に共通した特徴となっている。だがそれは、単純にハイデガーを否定してフッサールの現象学に戻るということではない。フッサール的な意味での現象学的分析を重んじながらも、フッサールの限界を超えて還元を徹底化することによって「顕現しないもの」の次元に迫ることが問題となる。

では、フッサールによる現象学的絶対者への接近の試みを、それを転回させるためにも検討し直すことから始めよう。

二　現象学的絶対者への接近――「自己構成」から「自己現出」へ

(1) フッサールの自己構成論

フッサールは、その超越論的現象学の構想において、還元によって世界の多様な現象野を開いてゆくと同時に、その世界そのものの発生の超越論的「起源」を超越論的主観性のうちに求めてゆく。その探求はしたがって、究極的には「超越論的主観性そのものがいかに存在するのか」を問うことに行き着くが、それは現象学的に言い換えれば「超越論的主観性はいかに現出するのか」という問いである。究極的にあらゆるものを構成し、現れさせる力をもつのは現象学的体制のうちでは超越論的主観性のみであるから、超越論的主観性の構成の問題は「超越論的主観性の〈自己〉構成」の問題となる。これが、あらゆる意味を構成されたものとして還元してゆく現象学の体制内で唯一可能な「絶対者」への問いである。そこにおいて、志向性によって構成される世界のあらゆるノエマ的意味が非実在的な表象の性格を持つのに対し、唯一表象化・非実在化できない実在としての絶対者が現象学的に示されねばならない。現象学はここにおいて形而上学に踏み込むことになるのだが、そこには還元を徹底化させることによってのみ次第に克服されてゆくべき大きな困難が横たわっている。

フッサールはこの問題に、『内的時間意識の現象学』の一連の分析においてすでに立ち向かっている。彼はあらゆる現象化の場としての超越論的主観性自身がいかに構成され、現出するのかを分析してゆくなかで、本来は対象の現出に即して練り上げられた志向的「構成」モデルに呪縛されるがゆえに、「自我極が流れを構成するのか」、それとも「流れからこそ自我極が発生するのか」という考えの間で揺れながらも、「絶対意識流の〈自己構成〉」という考えに至る。すなわち、このレベルでの意識の流れは、その流れの背後に、もしくはメタレベルに控えた極としての自我によって構成されるのではなく、〈流れることそのこと〉において、〈対象（例えば音）〉を現れさせると同時に、まさにその同じプロセスにおいて〈自己自身〉をも現れさせるというのである。志向性が二重に機能すると考えるわけである。そして、この二重の志向性からなる意識流を、その背後にそれを構成するものはもはや何もないという意味で「絶対的」と形容するのである。このように、現象学的に「絶対的」とは「自己構成する」ということに他ならない。

しかし、この「超越論的絶対意識流の自己構成」がいったいいかなる構造によって可能なのか、現象学的絶対者とはいかなるものなのかは、これによって解決されたどころか、問いの出発点に着いたに過ぎない。フッサールが言うように、「絶対者に対する名をわれわれはまだ持っていない」[11]のである。「時間はまだ現象学的な絶対者ではない。それは構成された何者かである」。時間に先立って時間を構成する構造は、さらに還元を推し進めることでようやく顕になってくるであろう。

時間化そのものは時間の流れとは次元を異にし、時間そのものをそもそも可能にする根源的な構造である。不十分に終わった『内的時間意識の現象学』の分析以降、フッサールは何度もこの問題に立ち向かうが、とりわけ重要なのは後期の「生き生きとした現在」の分析である。そこではこの原構造が、時間に先立って生起する「立ち止まること」と「流れ去ること」の根源的綜合として明らかにされている。こうして、根源的な「現在」そのものは時間の形式によって構成されるものではなく、時間性とも区別され、あらゆる現象性の綜合がそこにおいて初めて可能になる時間性そのものがそこから発生してくる究極の原構造として姿を現すのである。(12)

しかし、新たな還元によって『内的時間意識の現象学』の限界も超えて超越論的原起源に迫るこの分析も、「世界」の現象性を基準にして、その発生根拠として構想されている点では初期の分析以来変わりがない。世界の現象性の根拠として現象学的絶対者には「立ち止まること」と「流れ去ること」の二元的原分裂が不可欠だが、その二契機の内的関わりはどのように基礎づけられるのか。それらは互いに還元不可能な、外的な二契機なのか、それとも同じひとつの原構造の二契機なのか。この点が明確でないのである。原分裂の二元性はそれによって分節化し、展開してくる世界の現象性から遡って示される原構造としては確かに有効性を持つが、それがそのまま現象学的絶対者の構造と言えるかというと、それは自明ではない。これらの問いに答えられない限り、現象学的絶対者という究極の実在性に向かう現象学的形而上学の問いは満たされることはないだろう。

現象学的絶対者を、それによって構成されたものとの相関性において規定するのではなく、「そのもの」として顕にするには、いかに根源的なものであれ、二元性から非二元性へのある決定的な飛躍が必要である。自己が自己を構成すること、さらにはその自己構成の原形態としての「生き生きとした現在」への還元でもまだ届かない、そのさらに手前に、いかなる分裂も必要とせずに密やかに生起する現象性を発見せねばならない。[13] アンリは、『内的時間意識の現象学』の分析を転回的に読み替えることによってこの真の現象学的絶対者の次元への飛躍を試みる。

(2)「自己構成」から「自己現出」への転回

この決定的な飛躍が何によって可能になったのかは、三「「自己原因」の現象学」で見るとして、ここではアンリによる『内的時間意識の現象学』の転回的読み替えを検討しよう。

アンリは『実質的現象学』で、フッサールの時間性の分析を「全哲学史のなかでももっとも美しい分析」とまで賞賛しながらも、或る旋回点を軸として、フッサールがかすかに垣間見ていながらも引き返してしまった次元、「思惟されなかったもの」、「顕現しないもの」に向けて転回させることを試みる。[14] その旋回点となるのが「原印象」である。「原印象」を巡るこの問題に関してはすでに多くの議論が費やされているが、重要な点を押さえておこう。

対象性の構成であれ自己構成であれ、フッサールの時間分析の基本となるのは、「原印象・過去把持・未来予持」の連続的推移としての「幅を持った現在」という考えである。志向的分析とは一般に、何らかのすでに成立している現象性から還元的に遡って、それを可能にしている志向性の構造を明るみにだしてゆく作業だが(したがってそこには「新たなもの」、「未知のもの」を「発見する」ための場所はない)、あらゆる現象性が究極的に前提している原構造こそがこの「現在」の構造に他ならない。いかに無時間的・超時間的に見える理念的な対象の構成であれ、現象学的還元の体制内では、根源においてはこの現在の時間化構造に支えられていると考えられる。この原構造のさらに中核をなすのが「根源的に与える原意識」とされる原印象である。時間流の各位相において、その都度新たに原印象が与えられるが、それはすぐさま過去把持と未来予持という「受動的な志向性」に媒介されることによって初めて現象する。過去把持と未来予持はここで意味の地平的枠組みとして働いており、それは先に「顕現しないもの」の現象性に関して見たように、或るタイプの――フッサールの現象学を支配している――現象性（世界の現象性）の本質的構造をなす地平的現象化の根源形態に他ならない。原印象は過去把持に連続的に媒介されて初めて現象性を持つということは、したがって、外部知覚と同様、「現在」という根源的な時間意識の原綜合においても「世界の現象性」が相変わらず唯一のモデルとして前提されていることを意味している。

アンリが解体し、脱出しようとするのはまさにこの支配的な現象性のモデルである。彼はこのような現象性の構造を「世界」、「脱自」、「超越」などと呼び、このような現象性が現象性一般の唯一のモデルとしてギリシャ以来の西洋哲学の歴史を支配してきたことを「存在論的一元論」と名づける。「顕現しないもの」に対して「顕現するもの」しか現象性として認めないこの思惟の体制を突破することがアンリの転回なのである。

原印象こそは、フッサールが世界の現象性の分析のまさに核心部分に残した、この現象性を突破するための手がかりである。これはレヴィナスも彼にとっての「顕現しないもの」である「他者」に向けての突破口として同様に注目する点であるが、原印象はその本質において二義性を孕む。一方で、それは今見てきたように、世界構成の原点としての役割を果たす。そのような原印象は初めから過去把持に媒介されているものとしてのみ考えられる。だが他方で、原印象は過去把持によって初めて志向性に媒介されるのであり、それ自身は志向性を持たない「原創造」、「根源的湧出」と考えることもできる。フッサール自身はいずれの解釈にも通じる諸分析を残しているのだが、その解釈を巡っては多くのフッサール解釈者や現象学者たちが前者の可能性を採っている。だがそれは、アンリやレヴィナスのような「顕現しないもの」に焦点を合わせる現象学者にとっては、「存在論的一元論」すなわち世界の現象性という特殊な現象性の故なき優位に眼を晦まされているからなのであり、虚心坦懐に見るなら——すなわち、しかるべき現象学的還元を徹底して遂行するならば——原印象はそれだけで、「そのもの」として現象する力を持っている。ただ、この現象性はいかなる志向性にも媒介されないから、空虚で実在性のない地平に囲まれなければ世界の内部には何も意味として現れなかったのと同様、世界の現象性に慣れきった眼には「目立たない＝顕現しない（unscheinbar/inapparent）」のである。

アンリは、原印象をふたつに分かつこの差異に基づいて「ヒュレー的現象学」と「実質的現象学」のふたつの現象学を分岐させる。ヒュレー（素材）とは、モルフェー（形式）すなわち世界の現象性を現れさせる志向性と対になった言葉で、それ自体は志向性に先立って与えられるにしても、あくまでも志向的モルフェーによって合理化され、意味化されて世界地平の中に現出するものとしてそれに従属している。このようなヒュレーはしたがってフッサールの「構成の現象学」の基礎部門として位置づけられる。これに対してアンリ自身がこれを転回させることで提唱する「実質的現象学」はもはや構成がとどかない次元への「還元の現象学」の徹底化であり、いかなる意味でも志向性への従属から解き放たれた「原ヒュレー」、より積極的に表現すれば「現象学的実質」の独自の現象性を巡る新たな現象学である。そこではもはや意味論的に過去把持との結びつきを拭い得ない「原印象」（Urimpression/Impression originaire）という呼称すら相応しくないのであり、「印象」（Impression）と端的に表現するべきであろう。その現象化のために自己とは本質的にまったく異質な志向性の力を借りる必要のないこの「現象学的実質」（matière phénoménologique）は、その性格ゆえに「現象学的実体」（*substance* phénoménologique）とすら呼ばれることができるだろう。ただし、当然のことながら、この意味での「実体」は素朴形而上学の意味で理解されてはならず、志向性の現象学よりもさらに還元を徹底化させた地点で、志向性の地平内では目立たず・顕現しなかった現象性を顕にすることによって始めて実質的現象学的な意味を持つのである。

だが、時間論の枠組みのなかで、フッサールから出発してその分析を「転回的に読み替える」ことだけでは、フッサールが予感しつつもその方法的制限のために捉えられずにいた「現象学的絶対者」＝「自己現出」をフッサールの限界を通してかろうじて消極的に垣間見ただけであり、その原出来事をまだその現象学的積極性＝実証性において捉えたことにはならない。それを捉えるためには、いまや、フッサールが踏み出せなかった一歩をアンリに可能にしたものを原理として捉えねばならない。原印象と印象、ヒュレーと現象学的実質との間の差異を、ふたつの原理の間の差異として摑まねばならない。アンリが志向性なき「印象」の原贈与の内に見て取る「顕現しないもの」をその具体的現象性において見る前に、「原印象」から「印象」への微妙だが決定的なこの「ずれ」を可能にしたのはいったい何か、その新たな原理を考えてみよう。

三　「自己原因」の現象学

（1）「自己原因」の導入

では、絶対者そのものから出発するこの新たな原理を、アンリはどこから得てきたのか。

アンリが依拠する内在性の存在論的根本経験は、彼の最初の主著である『顕現の本質』(15)において述べられているように、フィヒテやとりわけエックハルトの神秘主義にあると考えられてきた。世界の志向的現象性に先立つ内在的現象性とは、エックハルトが神性と魂の同一的・内在的関係として説き明かしたものを現象学的還元を通して語り直したもののようにも思われる。神性の内在においては、魂はコギトや超越論的主観性のように世界や神から分離され、対立するものではなく、その内在において産み出され、誕生するものとして捉えられる[16]。

だが、エックハルトやフィヒテからの深い衝撃におそらく先立って、アンリの内在性の現象学をその根底で規定しているのはスピノザであることが近年注目されてきている。アンリが一九四三年にジャン・グルニエに提出し、彼の哲学的出発点となった学位論文が『スピノザの幸福』と題する論文であったことは以前より知られていたが、この論文が二〇〇四年にジャン・ミシェル・ロンニョーによってその優れた大部のコメンタール（「ミシェル・アンリのスピノザ主義に関する研究」）を付して単行本として出版されたことで[17]、スピノザ哲学がアンリの現象学に与えている決定的な影響が明らかになっているからである。以下、デカルトとフッサール、スピノザとアンリを二重写しにして、アンリがフッサール現象学に対して新たに導入した原理をスピノザの「自己原因」として考えてみよう。

デカルトによるコギトの発見は絶対者からの自己の決定的な分離であり、それによって中世は近代という時代に突入する。デカルトによってギリシャ以来多様な意味の変遷を蒙ってきた「自己原因」という観念は超越的な神の属性とされ、コギトとして確定された自己はそこから分離されることとなった。こうして、エックハルトに見られるような神への魂の内在とそれに基づく魂による神の直接知は決定的に否定され、以後、「知」とはこの分離を介してのみ可能なものになるだろう。以後、この分離を原理とする哲学は、カントの超越論的哲学によって強化され、近代から現代の思惟を支配することになる。フッサールの現象学はまさにその系譜を引くものであり、それゆえに世界経験の開示においては有効に機能するが、絶対者の認識という形而上学的次元においては、先に「自己構成論」のアポリアに即して見たように、その無力を曝け出すのであった。まさに時代を画することになるデカルトによるこの決定的な分離に対して真っ向から異を唱えた唯一の哲学者がスピノザである[18]。

スピノザがデカルトの「分離されたコギト」を内在の内に置き戻すに当たって用いる論理は、コギトを実体としての神の内在的様態として捉え直すことである。この神的内在においては、実体（神・実在そのもの）と様態（表象する自己）との関係はそれまでのデカルト的分離に基づく考えとは一変する。最も重要な違いは、実体が様態にたいして全体として現れる点である。これがスピノザが「表現」と呼ぶ関係である。様態としての自己は実体と「同じもの」なのだから、同じものが自己の内部で自己以外の何ものによっても媒介されることなく自己表現するわけである。そこでは分離を前提する地平的現象性とは異なり、全体が一挙に現れることになる。このような全体を内側から直接に捉える認識を、スピノザは、分離を介した常に部分的に留まる表象知である「第二種認識」に対して「第三種認識」と呼ぶ。アンリの試みは、この「第三種認識」を現象学化することに他ならない。

この内在的実体－様態関係はさらに、「自己産出」の関係として捉えられる。全体が部分に制限されることなく全体として様態化することは、「生む」関係によって実現される。これをスピノザは有名な「能産的自然」と「所産的自然」という概念で表現するが、これは同一性の内部での差異化・像化を現すものに他ならない。絶対者の内在的自己差異化・自己像化は、この「産出」をモデルとして思考可能なものとなる。この点も、後に述べるように、アンリの現象学にとって極めて重要なファクターとなる。

スピノザでは、このような内在における絶対者の自己像化・全体の自己差異化構造を解明するにあたって、よく知られているように幾何学的論証の方法が採られている。これは、実体と様態の関係をある超越的な視点から俯瞰的に見て取ることに他ならないが、全体としての実体が全体として自己像化する様を捉えるにはその内部から記述する方が相応しいであろう。若きアンリがスピノザを解釈するにあたって、当時の主流だったブランシュヴィックらが重んじた『エチカ』の幾何学的論証を一切切り捨て、その根底にあるスピノザの根本経験、すなわち全体の全体としての内在的自己像化の経験をできる限りそのまま取り出すために現象学の方法を採ったのはそのためである。現象学こそは、少なくとも「約束」として、「事象そのもの」に接近すること、ここでは全体の内在的自己像化という出来事のただなかに参入しつつ思惟することを可能にするはずだからである。だがその「約束」を果たすためにはこれまでの現象学が使用してきた還元をラディカルに変容させることが要求される。

(2) 「自己原因」の現象学化とその内的構造の解明

では、このようなスピノザの「自己原因」の原理はアンリによっていかに現象学化され、デカルト／フッサール的な現象学を変容させるだろうか。①まず、この原理に応じた還元の変容を見、②次いで、先に見た「印象」の分析に「自己原因」の分析を重ね合わせることによって絶対者の像化の現象学的構造を解明し、③さらにその具体的現象性を示すことを試みよう。こうすることで、「印象」は直観的呈示という従来の現象学の方法的制限を越えて「自己原因」の独自の自己現出構造によって基礎づけられ、「自己原因」は形而上学的思弁に留まることなく、現象学的実証性において示されることになるだろう。

① 「反還元」

現象学的還元とは、先に触れたように段階的に深まってゆくものであって、還元の次第に深まりゆく遂行こそが現象学の実践そのものだとも言える。それゆえに様々な次元で多様な還元が遂行されるのだが、それらの還元は皆、与えられた世界の現象性を開くという点では共通している。これに対して「自己原因」への飛躍としてアンリが遂行する還元は、そのような意味での顕現する世界を開示するのではなく、むしろ世界には「顕現しない」次元を開示するという意味で「逆還元」もしくは「反還元」(contre-réduction)と呼ばれる。[19]

先に触れたように、フッサール的な、志向性と相関関係にある還元は、すでに成立している現象性を手引きとしてそれを構成した志向性を遡行的に暴いてゆくものであり、その限りで「新たなもの」、「未知のもの」を現象性として発見することはできない。このような予定調和的な還元では、それによって開かれる現象性がいかなるものであるかはいわば予め分かっているし、還元する自己が還元の遂行によって開かれる事象そのものに巻き込まれて変容するなどということもない。それほどに法外な事象を開示する力はこの還元にはないのだと言ってもよい。

これに対して「反還元」が開示すべき唯一の「事象そのもの」は世界ではなく現象学的経験としての「絶対者」なのであり、そこでは、事象の志向的な像を顕にする従来の還元とは異なり、このような志向的相関性、均衡関係を破って、まさに「事象そのもの＝絶対者」の内部に踏み込むことによって「未知なるものの到来」を開くことにこそその本質がある。このような絶対者としての「事象そのもの」は還元を「条件」として顕になるのではない。むしろ、いかなる条件にも先立って、「そのもの」として生起している事象が一切の志向性の地平を超え、法外な「剰余」として志向性を「飽和」し[20]、解体しつつ到来するような現象性なのである。この還元の実践によって、自己は「事象そのもの」たる絶対者の内部に参入するため、還元の実践以前の自己とはまったく変容してしまう。それに応じて、還元によって開かれるのも、まったく新たな、未知なるものの湧出となるのである。この点では、レヴィナスやマリオンの実践する還元もまったく同じ機能を持っている。[21] ただ、「自己原因」をモデルとするアンリの還元の場合、還元によって開かれるその未知性が徹底した内在のうちにしか開かれてこない点が重要である。

② 絶対者の内在的自己像化の現象学的構造　徹底化された「反還元」は、超越論的自己も現象学的絶対者も、この還元以前に構想されていたものとは決定的に変容させずにはおかない。だがその変容は、しばしば誤解されるように、自己の絶対者の内への神秘主義的な融即といったものではない。かつてヘーゲルは『精神現象学』の序文で、ロマン主義者やシェリングが絶対者を時間化・世界化される以前のそのままの状態で捉えようとしたのに対し、それは「すべての牛が黒くなる暗闇」のようなものだとして批判した。[22] ヘーゲルの考えでは、時間化・世界化することを不可欠の媒介とする弁証法の論理に先立って絶対者の顕現はありえない。これは、志向性による時間化・世界化を現象性＝存在の不可避の媒介と考えるフッサール以来の地平志向性の現象学と同様の考えである。いずれにおいても、概念や地平といった非実在的な像を映し出すスクリーンが介入する以前の次元では非論理的な直接性しかないと考えられるのである。だが、スピノザの「自己原因」を現象学化するアンリにとって、まさにこの次元にこそ現象学的にもっとも純粋な内在の自己現出の「構造」が作動している。「自己原因」への跳躍と「反還元」によってともに変容した自己と絶対者が構成するこの「究極の構造」とはいかなるものだろうか。それは、世界現象の多様性やそれを可能にする二元性（「自己構成」にしろ「生き生きとした現在」にしろ）に対してはそれに先立つ「一性」でありながら、単なる「同一性」、「一者」ではないような「差異化（現象化）」なのであり、これまでの現象学が決して見たことのない構造なのである。

実体／様態の「表現」関係において、実在としての全体が非実在的な地平に媒介されてノエマ的に像化されることなく一挙に自己顕現する。これが、スピノザの根本にある事態を現象学的に捉え返したものである。このような現象性は、世界を現象化するものではありえない。地平志向性に媒介される世界の現象性においては、直観的に与えられるのは常に部分だけであって、全体は地平としてともに思念されるものの、決して直観的に与えられることはない。全体＝実在は、フッサール的還元によって開かれる地平的・世界的現象性の体制内では、あらゆる志向性が目的論的に目指すものの、決してそれ自身姿を現すことのない「統制的理念」に留まるのである。これに対して、「反還元」が開く「自己原因」の次元においては、「全体」と「それを目的論的に志向する自己」との分離された関係は、「二重の自己触発」に変容して、絶対者の「自己現出」という同じひとつのプロセスに組み込まれる。

「自己触発」とは、「自己原因」における内在的実体／様態関係を現象学化したものであり、自己と自己との間にいかなる時間化的・世界化的差異も介入しないで成立する自己の構造を指す。この概念は、哲学の伝統の中でしばしば使われてきたものであり、カントやハイデガーやメルロ・ポンティも現象性の最も根源的な構造を示すために「自己触発」を使用している。これに対し、『顕現の本質』の有名な分析でアンリはとりわけハイデガーによるカントの「自己触発」の現象学的分析を手がかりとして、アンリ自身にとっての「自己触発」がこのような「存在論的一元論」に捉われた伝統的「自己触発」概念といかに根本的に異なるかを論じている[23]。本章の二（2）で論じた「原印象」と「印象」の分析に重ね合わせて論じるならば、原印象と過去把持という位相を異にするものの間に働いて世界と自己を同時に現象性として開くのが通常の意味での「自己触発」であり、そのような現出プロセスに先立って、それとは独立に、全体と同一的なものとしての自己を生成するのがアンリの意図する意味での「自己触発」なのである。アンリによるスピノザの「自己原因」の現象学化が徹底して素朴な実体概念を解体できるのは、この「自己触発」の概念による。なぜなら、この意味での「自己触発」においては、スピノザの「様態化」に当たる「触発」の出来事に先立っては、またはこの根源的な関係と独立には、いかなる自己も存在しないからである。自己とはこの触発のことである。このレベルでの自己は、「自己到来」、「自己感受」、「自己啓示」などとも言われるように、徹底して自己がそれによって初めて自己となる「動き」、自己が原受動的に自己自身を「蒙る」動的な出来事として捉えられている。

ただし、この構造はさらにもうひとつの層をもって初めて成立する。それによって初めて、今述べた「自己触発」のもつ「原受動的に自己を蒙る」という性格が真に理解されるはずである。すなわち、「自己原因」における実体／様態間の表現関係と同様、「全体と同一なものとしての自己」と言ったように、この「自己触発」は、同時に「全体の自己触発」でもあるのだ。全体と自己が「自己触発」という同一の自己到来する動的過程として重なり合う。それが、「自己原因」を現象学化することによって明らかになってくる「究極の構造」である。

この構造は、ラディカルな「内在」のただなかに突然「絶対他者性」が介入してくることを示している。よく批判的に指摘されるように、徹底して超越をエポケーし、内在に還元してゆくアンリの現象学には「超越」の場所が全くないように見える。だがそれはこれまでの論述からも明らかなように、近代哲学的な主観性の内在に閉じこもることではまったくない。そうではなく、スピノザの光に照らしてみれば自ずと明らかになってくるように、徹底した内在とは自己を様態として含む全体＝神のことに他ならない。スピノザの幾何学的方法のようにこの構造を外部から論証してゆくのではなく、現象学的に経験の内側から現象性＝経験を示してゆく道を採るならば、この徹底した内在への還元は、還元以前に、もしくは不十分な還元の体制においてそれまで全体と分離されたものと思いなされてきた自己が実は全体＝神と一体だったのだということ、しかも無媒介的＝実体的に同一なのではなく、ある根源的な構造によって一体だったのだということに目覚めることに他ならない。アンリは、内在の果てにおける自己から全体＝絶対他者性へのこの突破、というよりもむしろ全体＝絶対他者性との「絆」の結び直しを「宗教」、さらには「倫理」と呼ぶ。俗に言われるように、「宗教（religion）」という語を語源的に探るなら、「再び・結び付ける」という意味にたどり着くからである。(24)

こうして、アンリはスピノザの「自己原因」を現象学化した「二重の自己触発」の構造を解明するにあたって「宗教」を手がかりとすることができる。アンリによれば、キリストの「受肉」というキリスト教の核心をなす原出来事こそが「二重の自己触発」を構造化するものに他ならない。(25)ここにいたって、スピノザが「自己原因」における実体／様態間の内在的関係として示していたもの、「産出」という関係が新たな文脈のなかで浮上してくるのである。ただし、アンリが哲学史のなかで依拠したスピノザが「異端」だったように、ここでもアンリが手がかりとするのは福音書のなかでももっともグノーシス的色彩の強い『ヨハネによる福音書』の序文である。(26)「初めに言葉があった」という有名な一文で始まる『ヨハネによる福音書』の主張は、アンリによれば、「神」が「子キリスト」を「生む」ことによって初めて神たりうる、ということである。ここでまず、①「神が神となる」こと、「神の自己到来」が生起する。アンリはこれをあくまでも自己の根底で経験可能な出来事として現象学化し、「強い自己触発」と規定する。時間や世界の地平を媒介することなく、純粋内在において全体が全体に永遠回帰し、それによって初めて全体がそれとして成り立つ。原現象化としてのこの永遠回帰の出来事を離れてはいかなる全体＝神も存在しない。②だが、その神の永遠の自己回帰・自己到来、「強い自己触発」は、自己の内部において子を産出することによってしか可能ではない。子（キリスト・「第一の生ける者」）の産出、宗教的に言えば「受肉」は、ヘーゲルの弁証法、フッサールの志向性に先立って純粋内在において生起する神の自己差異化・自己像化に他ならない。それが「初めに言葉があった」という一文の純粋現象学的な意味である。「初め」とは「天地創造」、すなわち時間化・世界化に先立ち、超越論的主観性の構成に先立つ、内在における根源的な「初め」であり、その時間に先立つ「永遠」において生起するのは「言葉＝子キリスト」の産出、「受肉」なのである。③さて、「反還元」によって「分離された超越論的主観性」の身分を解体され、全体の様態に変容した自己は、まさにこの「神の自己現出＝自己触発」という唯一のプロセスの一契機として生まれ変わり、機能する。今、この自己の側から「受肉」という同じプロセスを見るならば、「第一の生ける者」たるキリストを媒介として、個々の自己において「弱い自己触発」が生起する。これが、先に時間論の文脈で「原印象」に対する「印象」として取り出された経験に他ならない。フッサールの分析の合間をぬってかろうじて垣間見られたのは「弱い自己触発」なのであり、これをスピノザの「自己原因」の原理へと跳躍させ、「反還元」を実践することで、それを裏づける「根拠」として「強い自己触発」が新たな現象学の射程に入ってくる。ただし、繰り返し言うように、これら二重の自己触発はふたつの別々の過程ではなく、「絶対者の内在的自己像化」という同じひとつの過程なのであり、それを現象学的に構造化する二重性なのである。アンリがその後期の思惟において展開する「受肉」のこの現象学的分析こそは、これら「二重の自己触発」からなる全体としての内在的自己現出構造、絶対者の内在的自己像化構造を顕にするものである。一方で、神は子キリストを生むことによって自己触発＝自己到来して初めて神となり、他方で自己はその内在の底において神の原像としてのキリストを媒介として絶対他者＝全体へと自己を開き、それによって神の自己現出の一契機として生まれ変わる。この二重の自己触発こそ、「自己原因」が「生の自己到来・自己感受・自己啓示」として現象学化された構造に他ならない。

③　絶対者の内在的自己像化の具体的現象性

では、このような内在の二重化された構造によって自己現出する現象性とはいかなるものなのか。言い換えれば、スピノザの「幸福」はラディカルな現象学的還元の中でいかなる現象学的実証性＝積極性（positivité）において示されるのか。それをアンリは「パトス」と呼ぶ。すなわち、唯一の原現象化プロセスにおいて、個々の「弱い自己触発」としての自己が神としての「強い自己触発」としての自己を内在において原受動的に蒙ること。しかも「自己原因」の内在的論理においてはこれは単に形式的で空虚な同語反復ではなく、様態としての自己が無限の実体としての自己を蒙ること、実体の側から見れば「自己産出」であり「表現」であるような事態であって、それは最も強度な現象学的実質を伴っている。

「パトス」の現象学的実質は、具体的には「苦しみ」である。もちろんそれは自己とは異なるもの、世界内の何らかの存在者によって引き起こされる領域的で経験的な「苦しみ」とは異なる。絶対者が自己の外部で非実在的な像として表象されることが一切なく、自己の純粋内在において全体そのものとしてそのまま自己像化することは、自己の側から言えば、無限の力の永遠の自己回帰運動＝自己像化に曝されるという暴力的な体験に他ならない。しかも自己はこの無限の力の運動に単に偶然的に曝されるだけではなく、その自己展開の、内在的自己像化の場、もしくはそれを内側から直接映し出す鏡面となるのである。その体験がここに言う形而上学的・純粋現象学的な意味での「苦しみ」である。

超越論的主観性から生の内在に飛躍し、そこから無限の力＝生の自己展開の一契機として生まれ変わった自己にとって、この「苦しみ」は同時に「喜び」でもある。自己が自己回帰運動としての実体（「生」）にその様態として絶えず曝され、無限の実体が自己を「表現」する際の媒体となることは、有限の自己がその無限の力によって絶えず暴力的に押し潰され、解体され続けることだから、それは確かに「苦しみ」であるに違いない。だがそれは単に苦しいだけではなく、このプロセスによって自己において力が無限に増大してゆく経験でもある。現象学的に徹底して還元することで顕になる神が「強い自己触発」であるということは、神は「弱い自己触発」としての自己を介しての「力の無限の増大」であるということ、一言でいうなら「生」であるということに他ならない。この生の生動的な力、スピノザの言葉を使えば「コナトゥス」の無限の増大の経験が産み出す情感性は、「喜び」に他ならない。この次元では、世界の内部で経験的なものとして見られるならば相互に矛盾し合う「苦しみ」と「喜び」という二つの情感性が矛盾することなく、むしろ同じひとつの出来事の現れとなるのである。現象学的に捉え直すならば、スピノザの「幸福」とはまさにここにある。

結論

以上に述べてきたように、アンリは、スピノザ的な絶対者の形而上学的経験を原理として現象学を「顕現しないもの」の次元へ転回させると同時に、スピノザ的経験をその幾何学的論証の方法から解放し、「事象そのもの」にふさわしく現象学化することによって、おそらく現象学にも形而上学にも未知の「目立たない」次元であった「内在領野」を新たな経験領野として開いた。アンリ自身、この領野を「新たな、無限の経験領野」として、今後の現象学の課題はこの未踏の領野を踏査することにあると言っている。にもかかわらず、これまでのところこの領野は、本論で示したように独自の現象構造を持つにもかかわらず、むしろヘーゲル的な意味での「暗闇」にとどまっているように思われる。アンリ自身は例えばカンディンスキーの絵画やカフカの文学、マルクスの経済と労働の分析などに即して多様な経験領野においてこの現象性の有効性を示そうと試みているが、極めて制限された分析にとどまっている。発見的な「反還元」の遂行によって「顕現しないもの」の次元へ現象学を「転回」させることで、世界の現象学には「目立たない」ままにとどまっている多様な現象性の次元を開いてゆくことこそ、アンリが或る極限にまで推し進めた現象学を発展的に継承してゆくことであろう。(27)

（1） Cf. Jean-Luc Marion: *Réduction et donation*. Paris, 1990, p. 7-10. La phénoménologie comme telle.

（2） Dominique Janicaud: *Tournant de la phénoménologie française*. Paris, 1991.

（3） そのような新たな現象学のひとつの例として、ナタリー・ドゥプラズがフランシスコ・ヴァレラとの共同研究で行った「現象学の自然化」の試みを挙げておく。Cf. Natalie Depraz, Francisco Varela and Pierre Vermersch: *On Becoming Aware*. Amsterdam/Philadelphia, 2002; Jean Petitot, Francisco Varela, Bernard Pachoud, Jean-Michel Roy (edited by): *Naturalizing phenomenology*. Stanford, Calofornia, 1999.

（4） *Revue philosophique de la France et de l'étranger*. 2004, No. 2: Tourner la phénoménologie.

（5） Cf. Michel Henry: Quatre principes de la phénoménologie, in: *De la phénoménologie, Tome I, Phénoménologie de la vie*. Paris, 2003, IV.

（6） Martin Heidegger: *Sein und Zeit*. Tübingen, 1979, § 7, S. 34.

（7） ハイデガーの「転回」について、以下を参照。Cf. Jean Grondin: *Le tournant dans la pensée de Martin Heidegger*. Paris, 1987.

（8） Cf. Martin Heidegger: *Gesamtausgabe Bd. 15. Seminare*. S. 394-400.

（9） この「自己」は、本書第七章「イマジナルの現象学」において「神顕的自己」として分析するものにつながってゆく。

（10） Cf. Martin Heidegger: Zeit und Sein. in: *Zur Sache des Denkens*. Tübingen, 1969.

（11） Edmund Husserl: *Husserliana Bd*. X. *Zur Phänomenologie des inneren Zeitbewußtseins*. Den Haag, 1966, S. 75.

（12） Cf. Klaus Held: *Lebendige Gegenwart*. Den Haag, 1966.

(13) 本書第三章「贈与の現象学」を参照。

(14) Cf. Michel Henry: *Phénoménologie matérielle.* Paris, 1990. I. Phénoménologie hylétique et phénoménologie matérielle.

(15) Michel Henry: *L'essence de la manifestion.* Paris, 1963. § 38-40.

(16) ナタリー・ドゥプラズ「現象学的形而上学を求めて――ミシェル・アンリとマイスター・エックハルト」、新田・山口・河本編『媒体性の現象学』二〇〇二年、を参照。

(17) Michel Henry: *Le bonheur de Spinoza. suivi de Etude sur le spinozisme de Michel Henry par Jean*-Michel Longneaux. Paris, 2004.

(18) レヴィナスの現象学は、アンリと同じく「顕現しないもの」への接近を図りながらも、スピノザの「内在」はそこへ至る道を塞ぐものだとして激しく批判し、むしろデカルト的コギトの「分離」こそが「超越」としての「顕現しないもの」に至るための不可欠の条件だとする。Cf. Emmanuel Lévinas: *Totalité et infini.* La Haye, 1961, p. 75-78. Séparation et absolu.

(19) Cf. Michel Henry: Phénoménologie non-intentionnelle: une tâche de la phénoménologie à venir. in: *De la phénoménologie. Tome I. Phénoménologie de la vie.* p. 105-21.

(20) Cf. Jean-Luc Marion: Le phénomène saturé. in: *Le visible et le révélé.* Paris, 2005, p. 35-74.

(21) これが、いわゆる「神学的転回」の現象学的意味である。

(22) G. W. F. Hegel: *Werke in zwanzig Bänden Bd. 3. Phänomenologie des Geistes.* Frankfult am Main, 1970. S. 22.

(23) Michel Henry: *L'essence de la manifestation.* § 31.

(24) この語源の正確性についてはアンリも留保しており、その曖昧さが分析の有効性を損なうものではないことを強調している。また、「宗教」の語源についてはまったく同様の主張をレヴィナスもしており、ここにも二人の現象学者の近さを見ることができる。ただし、レヴィナスにおいては「神の痕跡」としての「他者の顔」において「神」とそこから「分離した自己」との間の関係が新たに結び直される。

(25) ただし、これは現象学を「受肉」という宗教的出来事に還元することではない。逆に、徹底化された現象学的還元が開く次元の一例として宗教を捉え直す試みである。同じ経験次元は例えば芸術においてもまた示すことができる。

(26) Cf. Michel Henry: *C'est moi la vérité.* Paris, 1996; ibid: *Incarnation.* Paris, 2000.

（27）「顕現しないもの」の現象学の新たな課題をアンリは次のように語っている。「非志向的現象学は（……）、特殊な領野、生という広大な領野を持っている。その領野を探査するために、今のところわれわれが使うことができるものとしては断片的な指示や荒い直観しかないが、なかでも芸術やその他のさまざまな精神性は哲学そのものよりも多くを与えてくれたのだった。この領野をその特殊性において認め、そこに連続した歩みを辿り、ふさわしい方法論を展開してゆくこと、それこそが非志向的現象学の課題であり、おそらく明日の現象学の課題のひとつなのである」。Michel Henry: Phénoménologie non-intentionnelle: une tâche de la phénoménologie à venir. in: *De la phénoménologie. Tome I. Phénoménologie de la vie.* p. 121.

第二章　自己産出する生

序

現象学は、超越論的な――もしくは原・超越論的な[1]――始原への遡及の道である。この思惟は、有限な世界現出の志向的分析からその超越論的「原根拠」へと遡りゆくことによって、遂には「無限なる絶対者」という「形而上学的・神学的」な次元に到達する。[2]この現象学的絶対者は世界の平面には原理的に現象しない「隠れ」であり、ここに至って「知覚の現象学」は「贈与の現象学」へと転換し、現象学の課題は還元によって開かれてくる志向性の錯綜した網の目を解きほぐす作業から、贈与の内的構造を解明することへと移行する。ここに、現象学がその超越論的な核心において内的に宗教・神学と交錯する点がある。それはよく誤解されるように、現象学が超越論的な問いを放棄して実定的な宗教に帰依することなどではない。むしろ、宗教の経験に即して、従来の超越論的な問いが原・超越論的ともいうべき問いに向かい、より本質的な次元に突入することである。

世界現出に定位した志向性は世界・自己・他者を「そのもの」として現象させる力をもたず、それらをノエマ的意味として映し出す機能にとどまる。[3]志向性は「事象そのもの」の直観的な贈与に先立って贈与の条件を設定しておくことによって世界を現象させるという意味での超越論的な機能をその本質とするがゆえに、志向性のまなざしが世界のなかで出会うのは自己自身にのみなのだともいえる。このような現象様態を、マリオンはおのれのまなざしが作り出したにすぎないものとして「偶像」という巧みな表現で語っている[4]。

では、偶像という有限な志向的現象性を超えて、無限の現象学はいかにして可能なのか。いかなる二元性にも媒介されることなく現象する絶対者の現象性とはいかなるものでありうるのか。今日のフランスの現象学者たちは、世界の知覚に定位した現象学から贈与の現象学への「転回」、「還元の徹底化」を図ることによってそのような無限の次元の現象性を、生や他者や神に即して示してきた[5]。

志向的な隔たり、二元性を設定するまなざしによって媒介されることなく、そのような距離が発生する以前に贈与される現象とはしかし、ジャニコーが言うように、素朴な形而上学への回帰ではないのか。それは近代から反動的に退行する「ポストモダンの蒙昧主義」ではないか。だが、このような批判は、近代知と宗教との間の二者択一を前提としたものである。「現象学の神学的転回」を巡る論争も、この不毛な前提のもとに行われ、初めから論点をはずしているがゆえに現象学の問題のなかでは生産性のない議論となっているように思われる。一方では、神学をモデルとした「見えないもの」の現象学は現象学的還元からの退行であり、素朴な神秘主義への回帰であると断定し、近代の主観性を唯一の形態とする「理性」をあくまでも擁護しようとする。これに対して「神学的現象学」は、近代的な意味での主観性に定位する限りは決して接近できない経験の次元があるのであって、この次元こそが本質的なのだと主張する。この後者の主張には確かに、宗教の立場からする近代の科学に対する過激な批判や、特定の神学的立場の正当化といった危険もある[6]。これらの主張は諸刃の剣なのであって、偶像破壊的な還元によって神学的な次元にまで突入することでしか見えてこない事態というものが確かにあると同時に、それは容易に新たな偶像へと硬直する可能性をはらんでいる。だが、危険があるからといってすべてを否定することは盲目的に追随することと同様、何ら新たなものをもたらさないであろう。宗教経験や神学をモデルとする無限な絶対者の現象学が可能であるとすれば、それはいかなるものであるべきなのか。また、そこにはいかなる限界があるのか。それをこそ問うべきであろう。「見えないもの」、「顕現しないもの」と名指される事態がどのような次元で問題になっているのかを理解しておかねば、思惟はあいかわらず近代の世界知か神秘主義的な絶対者との合一かという不毛な二者択一を前にして逡巡するだけである。還元の新たな遂行のみが、より深い次元に踏み込むことによってこのような表面的な二者択一を擬似問題として解体し、真に有効性をもった答えを与えてくれるであろう。

以下で、生という無限の現象に即して、神学モデルから第三の道を開くことができるのかを考えてみたい。まず、①生がいかなる意味で「無限の絶対者」なのか、②それに接近する可知性はどのような条件を備えていなければならないのかを明らかにする。次いで、③生の原贈与の現象化としての「自己触発」を検討した上で、④触発モデルを補うものとしての「産出モデル」へと移行し、この産出モデルによって生そのものをその内部からロゴス化するさいに「受肉」という宗教的・神学的出来事がもつ有効性と危険性を検討する。

一　無限の絶対者としての生

生とは何か。それはいかにして知られるのか。とりわけ生命科学が発展しつつある今日においては、生は何らかの形で客観的に記述可能なプロセスとして、世界の内部に存在するものとして表象される。だがこのような表象が生そのものを捉えていないことは哲学以前の日常感覚からもある程度は感じ取られるだろう。ＤＮＡの構造をどんなに追究していっても、そこで明らかになるのは生命の条件であって、そこからは生が生きているという事実そのものを解明することはできない。いいかえれば、それは生をその内側から捉えることにはならない。

これに対して、いかにしても客観化することのできない絶対者として生を考えることができる。生としての絶対者という観念は、後に見るようにユダヤ・キリスト教の伝統だけでなく、仏教などにも見られるように、宗教的な直観のなかでは普遍的に経験されるものであるように思われる。例えば仏教学者の玉城康四郎は、「ブッダ」をそのあらゆる人格化的な表象から解き放って、絶対的な意味での生と捉えるべきことを提唱している。(7) 生き生きした生とは、厳密にその内側から捉えられた生なのであり、それは人間のまなざしによって有限化されることがないから、無限という性格をもっている。生命科学の把握のように有限な表象に切り詰められた生とはすでに生き生きしておらず、死んだもの、もしくは生の残した痕跡にすぎないのであろう。生きられた生そのものは、その無限の充溢のゆえに、距離を取って見る仕方では捉えることができない。まなざしが捉えることができるのはせいぜいあまりの充溢のゆえに破裂した生そのものの残した破片にすぎない。生命科学の作業は、これらの破片を集めて原型を再構成しようとする試みに似ている。ではどうすればこの生という充溢そのものに接近することができるのか。

二　生の原可知性――「同じものの同じものによる差異化」

では、厳密な意味で生きる――おそらく「生きられた」という表現さえ不適当であろう――この無限の絶対者としての生を「知る」とはどういうことでありうるのか。知られる対象から距離を取って知るという表象的な知の様態がここでは無効である以上、それは、世界に先立つ生を生自身の内部から透明化してゆく超越論的、もしくは原・超越論的な「原可知性」でしかありえないであろう。

方法的にコギトに出発点を置くデカルトが『第三省察』において無限の神に接近を図ったとき、彼は、この出発点からして、無限そのものを有限化することにつながりかねない「無限の観念」を媒介とせざるをえなかった。コギトの分離とそれを介した無限への接近というデカルトが提起したこの形而上学の問題は、絶対者の内部に始原を置くスピノザを決定的な刺激として、ドイツ観念論の核心をなす問いとなってゆくが、フッサールの現象学は、還元という方法を導入して主観性の形而上学につきまとう二元性を回避することで、この問題を根底から解決する可能性を提供した。だが、フッサール現象学において世界の知の普遍的な形式と考えられる志向性は、直観に先立って空虚な志向を発動させ、これを直観が充実してゆくという構造をもつために、この空虚・充実の新たな二元性が、現象学的還元が乗り越えたはずの主観と客観の二元性にとって代わるのである。(8)

だが、生の内部からの透明化としての知は、形而上学的であれ志向的であれ、二元的形式に媒介されることはない。超越論的生に関して還元を徹底化させてゆくとは、どのレベルであれ生の外部に視点を取ってこれを観察することから生をその内側から経験することへと次第に深まってゆくことを意味している。無限の絶対者としての生の現象性にまでたどり着いたとき、もはや生には外部がないのだとも言える。この内部に踏みとどまって内部を透明化することが求められているわけだが、これは知であらねばならない以上は、いかなる差異もない生に実体的に合一することを意味してはいない。そこには根源的な現象化の原理としてある種の差異の介入が必要である。すなわちそれは、「同じものの同じものによる差異化」とでもいうべきものでなければならないだろう。

だが、「同じものの自己差異化」というとき、少しでも還元の手綱を緩めて視点をこの出来事の外部に設定してしまうと、あたかも「同じもの」として絶対者が実体として前提され、これがその自己同一性を保ちながら差異化する＝現象するという素朴な形而上学的表象を生んでしまう。では、還元の体制内で、「同じもの」と「差異化」という言葉で表現されている事態をいかなるものと考えるべきだろうか。これは、超越論的還元をいわゆる「生き生きとした現在」へと徹底化させてゆくなかで明らかになってくる。

「生き生きとした現在」を構成する差異と同一性の関係は、先時間的時間化という両義的な事態として理解されることが多い。ヘルトは、すでに古典的となった解釈において、同一性と差異を、それぞれ「立ち止まること」と「流れ去ること」として、これら二契機が相互に支え合う緊張関係に「生き生きとした現在」の脆い構造を見る。「立ち止まること」と「流れ去ること」とのこの相互依存的な構造に従えば、生そのものはそれ自身としては時間化の遂行そのものである以上、時間化されて構成された「流れ」とは区別されねばならない。その意味で生は時間に先立つ「立ち止まること」である。にもかかわらず、生は同時に「流れ去ること」という契機ももつから、時間化された「流れ」に先立って立ち止まりつづけることもありえない。「立ち止まりつつ流れる現在」というこの両義的な構造によってのみ生は現象として主題化することができるというのだ。それが「先時間的時間化」といわれる事態である[9]。

ヘルトのこの古典的解釈に対して新田義弘は、主にヨルクの議論を参照しつつ「生き生きとした現在」の新たな解釈を提起している。その解釈では、生の現在を構成する二契機のうち、「立ち止まること」は静止を表すのではなく、「隠れ」を表しているとされる。それは、「生そのもの」の生動性が世界内の現象を現れさせることそのこと、すなわち原超越論的なものとして決して可視化できないという意味での隠れである。これに対して「流れ去ること」の契機は、時間化され、分節化されて、受動的綜合において世界を現出させてゆく「対立性」の原理である。これら二契機、生と世界が相互に否定を介して統一されているという緊張関係が「生き生きとした現在」の真相だとされる(10)。

だが、これら二つの契機の対立的統合としての生にさえ「先立つ」生のロゴスというものを、還元を手放すことなく考えることはできないだろうか。もしそういうものが考えられるなら、そこでは「立ち止まる隠れ＝生動性」の契機が、隠れの内部でいかに生起するのかを明らかにできるかが焦点となるだろう。

たしかにこの方向での徹底化には、隠れの契機を流れ＝世界の契機と切り離してそれとは独立に存するものと考える独断的な仮象に陥る危険が潜んでいる。それゆえに、宗教・神学に浸りきるのではなく、還元を通してこの経験を「脱神学化(11)」することが必要なのである。だが、無限な生が一挙に贈与されるという、志向的な世界の経験からすれば不可視の隠れに留まり続ける出来事は、宗教の経験において典型的な形で生じていることを考えるなら、神学のロゴスを手引きとして、しかも還元を手放すことなく、この出来事を内部から照らし出すことを試みることは意味のないことではないだろう。アンリによる「生き生きとした現在」の分析は、まさにこの方向に一歩踏み込んだものである。その分析は、「自己触発」という表層と「自己産出」という深層とからなっている。前者から見てゆこう。

三　自己触発としての生

アンリが生という「同じものの差異化」を「自己触発」として分析したことはよく知られている。このような絶対的生の自己現象としての自己触発は、厳密な意味で「原受動的」なものとして、具体的な現象としては「苦しみ」という情感性として記述される。この情感性は、志向性も存在論的差異も媒介しない、世界的ないかなる現象化の構造も前提しない贈与であり、つねに・すでに与えられてしまっている。それゆえにその様態は原受動的な受苦（パッション）なのであって、どんなに受動的であってもわれわれがそれに対して構えたり態度をとったりすることのできるものではない。いかにしても避けられないような苦しみ。「苦しいもの」との間にそれを現象させるべく介入するいかなる差異、隔たりもないような強い意味での直接経験としての苦しみ。生の自己触発としての受苦はさしあたりこのように記述することができる。

生の情態性としての苦しみがこのような原受動的な性格をもつのは、それが世界の内部に生じるなんらかの有限な出来事によって引き起こされるようなものではないからである。いかなる条件も課せられないような原出来事として、それは「無限の贈与」というべきものである。そのような無限の贈与の経験であるからこそ、この受苦は苦しみであると同時に、通常はそれとは正反対の感情と考えられる「喜び」に変容することができるのだと思われる。これを有限な苦と快の感情と混同してはならない。有限な、世界内部の出来事、われわれがそれに対してある程度の距離を取って感じ取ることができる苦しみならば、これが喜びに転化する場合――もちろんそれは可能であるどころか、かなり頻繁に起きていることである――、苦しいという感情がまずあって、それを意識することでそれが喜びとなる。あくまでも感じられたふたつの相反する情感性の交換がここでは問題になる。だが、生の情感性としての苦しみは、そのものとして、意識によるいかなる媒介もなしに喜びそのものなのである。これは無限が世界的な媒介なしに一挙に贈与されるという法外な出来事においてのみ可能な事態であり、これは後に見るように、世界以前に生が自らを収縮させて自己を生むという原出来事に裏づけられている。

ここで起こっている出来事はもちろん、原印象・過去把持・未来予持などといった道具立てで捉えきれるような性質のものではない。各瞬間ごとにそのような形式をはみ出す法外な贈与が起きているのであり、その生ける充溢は流れといったような連続したノエマ的な形式を内側から破壊し続ける。いかなる意味でものっぺりとしたノエマ的連続体としてはつなぐことのできない無限の贈与としての差異の生起を、ノエマ的な意味での同一性として捉えることはできない。にもかかわらず生は「同じもの」であり続けるのだが、それはノエマ的同一性とは全く別の意味においてである。その特殊な「差異の同一性」が「自己を生む」という生の内部からの「差異化」なのである。

四　自己産出としての生

(1)　触発モデルから産出モデルへ

触発モデルでは、触発するものとされるものとの間になお何らかの隔たりが想定される。そのため、それは、原受動的な贈与をある程度まで現象化することはできても、アンリがロゴス化しようとする事態＝生そのものの内的・絶対的構造をそれだけで捉えきることができるようなモデルとはいえない。触発とは、カントの感性論やフッサールの受動的綜合に見られるように、能動的な自我の作用とは区別された受動的に「蒙る」事態ではあっても、物自体にしろ意味の先所与性にしろ、「与えられるもの」を想定している。さらにカントとフッサールの間を区別して、受動的綜合がいかに受動的ではあってももはや自我の機能ではなく、能動・受動という自我の志向性そのものがそこから発生する原出来事を指すのだとしても事情は変わらないだろう。それは、「何かによって引き起こされる」という構造を出ていない。アンリがこのような二元的な経験構造そのものを内側に乗り越えるべく自己触発の概念を使用したのは明らかだが、この概念は彼の意図を十分にはかなえていないように思われる。だがそれは、自己触発を完全に捨て去るべきだというのではない。自己触発は原受動的に蒙る苦痛の情感性という生の具体的に経験される現象化の構造化としては有効性をもっているのである。だが、生のさらに深部に入ってゆくことができるならば、このような自己触発そのものをさらにその根底で生み出している原構造を明るみに出すことが可能になるであろう。

自己触発のこの限界を少なくとも一段階は突破させてくれるのが産出モデルである。「自己が自己を生む」という自己産出（auto-génération）のモデルは、生むものと生まれるものとの間に触発より深く緊密な同一性を想定しているからである。触れるものと触れられるものとはいかに近くても互いに外的なものにとどまりうるのに対して、生むものと生まれるものとの間には同一性もしくは相互内在性が前提される。同じものから生まれるのは何らかの意味でそれと同じものである。しかも、「生む」という出来事が生じる以上、そこで考えられるのは動きのない実体的同一性ではない。触発するものとされるものや触れるものと触れられるものの間に想定される差異よりもさらに「内面的」な次元で起きる生むものと生まれるものとの相互内在は、「同じものの自己差異化」という、原超越論的な生のレベルで要求される条件を満たしていると思われる。このように生の本質を「産出」という現象として捉えることは極めて有効性をもつものと考えられる。ここでは「受肉」という自己産出を問題にする。

（2）受肉としての自己産出

「同じもの」、「一者」が、その同一性、一者性を損なうことなく世界に現象する。啓示と呼ばれるこのパラドックスが一神教の核心をなすものであり、キリスト教においてはイエスの受肉という原出来事として考えられる。この受肉したイエスの身体の身分をめぐっては激しい論争が展開されてきた。この身体を創造された世界の内部に存在するものと見るか、世界に先立つ一者の仮の現象と見るか、あるいは両者の中間と見るか。現象学的に言えば、時間化・空間化されて世界の内部に構成されたものとしての身体・物体と、先時間的・先空間的な生ける身体、それらの両義性としての身体・物体の問題である。メルロ・ポンティはよく知られているようにこの両義性を手がかりにして先時間的かつ時間化されている可逆的な構造を取り出したが、触覚や触発のモデルから産出モデルへと進むことで、生のさらに内部に入り込んでこれをロゴス化することができないかというのが、アンリを手がかりとしたここでの議論である。それは、世界に現象する以前の産出として生を捉え直すことである。

　先に分析された自己触発は、無限の贈与でありながら無限そのものにまでは届いていなかった。それは自らこの「同じものの自己差異化」を作り出す力はないという意味で、それ自体としては限界をもつからである。「自己が自己を触発するのは、自己の内で絶対的生が自己触発する限りでのことにすぎない」[12]（傍点著者）とされるのはそのためである。ここに、生が二重構造をもつことが明らかになってくる。すなわち、個々の人間的自己の生の自己産出（「弱い自己触発」）は、さらに生の内部＝根底に還元して遡ってゆくと、神の生の自己産出（「強い自己触発」）に支えられて初めて可能なのである。[13] 神的生の自己産出＝自己触発が、個々の自己の自己産出＝自己触発を生み出している。自己触発の記述はすでに有限な経験的なレベルでの触発とは区別された無限の贈与であるから、その分析においても当然、絶対的生のレベルは射程に入ってはいるが、還元の徹底化によってその根底の構造が見えてくるのである。だが、二重構造とはいっても、これらふたつの水準の自己触発は別々のものではない。それらは生というひとつの「同じもの」の差異化の様態なのである。

しかし他方で、これらふたつの自己触発がまったく差異のない同じ過程であるわけではなく、区別されることもまた事実である。では、これらふたつの水準での生の自己差異化はいかにして「同じもの」として関わりあうのか。その媒介の役割を果たすのが「原息子」としてのキリストである。[14] 無限なる神の生は実体的に前提されるものではもちろんなく、自己産出において自己を差異化するプロセスとして初めて成立する。この自己産出において生まれるのが「原息子」キリストなのであり、この誕生が受肉に他ならない。これは個々の自己という生けるものの原型として「最初の生けるもの」とも呼ばれる。これが「神－原息子」の間に生じる第一の生の産出過程である。これとは逆方向に、個々の自己が自己触発・自己贈与されて生起する事態（苦しみ＝喜び）を、無限なる神の生の贈与とするのも原息子キリストの役割である。自己がその超越論的起源たる「生き生きとした現在」への還元のなかで超越論的次元から原・超越論的次元への転回を経験し、生の自己産出という出来事に出会うとき、それは神そのものと直接に一体化するのではなく、神の生んだ「原息子」を通して無限なる神的生そのものに至るのである。キリストという世界に先立つ媒介を通してこそ生の「同じものの同じものとしての自己差異化」という一見逆説的な出来事が可能になり、生の「原可知性」が成立する。そのために、超越論的自己の根底に生じるキリスト＝原息子という原超越論的な出来事は自己の原型として「根源的自己性」[15]とも名づけられる。「苦しみ＝喜び」という法外な無限の贈与、自己触発における自己の生の根本情態性の原型が、キリストの受難＝パッションにあることがこうして明らかになる。

原息子キリストを非世界的な＝非二元的な媒介として生み出すことで生起する神の無限の生の自己産出。そしてこの原息子を通して初めて生じる個々の自己の苦しみ＝喜びという情感性としての自己触発。神的生・原息子キリスト・個々の自己の生という三つの契機が厳密な同一性のうちで相互内在において差異化しつつ現象化する。

これが、アンリがキリスト教の受肉の出来事を手引きとして顕にする、志向性という隔たり・差異化の支配する世界の以前で生起する「原グノーシス的[16]」ともいうべき生の原構造である。ここから見るならば、生という深部において自己が自己であること、自己性とは、「流れること」における超越論的自我の自己構成の結果などではないし、「流れること」と「立ち止まること」の拮抗として解釈された「生き生きとした現在」でもない。「流れ去ること」に構造的に先立って自己は各瞬間瞬間に贈与されるが、この贈与は法外な無限の贈与なのであり、それが可能なのはキリスト＝原息子＝根源的自己性が神の無限の生をいかなる二元性にも先立って媒介しているからである。そしてこのようにして生起している無限の贈与の各瞬間は、過去把持されて時間に入ってくるような性質のものではない以上、「永遠」とも言うべきものである。もちろん、ここで言う「永遠」とは還元以前の素朴形而上学的な意味は一切もたないのであり、時間化以前に生起する生の自己到来の無限性を表現したものに他ならない[17]。

結論

神と息子キリストの差異化的同一性の表現としての受肉をモデルとした生の自己産出が生むのは厳密に自己以外の何ものでもなく、それによって世界の地平には何も顕現しない。だがそれとともに、この「顕現しないこと」は、そこで産出される自己がいかなる意味でも「同じもの」の静的な自己反復ではなく、まったく新たなもの、未知のものの絶えざる創造的産出運動でなければならないことをも意味している。「同じもの」という意味がここで地平的なレベルとは決定的に変容するのである。アンリによれば、このような真に新たなものの創造的産出は生のラディカルな内在的一性においてのみ可能なのであり、自己と生／神の間に少しでもずれが介入するならばこの出来事は地平の内部に写し出されて何らか既知のものの反復として像化され、意味として凝固してしまう。こうして生の内在的で目立たない、いわば垂直方向での自己差異化は地平的差異化というまったく異なる次元に回収されて動きを止められ、決定的に変質してしまうのである。そこにはもはや真の意味での自己はない。これに対して反還元によって生と一体化した自己のラディカルな内在の垂直的差異化は、各瞬間ごとにまったく新たな未知なるものがあらゆる可能性の地平を越えて、それとは違う仕方で到来する出来事である。厳密な同一性への還元こそがかえって真の差異を生むという一見逆説的な出来事が受肉なのである。

ここには確かに「顕現しないもの」へと転回した現象学が顕にすべき新たなタイプの現象性の根本特徴が鋭く現れている。だが、この受肉モデルでは生の内在において到来する新たなものはイエスを介して一体化した自己＝生そのもの以外の何ものでもなく、そこには「他者」や「世界」を容れる余地はないのではなかろうか。ここでは、あらゆる制限を還元的に解体した果てにしか姿を現さないはずの「顕現しないもの」の現象性がある根本的な制限を受けているのであり、ここにアンリの現象学の神学的前提の限界が露呈されているように思われる。

アンリがこのようにあくまでも内在にとどまるのに対し、同じく自己のラディカルな内在における「顕現しないもの」の現象を探りながらも、レヴィナスはユダヤ教を背景とすることでそこに「他者」の「顔」を発見することに成功している。レヴィナスの背景となるタルムード／カバラーのユダヤ的伝統では受肉という媒介がなく、神そのものがそのまま顕現することはありえない。神は人となることなく被造物の世界から無限に超越しながら、しかも律法の文字テクストとして分節化された痕跡を残すのであり、これを媒介としてのみ人間に接近可能なものとなる。だがこのテクストは、それを自らの痕跡として刻み付けつつ過ぎ去った神がそこに決して臨在／現前しないがゆえに、その空虚な意味が充実され、意味として理解され尽くすことはありえず、終わりなき解釈へと誘うのであり、それがユダヤ教の活動空間を形成する。神の痕跡としての文字テクストのこの空虚さは志向性の空虚―充実とはまったくレベルを異にする「顕現しないもの」の空虚なのであり、それゆえに人間の側からの志向的な働きによっては決して充実されることはないのである。こうして意味として充実されることのない文字は多義性をはらんだ「散種」（デリダ）としてアナーキーに漂い続ける。レヴィナスが世界に顕現しない他者の現象として記述する「顔」とは、この流動的な律法のテクストを現象学化したものに他ならないのだが、アンリが依拠するキリストの受肉は神と子の同一性に基づいてこの空虚な文字テクストの遊動というユダヤ的次元を一挙に充実し、一義的に成就することで他者への通路を封印してしまうのである。

さらにレヴィナスは『全体性と無限』の最終部で、この著作のなかでも最も重要であると同時に最も謎に満ちた「エロスの現象学」において「顕現しないもの」の現象学の最終的なモデルとして産出／誕生モデルを採用する。[18]そこでは、タルムードをモデルとした律法の現れとしての他者の「顔」のレベルよりもさらに深い「顔の彼方」において、カバラーをモデルとした恋人としての他者／神との恋愛関係が主題となる。ここでレヴィナスは神の痕跡として分節化された律法のテクストを踏み越え、敢えて神の内部に入り込むことを試みるのである。それを可能にするのが恋人同士の「愛撫」によるエロス的な関係である。これによって恋人＝女性としての他者は地平的意味としても「顔」としても「顕現しないもの」として、それらとは別の現象化原理にしたがって密やかに現れる。「恥じらい」として記述されるその現象様態において、アンリの生の現象化構造と同様、恋人はいかなる地平的現象化にも先立って全体として一挙に与えられながら、それと同時に一挙に隠れてゆく。ただし、この「恥じらい」によって隠れ行く愛される女性の秘密を敢えて暴くこと（「恥じらいのなさ」）としての現象化は、その結果としてあらゆる可能性の地平の彼方で子を生む。これこそが、アンリの受肉に即した自己触発／自己産出の分析においては捉えられなかった新たな他者の産出現象である。[19] レヴィナスの分析においては、「顕現しないもの」の現象としての「未知なるものの創造的到来」としての産出が、恋人としての他者とのエロス的な関わりによる子の誕生として自己の内在から解放されているのである。

だが、レヴィナスによる自己産出から他者産出への拡大ですら、神と世界の分離がなお残る以上、「顕現しないもの」の次元を踏破しつくしたものではない。アンリとレヴィナスが一神教を手がかりとして世界からの反還元を遂行し、生／他者の「産出」という次元を開示したことは現象学の転回に決定的な一歩をもたらしたものの、そこから「顕現しないもの」としての「世界」への通路を新たにつける課題がなお残されているのである。

(1) 「超越論的」なものが主観性を前提するのだとすれば、「原・超越論的」ということで表現したいのは、超越論的主観性がそもそも生起する、その意味で「始原」的な出来事である。後論を参照。

(2) このような言明は誤解を招くかもしれないが、素朴な形而上学的事態を指し示しているのではない。いくつかの語に付した括弧は、これらの語を還元された現象学的経験のレベルで理解すべきことを示している。

(3) この点に関してはフッサールによる詳細な分析を検討する必要があるが、ここでは立ち入らない。

(4) Jean-Luc Marion: *Dieu sans l'être*, I. L'idole et l'icône, Paris, 1982/1991.

(5) 本書第一章「内在領野の開示」、第三章「贈与の現象学」を参照。

(6) Dominique Janicaud: *Le tournant théologique de la phénoménologie française*, Paris, 1991.

(7) 玉城康四郎『生命とは何か――ブッダを通しての人間の原像』法蔵館、一九九三年。

(8) 本書第三章「贈与の現象学」を参照。

(9) クラウス・ヘルト『生き生きした現在』新田義弘他訳、北斗出版、一九八八年、第2部を参照。

（10）新田義弘『世界と生命――媒体性の現象学へ』青土社、二〇〇一年、一二七－一二九頁。
（11）同書、一八九頁。
（12）Michel Henry: *C'est moi la vérité*, Paris, 1996, p. 136.
（13）Ibid, p. 135.
（14）「父」としての「神的生」と「息子」としての「人間的生」の「媒介」としての「原息子（Archi-Fils）」という概念は、現象学的な思惟においてはこの媒介＝現象こそが根本的な次元であるために、アンリがキリスト教を現象学的に理解し直そうとする際、その試みの核心をなすものである。アンリ前掲書の5. Phénoménologie du Christを参照。
（15）Michel Henry: ibid, p. 75, p. 141, etc.
（16）Michel Henry: *Incarnation, Philosophie de la chair*, Paris, 2000, p. 372.
（17）Michel Henry: *C'est moi la vérité*, Paris, 1996, p. 95; Phénoménologie de la naissance. in: ALTER No. 2, Paris, 1994, p. 311, etc. 時間化に先立つ自己回帰としての永遠というアンリのこの考えは、ニーチェの永遠回帰の直観に重なるものである。この点に関して、アンリのニーチェ論を参照。Michel Henry: *Généalogie de la psychanalyse*, VII. Vie et affectivité d'après Nietzsche, Paris, 1985. また、本書第一章「内在領野の開示」を参照。
（18）Emmanuel Lévinas: *Totalité et Infini, Essai sur l'extériolité*, La Haye, 1961/1980, p. 233-44.
（19）アンリは『受肉――肉（身体）の哲学』において内在領野におけるエロス（自己・エロティズム、auto-érotisme）の現象学的分析を行っているが、そこではレヴィナスが「エロスの現象学」において問題にしたような「地平の外部からの他者の到来としての子の誕生」という次元は閉ざされている。Michel Henry: *Incarnation, Philosophie de la chair*, Paris, 2000, p. 292sq.

第三章　贈与の現象学

一　贈与という問い

現象学の問いを形而上学的な次元にまで押し進めていったときに現れてくる根源的な出来事としての贈与を問題にしたい。ここで「形而上学」というのはもちろん、ハイデガーが存在・神・論として批判した実体形而上学のことではない。そうではなく、現象の地平そのものをそもそも開く原出来事という意味でこの伝統的な概念を使っている。「贈与の現象学」である以上、この意味での贈与をあくまでも現象として解明するわけだが、この現象は通常の意味での現象概念とはラディカルに区別されねばならない。通常の意味での現象概念というのはさしあたり志向性を媒介にすることによって顕になる現象ということである。贈与は志向性をそもそも与える原出来事であって、それ自身は志向的に現れることはない。ハイデガーが言うように、現象学もしくは還元がさしあたり顕でないものを顕にする方法であるならば、贈与こそが現象学の主題としてふさわしい。

あらかじめ言ってしまうならば、極めて近づきにくいこの次元に贈与という通路を通って接近するには限界がある。通常、贈与は与える者、与えられるもの、それを受け取る与えられる者という三つの契機からなるが、ここで贈与という言葉で語ろうとするのは後に見るように、二重化にしろ三重化にしろいかなる分節化もまだ容れない密かな出来事だからである。この困難は、流れにおいて時間化されたレベルからの語りであらざるをえない時間という通路にも当てはまる。だがわれわれの思惟は、時間化そのもの、もしくは時間化に先立つ次元に近づくにもさしあたって時間化されて現れたレベルから遡ってゆくことを余儀なくされる。顕になった次元から密かな出来事へと近づいてゆくこの過程で、これら二つの次元を混同する多くの迷いが生じてくるが、還元とはこのような迷いからの絶えざる脱却の試みに他ならない。「生き生きとした現在」にしろ「贈与」にしろ、この還元の過程で浮上してきた限界の言葉に過ぎないのだということを理解しておかないと、還元はそこで停止してしまい、容易に魔境に陥ることになる。以上のような限界をわきまえたうえで、贈与の現象学を試みる。

贈与を人間存在の本質をなすものとみなしたモースの贈与論は、よく知られているように、共同体を成立させる経済構造を贈与の交換として分析したものである。これに対してバタイユはその蕩尽の理論において、交換という形での見返りのない贈与を構想し、限定経済学から一般経済学への道を開いた(1)。交換はエコノミーの円環を形成する。そこではあらゆる贈与の行為が出発点に戻るようにできている。与えることは見返りを期待することであり、与えただけのものは取り返すという考えがその根底で支配している。この自己回帰の円環構造は時間と呼ばれるが、だとすると見返りなき贈与は時間の内部では不可能である。時間に亀裂を入れる出来事こそが交換に回収されることのない贈与の真の意味である(2)。交換としての贈与と見返りなき贈与。ここにすでに、世界の「内部」における贈与と世界そのものの開け、もしくはさらにその「外部」への開けとしての贈与という、贈与の果たしうる基本的な二つの機能を見ることができる。

素朴な語り方から始めるならば、哲学においては、贈与のこの二重性は、対象が自我に与えられることと、世界内の対象や存在者とは区別される「無限」が与えられるという出来事との相違としてさしあたり現れる。対象の贈与がわれわれに与えるのは世界の幻影である。それはわれわれの意識というスクリーンに映しだされたヴァーチャルな映像にすぎないのであり、可能な解釈にすぎない。すなわち、いかにしても映像や解釈には回収されない世界そのもののリアリティーにはそこではとどかない。対象の贈与のこのような性格を「有限性」と名づける。これに対して無限の贈与ということで問題になっているのは、この世界そのもののリアリティーである。この意味での贈与はわれわれの世界解釈や映像化に関わりなく、それに先立って、それとは違う仕方で贈与され、あらゆる解釈や映像を相対化する力をもつ。映像に捉われ、映像を見ることが知だと思い込む状態から脱却してリアリティーの贈与という真の知へと移行することが知を根拠づけるのであり、それが真理への問いとしての哲学の課題なのだと言われる。デカルトの懐疑や現象学的還元にそのような移行の試みの例を見ることができる。

まずデカルトに例を取ってみよう。デカルトは、世界の対象知を基礎づけるべく、コギトの直観的な明証を懐疑の方法を経て確保する。有限な世界のあらゆる対象はコギトというこの審級に与えられ、コギトの確実性が対象知の確実性を保証することになる。だが、思惟が『第三省察』の局面に入るや否や、『第二省察』における世界知の審級としてのコギトの賞揚とは打って変わって、コギトの有限性に照明が当てられ、コギトの明証性における知の根拠づけは無限なる神の贈与を待って初めて十全なものとなることが明かされるのである。

では、この「無限なる神の贈与」をデカルトはどのように考えるのか。無限なる神が有限な世界の対象とは区別されることは当然である。だがその与えられ方は、コギトから出発する限り「観念」を媒介にする以外に考えられない。ここに問題が生じる。観念を媒介として与えられた無限の神は、すでにコギトに取り込まれて有限化されているのではないのか。(3)デカルトのように自我を出発点に据えることで、絶対者そのものへの道は閉ざされてしまうのではないか。だが逆に、自我を経ることのない絶対者の贈与というものを考えることができるだろうか。ここで、贈与という現象をより根源的なレベルで問い直す必要が生じてくる。贈与ということでいったい何が問題になっているのか。

デカルトの議論で前提されていたのは、ハイデガーの言葉を借りるならば形而上学の存在・神・論的な思惟構造である。すなわち、自我・世界・神を実体的に区別されたものとして立てておき、それらの関わりを解明してゆく。今新たに贈与が問題になってきたのは、この前提を取り払って、自我や世界や神といわれているものを直接経験するレベルにおいてである。直接に経験するとはすなわち贈与として捉え直すということに他ならない。このような贈与としての新たな経験の局面にわれわれを導いてくれるのが現象学の方法であり、還元である。

二 「自己（自体）能与（贈与）（Selbstgegebenheit）」としての贈与(4)

フッサールにおいてもデカルトと同様、思惟の動機づけとしてさしあたって世界知の確実性こそが問題になるのであり、それを保証するのはやはり明証的な贈与である。ただ、デカルトと比較した場合、フッサールにおいては還元を通過しているために、対象の贈与は観念の媒介を借りる必要はなく、その代わりに志向性が媒介の役割を果たすことになる。観念が実体的に区別されたコギトと世界を関連づけるのに対して、志向性が作り出す関係性は実体的差異を含まない。したがって、そこでは「事象そのもの」の直接的な贈与が可能だと考えられるのである。

贈与は、フッサールの現象学を根底から支配している。還元された体制においては、対象はその内容においてよりも、その与えられ方において問題になる。すべての現象は与えられる。時間対象を例に取るならば、音楽は毎瞬ごとに別様に与えられるが、現象学にとって問題になるのはその内容、何が与えられているかではなく、もっぱらそれがいかに与えられているかなのである。したがってフッサールの現象学にとって存在するとは与えられることに等しい。様々なレベルの違いはあれ、すべては贈与の言葉で語られるのである。なかでも、直接的な贈与が明証性を保証する尺度となる。(5)

　対象の直接的な贈与をフッサールは「自己（自体）能与（贈与）（Selbstgegebenheit）」と名づけ、それが生起する場を直観とする。直観において対象がそれ自体でありありと与えられること、それがフッサールにとって真理の条件である。しばしば引き合いに出される『イデーンI』の二四節においてフッサールはこのことを「現象学の原理中の原理」として次のように語っている。

> 「あらゆる原理中の原理は次のようなものである。すなわち、あらゆる原的に与える直観は認識の正当性の源泉であるということ、「直観」のうちで原的に（いわばそのありありとした現実性において）われわれに呈示されるすべてのものは、それがおのれを与えるがままに、しかしまた、それがそこでおのれを与える限界内においてのみ、端的に受け取られねばならないということである(6)」。

　この直観に与えられる贈与の条件とはいかなるものだろうか。この条件とは、贈与がなお「そのもの」として与えられる贈与ではなく、志向性に媒介されて与えられるという意味での条件である。志向性が目指したもののみが、その志向を確証するものとして直観において与えられる。これは、志向・充実という志向性の根本構造に由来している。志向性に従うならば、われわれの経験は通常、空虚な志向が充実を目指すという動的な構造を持っている。この構造は、自我がいまだ意味づけられていないヒュレーを能動的な志向性によってノエマ的意味として統握するというデカルトをモデルとした構成の理論においてだけでなく、自我と世界がそこから発生してくる現場を見届けようとする受動的綜合の分析においても有効性をもっている。ただ、そこでは自我が一方的に志向するのではなく、自我は世界のただなかに住み込んだものとして捉え返されている。世界の意味が生成してゆくなかで、いかにして自我がイニシアティヴを持つことなく、生成過程にある意味の側から受動的に呼びかけられて或る意味を志向するに至るのかがそこでは綿密に分析されているのである。そのような、世界と自我が不可分に相互に働きかけあうような受動的な経験のプロセスにおいてさえも、「自己（自体）能与（贈与）」を目指す志向性の目的論は貫かれている。能動的・受動的を問わず、志向的経験のプロセスにおいては、「自己（自体）(Selbst)」はあらかじめ志向性によって媒介され、条件づけられているのである。(7)

すなわちフッサールにあっては、コギト・世界・神という実体的区別が還元によって経験の内側に向かって廃棄されたにもかかわらず、現出を可能にする根本構造としてあくまでも志向性が考えられる結果、空虚な志向と直観的贈与によるその充実というもうひとつの二元性が残るのであり、この志向的二元性の体制が贈与を条件づけているのだとひとまず言うことができるであろう。

ここに、フッサールの考える贈与の二重性を明らかに見て取ることができる。一方で贈与は「それ自体」を与える。「それがおのれを与えるがままに」。デカルトのように真理の基礎づけにあたって神を想定しないフッサールにとって、還元された経験における「それ自体の贈与」のみが真理を保証すると考えられる以上、この点は決定的である。だが他方で、その自体はある制限、条件を課されているのである。「しかしまた、それがそこでおのれを与える限界内においてのみ」。フッサールが用いる「意味付与（贈与）（Sinngebung）」と「自体（自己）能与（贈与）（Selbstgegebenheit）」という、贈与（geben, Gabe, Gebung, Gegebenheit）の奇妙な二義性はこの直観的贈与の概念の二重性から理解することができるだろう。一方で贈与は超越論的自我が志向性を介して意味を与える「意味付与（贈与）」として考えられる。だが他方で、この意味を充実するのは自我ではなく、「自体（自己）能与（贈与）」としての贈与なのである。「意味」と「自体（自己）」の差異が問題である。さらに言えば、これらを混合させることが問題なのである。フッサールの志向性は、これら二契機のアマルガムに他ならない。志向性の枠内での贈与においては、「意味」が「自体（自己）」を求め、「自体（自己）」は「意味」に合わせて贈与される。

だが、このような志向性による贈与の条件づけに関する議論は、「受動的綜合」のもっとも低次の形式である時間性の構成の分析において確かに注目すべき展開を見せる。一九〇五年の『時間講義』における分析においてすでに、過去把持と未来予持という受動的志向性に媒介されて受動的な意味の知覚を構成する原印象の身分をめぐって、フッサール自身が相反する分析を残していることはつとに知られている。要点は、原印象が、志向性の「外部」を指し示すものとして、過去把持と未来予持に媒介される以上の力能をもっているのか、それとも分析の都合上想定された単なる「限界理念」にすぎないのかどうかである。レヴィナスやアンリ、マリオンといった今日の現象学者たちは前者の可能性を取り、原印象に無条件の贈与の可能性を見ようとしている。だが、この議論に入る前に、ハイデガーの贈与論を検討しておく必要がある。

三　二重襞（Zwiefalt）における贈与

存在は存在しない。存在は存在者を存在させるが、それ自身は存在するものではない。もし存在が存在するものであれば、それは「最高完全存在者」のように最高度のものとしてであれ存在者として表象されてしまう。そうすれば、さらにその存在者が存在することを問う問いが生じてしまうであろう。この問いを無限に続けないために唯一可能な方法は、存在しない存在へと思惟の方向を向け変えることである。では存在は存在せずにどうするのか。それは与えられ、おのずから顕になる。この存在のおのずからなる現れを、それ自体として明らかにすることこそが現象学なのである。これがいわゆる「転回」以前・以後を通じて一貫して変わらぬハイデガーの構想である。「転回」で変化したのは「贈与」の様態にすぎない。

『存在と時間』においてハイデガーは、存在の贈与を死の贈与として解釈した。そこでは死の贈与は不安という気分（情態性）として現象学的に記述される。すなわち、死の不安を感じ取る現存在を媒介として存在はおのれを顕にすると考えられるのである。この構想の有効性は、現存在という媒介が存在そのものを「それ自体として」、「おのずから」顕にすることがどこまで成功するのかにかかっている。存在は、現存在が、不安において現象する死に向かって先駆的に覚悟することにおいて存在者としての仮象（非本来性 Uneigentlichkeit）から目覚め、「おのれ自身（本来性 Eigentlichkeit）」、すなわち存在者とは区別された存在へと立ち戻ると考えられているのだが、現存在という媒介ですら、存在のこのおのずからなる現れを、現存在という存在者のスクリーンに映された限りでの、その限りで条件つきの現れへと変容させてしまうのではないか。問題はここにある。現存在という媒介者においては、贈与の様態が存在からでなく、現存在という存在者の側から制限を受けてしまうのだ。ここに、「転回」の契機がある。

ハイデガーが『時間と存在』に至って「存在は存在しない。存在はある／それが存在を与える（es gibt Sein）」と言うとき、彼は贈与を現存在の制約から解放することに成功した。当然問題は、この「それが与える（es gibt）」という語に集中する。「それ」は決していかなる存在者をも指し示さないことは明らかである以上、それは存在そのものを与える根源的な「出来事」を語っているはずである。ハイデガーがパルメニデスの言葉を存在・神・論から解体しつつ翻訳するとき、この原出来事がより現象学的な仕方で語りだされている（『ツェーリンゲンのゼミナール』）。「現前は現前する」。「生起は生起する」とも言い換えられるこの「同語反復」は、存在者のレベルではいかなる意味ももたず、何ものをも語ってはいない。この言葉は世界の内部の何ものも現象させることはない。すなわち、それはいわゆる「として構造（als-Struktur）」において意味を媒介するのではなく、「そのものとして（als solches）」なのであり、いわば「として」そのものの贈与なのである。「として」そのものは、「として構造」において現出する世界からは構造的に身を引く。「同じものの反復」が語るのは、この隠れ以外の何ものでもない。すなわち、「それが与える」に語られた贈与とは、「同じものの差異」なのである。(8)

ハイデガーはこの「同じものの反復」という事態を、「二重襞／二重襞（Einfalt/Zwiefalt）」とも語っている。だが、ここでは二重性はデカルトやフッサールの志向性を構成する、世界を対象として現出させる構造としての二重性を決して意味しない。「二重／二重」という、形而上学を連想させる言葉を使いながらハイデガーが語ろうとしているのは、二重化することにおいて初めて一であり、一へ取りまとめることにおいて初めて二重化するような、形而上学の一者やその多者化という概念では決してとどくことのない、ひとつの原出来事としての贈与に他ならないのである。

フッサールの明証的直観としての真理概念においては「自己（自体）能与（贈与）」において贈与される「自己（自体）」があくまでも対象の方向に考えられていたのに対して、「アレーテイアー」という真理概念における「自己を顕にする（sich zeigen）」ことの「自己／おのずから（sich）」とは、自我も対象も想定しない贈与そのものが与えられる根源的な出来事のことなのである。ただ、この出来事が「同じものの反復」、二重襞という差異構造をもつわけである。問題はいまや、この二重襞の語りによってすら語りえない無限の無条件な贈与が考えられるか否かである。存在を与える贈与は果たして根源的な出来事なのか。レヴィナスの言葉を借りるならば、存在論的差異には決して入らない、それとは別の仕方で現象化する贈与は考えられるのか。

四　無限の贈与――イコンと顔の現象学

デカルトの「無限なる神の観念」はコギトを出発点とする存在・神・論的構造をもつがゆえに無限なる神「そのもの」の贈与にはとどかないとされた。還元の深まりとともに次第にその呪縛から脱却してゆくとはいえ、デカルトをモデルとしてその現象学を始めたフッサールにおいても、志向性という道具立ては、経験の目的論的なプロセスに内在する統制的理念としてしかさしあたっては無限を思惟できないのであった。ただし、ここでは立ち入ることはできないが、フッサールは、経験のプロセスそのものを無限の贈与が支えていることにわれわれを気づかせてくれる多くの分析を残していることも事実である。ハイデガーの贈与の思惟は、志向性がこととする「として構造」による世界の意味づけそのものを生起させる原出来事としての贈与を、「同じものの反復」、「二重襞」として明らかにしていた。いずれも、それぞれレベルは異なるにしても、二重性において贈与を現象化する点では共通している。

だが、二重化を条件とする現象性は、最小限でも無限を有限化してしまうのではないだろうか。そこで、次の問いが生じる。絶対者そのもの、無限そのものが有限化されることなく「そのもの」として、無条件に現象化するような贈与は果たして考えられるだろうか。そのような贈与は現象学的には思考不可能であり、あえてそのような現象性を現象学のなかに持ち込むことは、還元が長い道程を経て克服してきた素朴性、存在・神・論的な形而上学の体制に逆行することに他ならない。いわゆる「現象学の神学的転回」を批判する人々はこのように主張するであろう。だが、回答を急がずに、このような贈与が本当に形而上学への回帰なのかどうか検討してみよう。そのような贈与がもし可能であれば、フッサール、ハイデガーの現象学に新たな次元を開くことになる。この問いこそが今日の贈与論が問うべきもっとも重要なポイントになるはずである。贈与の可能性と不可能性は、この次元でこそ考えられるべきなのだ。

「無限の絶対者が有限化されることなく無条件に現象化することはいかにして可能か」という議論の仕方はたしかに現象学的ではなく、形而上学に属するように見える。「無限の絶対者」を実体として立てておき、その現象仕方の論理を経験の外部から説明するような印象を与えるからである。だが、そのような印象に反して、ここではあくまでも現象学が問題なのである。すなわち、還元を介して、無限の贈与を経験としてその内部から洞察することである。このような無限の贈与は、還元されて形而上学的な存在・神・論の体制の外部で思惟されるならば、たんに現象学の数ある主題のうちのひとつにとどまるものではない。無限はもはや自我と切断された実体という束縛から解放されて、ようやくこれを真の意味での無限として考えることが可能になる。すなわち、いかなるものにもはや限界づけられることがなく、そこにおいてすべての現象が生起する根源的な現象すること、無条件に現象することそのものとして思惟されるはずである。そのような現象は、したがって、志向性によるにしろ存在論的差異によるにしろ、いかなる現象であれ現象する以上は必ずそれをまず通過して初めて現象たりうるという意味で前提しているはずなのだが、そのものとしてはあまりの近さゆえに見えないものにとどまり、忘却されているような現象である。それは、ハイデガーが語った存在の「近さ」以上に近く、存在論的差異を現象の原理とする限り、存在忘却よりも根の深い忘却のうちにある。フッサールは、自然的態度において忘却されている現出を想起するために還元を遂行し、体験の志向的分析を行ったが、ヒュレー・モルフェー主義に捉われていたために、この現象することそのことという体験のもっとも内的な次元を忘却のうちに取り残してしまった。(9)このように、「無限を有限化することなく現象化する」とは、その形而上学的な見かけに反して、このような純粋現象性を取り出すことに他ならないが、それはいかにして可能なのか。

問題をまず時間性という視点から考えてみよう。有限化する限りでの現象化は、時間性をその可能性の条件とする。フッサールが『内的時間意識の現象学』や『受動的綜合の分析』において、ハイデガーが『存在と時間』において時間性を現象性の根本にすえたのは以上に見た通りである。したがって無限の贈与があるとすれば、それは時間性によって構造化されることはないであろう。では、時間化とは別の仕方の現象性は考えられるのか。

先に見たように、原印象は根源的な二義性をはらんでいる。それはまず、何かを与える。聞こえてくる波の音も、庭に見える樹も、彼方に見える海も、まず原印象において与えられなければ音や樹や海として知覚されることはありえない。すなわち原印象ははじまりである。だが、グノーシス的な思惟において天地創造に先立つ原初の創造が考えられるように、このはじまりははじめから二重化されている。(10)原印象は「天地創造」のように世界のはじまりであると同時に、「隠れる神」のように、天地創造から隠れる原出来事でもある。すなわち、世界の「何かの」贈与は同時に隠れる出来事としての贈与そのものでもある。隠れることとして、原初の創造としての贈与そのものはそれとしては何ものも与えない。あえて言えばそれは「自己贈与」であるが、そのさい「自己」という言葉でなにか自己同一性をすでにもったもの、与えられたものを想定してはならない。そのような与えられた自己そのものが成り立つためにはすでに根源的な贈与が前提される。そのような、あまねくすべての贈与にはらまれた自己－現象、現象が現象として生起することとしての贈与そのものがここでは問題なのである。

以上から明らかなように、このような自己－現象としての贈与は、時間性の源泉である原印象を分析することからある程度その構造を取り出すことはできるとしても、問題はグノーシス的な見えない次元であるだけに、それが具体的な経験としていかなるものなのかを現象学的に示すのは極めて困難である。アンリやレヴィナス、最近ではマリオンも原印象からこの見えない次元への接近を試みているが、この行き方はあくまでも形式的なものにとどまり、見えるものを見るための道具立てで見えない次元に迫ろうとするものである限り、その成果は貧しいものであらざるをえない。冒頭にも言っておいたように、時間の言葉で無限の贈与を語るには限界があるのだ。この困難を回避するためには、フッサールの志向性のように明証的な知覚をあらゆる現象の尺度とするのではなく、知覚にたどり返すことのできない純粋現象の見えない次元を実際に経験している現場を手引きにするに越したことはない。そのような経験にはいくつもの可能性があるが、芸術と宗教はおそらくその代表的なものであろう。ここではまず、その両者の接点とも言えるイコンを例に取ろう。場合によっては現象学から存在・神・論へと後退してしまう危険をはらんでいることは否定できないが、一神教の啓示を手がかりにしてこのラディカルな現象性を考えてみたい。宗教的体験、とりわけ神秘主義的体験は無限を実体としてではなく、現象そのものとして経験しているはずだからである。なかでもイコンに表現された東方教会の伝統における神の経験は、西方教会とは異なり、絶対者の有限化することなき現象化を実現していると思われる[11]。かつてマリオンは、イコンの分析によって、志向性からも存在論的差異からも逃れる絶対者の現象学的経験としての「隔たり」を見事に取り出して見せた。非二元的な絶対者の現象学を試みるさいのひとつの原型を提供していると思われる彼の分析を手がかりにして考えてみたい。次いで、もうひとつの無限の贈与である他者の顔の現象性を取り上げ、イコンの現象性との微妙な隔たりを測定することにする。

(1) イコン

イコンは無限なる神の現象化である。それは単なる芸術作品とは区別される「図像による神学」なのであり、その図像に描かれるのは神の啓示、受肉というキリスト教徒にとっては根源的な出来事である。受肉がイコンを正当化し、イコンは受肉を証するのである。受肉とは、見えない無限の神がイエスという身体をもった人間の形を取って見えるものとなって現れた出来事である。にもかかわらず、イエスのこの可視性は神の不可視性を否定するものではない。「見えるもの」と「見えないもの」を二元的に分ける志向性の現象学とは異なり、イコンにおいては「見えないもの」が「見えないもの」として現れる。そしてこの「として」は、志向性でも存在論的差異でもない。いかなる二元性も容れないのである。

「イコンによって現前させられても、見えないものはあいかわらず見えないものにとどまる。(……)この見えないものそのもの、見えないものとしての見えないものを見えるものにすることが問題なのだ[12]」。

われわれが「見えるもの」と「見えないもの」を相互に対立するものとして二元的に考えるとき、ある暗黙の前提がなされている。すなわち、「見えないもの」は実体と考えられているのである。マリオンの表現を借りるなら、それは「見えない」ことにおいて、まなざしの「見えない鏡」となっている。それはまなざしを映し出す鏡である。それは、まなざしがある点において停止することにおいて成立する。まなざしがその超出力を失い、息切れしたとき、そこに「最初の見えるもの」としての偶像が現れる。それはしたがってまなざしの息切れを映し出すものに他ならない。まなざしがそこに見るのは自分自身の姿なのである。(13)

これに対して、イコンにおいてわれわれが見るのは、二元性に媒介されることのない見えないものの充溢である。イコンの現象性を厳密に取るとき、「われわれが見る」というのは正確ではない。われわれのまなざしはこの充溢によって幻惑され、盲目となる。そこではいかに受動的であれ、志向性が対象的な意味を構成することはできない。この充溢のゆえに、フッサールの直観概念はイコンを受け取るためにはすでに遅すぎる。先に見たように、この直観概念は条件つきであった。「与えられる」と「与える」という贈与の二義性はここでは現象化の有効性をもたない。感性的なレベルから範疇的・イデア的なレベルに拡大されているとはいえ、この直観概念は結局、この条件によって有限なものの直観に限定されているのである。これに対してイコンの贈与はいかなる条件もなしに与えられる光輝によって志向性のまなざしをくらませ、そうして初めて無限の奥行きへとまなざしを誘うのである。

イコンのこのような現象様態は「のように見える・のようである（parait; a l'air de）」ということであり、その限りで世界内の知覚される現象、志向性によって構成されたり存在論的差異において「現出する（apparait）」現象とは区別される。(14) それはイエスの顔を描いてはいるが、その顔はこの像の外部に人間として実在する（した）イエスを模写したものではないのだ。より現象学的な用語で表現すれば、この像の意味機能は、像客体が像主体（実在的人間イエス）を呈示するというようなものではない。この像主体は、いかなる外部の実在でもない。すなわちそれは、世界の現象のただなかにあって「目立たないもの（顕現しないもの・inapparent）」だということができる。(15)

イコンのこのような現象様態をさらに詳しく見てみよう。イコンを前にしてわれわれが感じるあの独特な感覚、いわば恍惚感は何に由来するのだろうか。この感覚を「感動」と呼ぶとしても、それは西洋近・現代絵画を見ることによって生じる主観的で身勝手な感動とは質的に異なる。この差異は、東方と西方とにおける可視性の差異、すなわち西洋絵画における可視性がわれわれのまなざしに支えられているのに対して、イコンの可視性はわれわれのまなざしを拒否していることに由来する。イコンは見られるために描かれるのではない。その意味でそれはいわゆる芸術とは区別される。それは「宗教芸術」ですらない。宗教芸術とは西洋が発明した概念である。すなわち、宗教芸術であろうと、西洋における芸術は「見られること」を目的として作られる作品である。それは宗教に対して外的な手段にすぎない。これに対してイコンは人間の霊性を覚醒させるという意味で宗教そのものなのであり、受肉による神のまなざし、神の臨在、神の現象化以外の何ものも現してはいない。それは志向性であれ存在論的差異であれ、あらゆる種類の二元性による支配から脱している。二元性とは「見る」ための装置だからである。もちろんイコンも絵画である限り、われわれはキリストの顔、マリアの顔といった「何か」をそこに見て取る。だが、それと同時に、原印象の二重構造にしたがって、この顔は見えないものへとわれわれのまなざしを誘うグノーシス的な現象性に他ならない。もしこれらの顔を単なる芸術作品と見るならば、そのときその視覚は過去把持に媒介されて現出した有限な現象にのみ向かっているのであり、イコン本来の隠れる次元の現象性を完全に見逃している。これに対して、この像を原印象の原贈与という出来事として見るならば――というよりも正確には「見られる」ならば――、その現象様態は一変する。それは、われわれのまなざしが設定する可視性によっては見えない絶対者への窓となる。

西洋の宗教画がこのような隠れの次元を忘却して偶像に限りなく接近していることは、キリストの受難を描いた数多くの磔刑図に見ることができる(16)。ここではイエスの受難に対して人間の苦しみを感情移入する写実という方法が取られているため、人間となった限りでの、すなわち世界内に現れた限りでのイエスの苦しみが強調される結果となっている。こうして、有限な世界内の存在者の現象とは区別される無限なる神の現象という受肉のもつ意味が隠蔽されてしまう。ではイコンはいかなる構造によってこの偶像化の危険から免れているのだろうか。

イコンを見るときにまず気づくことは、そこには遠近法がないということである。西洋の近代において世界解釈のモデルとなった遠近法は、絵画に典型的に現れている。だがイコンを育てた東方の地にあっては、遠近法にしたがって描かれる三次元の世界は霊性を覆い隠すものでしかない。イコンに描かれた像は、「もはや次元というものが通用しない別の世界(17)」に住んでいるのである。イコンにおいては、「消失点は画面の中に位置するのではなく観者の側にある。（……）出発点が、イコンを見る者の側にあって、画中の人物たちが観者と出会うことを意味する。それゆえ、画面の中で消失点が封じ込められたときそこに開口部が生じる(18)」。すなわち、遠近法的な視覚の場合にはわれわれのまなざしが世界に超出して消失点を結ぶが、イコンの逆遠近法においては反対に、イコンに描かれたイエスやマリアの眼の方がわれわれを見据えてくることによってこちら側に消失点を結ぶのだ。こうして三次元空間とは全く別の次元が開けることになる。ここに生じる「開口部」がすなわち絶対者という「別の次元」への窓に他ならない。この逆遠近法は、福音書の教えと同じようにイコンが「既存の価値をくつがえす」ことと、「神が人との出会いに際して、主導権をにぎっているのだということ」として解釈される[19]。すなわち、人間が主体となり、世界の中心となって見る様態から、絶対者からまなざされる様態への転換である。ルネサンス以降の、遠近法に支配された西洋の近代絵画と東方イコンの可視性もしくは現象様態の差異は、このような経験の質の差異を表現しているのである。まとめて言うならば、イコンとは、西洋の伝統を支配してきた、不可視性との二元論的な対立で考えられるような可視性の概念では捉えることのできない「別の可視性」、「不可視性の（という）可視性」とでもいうべきものからなっている[20]。現象学において「見えないもの」や「顕現しないもの」の次元を現象化するさいに視覚モデルは避けられ、他のモデルが探られる傾向にあるが、それは人間のまなざしにあくまでも依拠する西洋の視覚概念に限ってのみ言えることであり、「別の可視性」の可能性もあることをイコンは示している[21]。

（2）顔

イコンとして描かれるのはキリストやマリアの顔であることから考えても、われわれの日常の経験のなかにイコンに比すべき現象を求めるとすれば、それはおそらく他者の顔である。確かに私は他者のまなざしをそれ以外の様々なもののようにまなざすことができる。そのとき他者の眼は見られたもの、世界の中に存在するものとして私に現れてくる。だが、他者のまなざしをまなざすことによって、私のまなざしが何ほどか脅かされないことはない。そこには程度の差はあれ「まなざしの相克」が生じるはずである。私と他者のまなざしは火花を散らし、やがてどちらかのまなざしが勝利をおさめる。すなわちどちらかが眼をそらす。だがその瞬間に、「他者」のまなざしは消えたのである。私がまなざしているのはもはや他者ではない。まなざすかまなざされるか。この二者択一は、レヴィナスなら「対称性」と呼ぶある前提から生じている。私も他者も志向性を向けるものとして相手を同じ平面で意味として把握しようとしているのである[22]。

他者のまなざしを対象としてまなざし返すことをやめるとき、それは私のまなざしを無限の奥行きに引き込む働きをもつ新たな現象性として現れる。他者のまなざしの前で可能なこのふたつの態度は、時間性から見るならば、イコンと同様に原印象の贈与の二重性に由来する。私のまなざしが他者のまなざしを世界内に存在するものとして一方的にこちらから見ようとするさい、それは原印象が与えるもの（第二の創造）に向かっている。これに対して他者のまなざしをまなざすことをやめ、逆に他者のまなざしにさらされ、かくして無限の奥行きへの通路を経験するとき、それは原印象が与えられること（第一の創造）、その出来事そのものに定位している[23]。

以上のように、イコンと顔とは無限を有限化することなく現象化するという点で、それらの現象様態は極めて近いものである。だが、この近さにもかかわらず、決定的な違いがあるように思われる。イコンは確かにまなざしを無限の奥行きへと導くが、この無限の現象、受肉においては、無限が決定的に到来してまっている。それは時間という受容性の形式に関わりなく、時間の地平を超えたところで与えられる眩いばかりの「飽和した現象[24]」である。これに対し、顔の現象様態は、原印象の二義性と、時間性の受動的な流れにともなうその過去把持への移行に基づく世界化・人間化がより深刻に取られている結果、イコンより動態的に捉えられているように思われる。他者の顔は、無限の奥行きへと私のまなざしを引き込む限りでは原印象における原初の隠れの目立たない現れであると言えるだろうが、原印象のもつもうひとつの次元、すなわち意味としての現象化によって、この無限への隠れはすぐさま有限化して世界内の存在者、場合によっては対象（物体）として現象してしまう。このように、顔の現象様態のはらむ二重性によって、無限の贈与としての他者への接近は困難を極めるものとなる。フッサールが現象学的還元を絶えず新たに遂行し直さねばならなかったように、無限としての他者への接近は絶えざる還元を必要とする。レヴィナスは、この還元を「言われたこと（dit）」から「言うこと（dire）」への「換言（dédire）」と表現しているが、ここに、イコンの現象性とは微妙に異なる神学的背景をうかがうことができる。

すなわち、イコンの受肉モデルに対して、顔の現象はある種のテクスト・モデルに従っている。レヴィナスが背景とするユダヤ教にあっては、無限なる神の啓示は文字テクスト、しかも『トーラー』という掟のテクストを介して生起する。神がモーゼに対して行った掟のテクスト（十戒）の贈与こそが、キリスト教における受肉＝人間化という神の啓示に取って代わる。そしてこの身体と文字という啓示の様態の差異が、無限の贈与の現象学的な差異を決定づける。すなわち無限とは、テクスト＝顔の無限なる解釈なのである。

だが、このテクスト・モデルがいわゆる解釈学のそれとは決定的に異なるものであることを指摘しておかねばならない。顔の無限の奥行きは解釈学が考えるように無際限、不定無限なのではない。それでは顔の無限性はすでに有限な地平の内部に取り込まれて固定した意味になっている。そうではなく、顔への関わりはユダヤ教の伝統における発見論的なテクスト解釈をモデルにしており、ここでは顔を通して無限に向かうこと、すなわち「言うこと」は、志向性の地平内部での意味ではなく、地平的な連関を断ち切ったところに現れる「新たな意味」を探求すること（ミドラシュ）に他ならない。すでに固定した解釈（「言われたこと」）は地平の内部に取り込まれているため、神の贈与である掟のテクストの無限性を有限化してしまう。これは偶像崇拝に他ならない。偶像崇拝禁止の掟に従って、解釈者はつねにこのテクストを新たな解釈へと向けて開いてゆかねばならないのである。そのために「換言」が行われるのだが、それは地平の「外部」、より正確に言うならその「限界」に身をさらすことを意味している。[25]

結論

これまでの議論で何が明らかになったのだろうか。まず志向性、そして存在論的差異が、必ずしも普遍性をもちえないということ、すなわちそれ以外の現象様態がありうるのだということ。とりわけ、絶対者を有限化することなく絶対者として現象させるには、志向性も存在論的差異も二元性による媒介を原理とするために遅すぎるのだということ。したがって絶対者は厳密な意味でいかなる外的な媒介もなしに「自己を贈与する」のだということ。その具体的な例がイコンと顔の現象性であった。だが、このような宗教的な枠組みを越えて、新たな経験領野を開くことが「贈与の現象学」の課題となる。

冒頭に述べておいたように、無限なる絶対者の現象を贈与として捉えることには限界がある。時間は世界内の有限な現象性の形式であり、それゆえにこの形式を用いて無限の現象へと接近することは有限から無限を語る困難を伴っていた。そして、かろうじて原印象が有限から無限へと導く隘路の役割を果たしているのであった。贈与もまた、本来はそれを与える者、それによって与えられるもの、それを受け取る与えられる者の三つの契機によって構造化されているのであり、したがってすでに根源的に与えられてしまっている存在者のレベルでの出来事を指し示していた。そこから遡って根源的に与える出来事を語ることは、時間が時間化されたレベルから時間化そのものの構造を捉えようとするのと同じく外部から内部を捉えようとすることなのである。では、有限化されない無限そのものを、そのただなかから捉えることが可能なのだろうか。シェリングが考えたように、芸術家の創造モデルがそのひとつの可能性であろう。不可視の絶対者と非二元的に一体化したとき、二元的可視性の地平の外部／限界に身をさらすことによって芸術家は新たなものを創造する。このテーマに関しては第八章で主題的に論じることにする。

（1） J. Derrida: De l'économie restreinte à l'économie générale, Un hégélianisme sans réserve in: *L'écriture et la différence*, Paris, 1967. を参照。

（2） J. Derrida: *Donner le temps 1. La fausse monnaie*, Paris, 1991, p. 25.

（3） レヴィナスは、デカルトの無限の「観念」を強引に現象学的に解釈し、無限の「痕跡」にすりかえることで観念につきまとう有限化の危険を回避した。この痕跡とは後に見るように、現象としては他者の「顔」のことであり、掟のテクストのことである。

（4） フッサールの用語としてのSelbstgegebenheitは多くの場合「自体能与」と訳されるが、ここではSelbstを「自己」、Gegebenheitを「贈与」とも訳す必要があるので、わずらわしいが括弧に入れて表記する。「自体」は「それ自身」、「自己」は「おのずから」を意味する。「能与」が「意識が与える」というニュアンスであるのに対し、「贈与」は「意識に対して与えられる」というニュアンスである。

（5） cf. D. Franck: *Chair et corps*, Paris, 1981, 1. Auto-donation et donation incarnée.

（6） E. Husserl: *Husserliana Bd. III*, 1, Den Haag, S. 51. この原理についてはマリオンとアンリの注釈を参照。J-L Marion: *Le visible et le révélé*. Paris, 2005, chapitreII. Phénomène saturé; M. Henry: *Incarnation*, Paris, 2000, p. 49.

（7） マリオン上掲箇所参照。

（8） cf. J-F. Courtine: Phénoménologie et/ou tautologie. In: *Heidegger et la phénoménologie*, Paris, 1990, p. 381–405.

（9） cf. M. Henry: Phénoménologie hylétique et phénoménologie matérielle. in: *Phénoménologie matérielle*, Paris, p. 13–59.

（10） 「グノーシス的現象性」に関して、本書第五、第六章を参照。

（11） ミシェル・クノー『魂に触れるイコン』せりか書房、一九九五年、を参照。なお、以下はあくまでも絶対者の現象という贈与の経験まで現象学を深化させるための議論であって、特定の信仰を論理化するためのものではないことを断っておく。

（12） J-L. Marion: *Dieu sans l'être*, Paris, 1982/1991, p. 29.

(13) cf. ibid: p. 23.
(14) ibid: p. 28.
(15) この点について、本書第八章を参照。
(16) クノーは前掲書で、グリューネヴァルトの『磔刑図』をその典型的な例として挙げている。
(17) クノー、前掲書、一二九頁。
(18) 同上、一三一頁。
(19) 同箇所。
(20) マリオンの或る分析では、遠近法とイコンの相違は、可視性・像化の原理である「見えないもの」が「見えるもの」と交錯するその仕方の相違にある。遠近法では「見えないもの」は志向的まなざしとして機能するのに対し、イコンやそれに近いマレヴィッチのシュプレマティズム絵画においては、志向的まなざしといった主観的なものが極限まで排され、「見えるもの」のただなかに「見えないもの」が顕現する。J-L. Marion: La Croisée du visible et de l'invisible. in: *La Croisée du visible*. Paris, 1991. p. 38-46. 本書第八章を参照。また、アンリ・コルバンがイスラームのグノーシスをモデルとして作り上げた「想像界（イマジナル）」もそのもうひとつの例である。本書第七章を参照。
(21) 現代美術の流れはこの「別の可視性」の追求だともいえる。本書第八章を参照。
(22) 「まなざすまなざしをまなざすことは可能か」というこの問いは、文脈は異なるが、フッサールが「相互主観性」として提起したのと同じ問題である。
(23) cf. E. Lévinas: *Autrement qu'être ou au-delà de l'essence*, Dordrecht, 1986, p. 41.
(24) マリオン上掲箇所参照（注(6)）。
(25) 神名がこの換言という無意味化のための媒介となる。この点に関して本書第六章「神名の現象学」を参照。

第II部　ユダヤ神秘主義カバラーと現象学

第四章　秘密の伝承

「トーラーの廃棄こそがトーラーの真の実現になりうる。」（タルムード Menachoth 99b）

一　「神なきユダヤ人」——同化ユダヤ人におけるユダヤ性の回帰

一六六六年九月、ガザのナータンの支援のもとに未曾有の規模でメシアニズム運動を展開した「偽メシア」サバタイ・ツヴィは、その帰結としてアドリアノープル（トルコ）でイスラームに改宗した。この出来事は、この運動を熱狂的に支持した多くのユダヤ人たちによって「裏切り」と取られて失望を買った一方で、彼を信奉し続ける者たちによってはメシアニズム運動の当然の帰結と受け取られた。かくてこの運動はその後も継承され、やがてヤコブ・フランクの反律法的ニヒリズムを引き起こして壊滅への道を辿ることになる。

「メシア」の背教という最も忌むべき行為がなぜ正当化されたのか。それは、「否定を通してのユダヤ性の成就」という考えがこのメシアニズム運動の理論に始めから含まれているからである。その理論的根拠となったのが十六世紀のイサク・ルリアの幻視的カバラーであり、サバタイ・ツヴィのメシアニズム運動はこのカバラーを過激化して政治的実践に移したものである。ルリアのカバラーは、後に詳しく見るように、ツィムツム（神の収縮）に続くシェビラー・ハ・ケリーム（器の破壊）という破壊行為を通じてティクーン（修復・贖い）を実現することを説く。ショーレムが言うように、ルリアのカバラーはユダヤ人の「追放」体験をツィムツムという神の自己自身の内部への「追放」という構想に重ね合わせて合理化した上で、この「追放」を「救済」に向けて意味づけ、両者の間に緊張関係を極度に発展させたが、それは、サバタイ・ツヴィの出現によってメシアニズム運動への決定的第一歩を踏み出させることとなったのである。(1)穏健な禁欲主義者だったルリア自身の意図を越え、サバタイ・ツヴィはティクーンを新たなメシア時代の到来であるとし、そこでは古い律法は廃棄され、新たな律法が支配するのだと宣言した。そして、正統派のラビ的ユダヤ教の律法を破り、罪を犯すことがメシア到来の条件だとさえ考えられるに至った。「否定を通してのユダヤ性の成就」という逆説的な思想が、公然と現れたのである。律法とその注釈たるタルムードを軸として展開してきたラビ的ユダヤ教に対する異端としてその陰で発展してきたユダヤ神秘主義カバラーはこうしてユダヤの歴史の表層に浮かび上がり、その最も過激な帰結を見るに至った。(2)その意味で、ショーレムが強調するように、たとえサバタイ・ツヴィの人格が凡庸で、彼の棄教が実際には単なる裏切りに過ぎなかったのだとしても、この出来事がユダヤ教にとってもつ意味は極めて大きいのである。

サバタイ主義の影響の大きさは、この異端運動が、同化ユダヤ人たちがユダヤ教を捨てて西洋文明に同化する際の理論的根拠となりえたという事実に現れている。ショーレムが言うように、「神秘主義的基盤に基づいたこの宗教的アナーキズムは、サバタイ主義がそれに適した外的条件に出会ったところでは、十九世紀のユダヤ教における啓蒙と改革の内面的な準備において大きな役割を果たした(3)」のである。こうして「神なきユダヤ人(4)」が生まれる。彼らは宗教を否定し、徹底して理性にのみ信頼を置いて現代という神なき時代を切り開いてきた。だが、サバタイ主義というフィルターを通して見るならば、そこには否認され、隠された形で、神秘主義的な神の「秘密の伝承」が行われているのではないか。表層的な理性の深層に、神秘主義的な神の経験が隠れているのではないだろうか。

このような、否定・否認を通してこそ伝承される隠されたユダヤ性を、とりわけフッサールに始まる現象学の中に探ってみることが以下の主題である。それは、ギリシャとキリスト教に支えられた西洋という表層に隠れた深層次元で、しばしば本人にすら意識されることなく秘密に伝承される伝統なのである。

二　テクストの内部での無限の経験——イマジナルの論理としてのユダヤ性

現象学におけるユダヤ性の分析に入る前に、テクスト解釈におけるユダヤ的な無限の経験とはいかなるものかを、主にラビ・ウアクニンの議論に依拠して見ておきたい。

(1)「ベレシートבראשית」(「初めに」)——起源の欠如

「始まり」の欠如がユダヤ性の「始まり」である。『トーラー』冒頭を飾る「創世記」は、よく知られているように次の句で始まる。

「初めに、神は天と地を創造された」(「創世記」一—一)。

『ゾーハル』の「ベレシート」の巻を始めとしてカバラーの歴史が長いあいだ問い続けてきたのは、このユダヤ教にとって最も重要な句――なぜなら、「トーラー」は神の啓示なのであり、その最初の句は神に最も近いと考えられるからである――が、アルファベットの第一文字「アレフא」ではなく第二文字「ベイトב」から始まっているのはなぜなのか、という問いである[5]（ヘブライ語は右から左に読む）。カバラーの伝統では、「アレフ」は神を象徴する文字であり、その「アレフ＝神」が隠れ、退却することによって、そこに「トーラー」のテクストという神の「痕跡」が刻み込まれる余地が生じたのだと考える。これは後に見るように、ルリアの「ツィムツム（神の収縮）」の構想において反復される考えである。起源は初めから不在なのであり、痕跡としてのテクストによって根源的に代補されているのである[6]。

（2）モーゼによる律法の石版の破壊――律法の二重化

「モーゼが身を翻して山を下るとき、二枚の掟の板が彼の手にあり、板には文字が書かれていた。その両面に、表にも裏にも文字が書かれていた。その板は神御自身が作られ、筆跡も神御自身のものであり、板に彫り刻まれていた」（「出エジプト記」三二―一五・一六）。

「宿営に近づくと、彼は若い雄牛の像と踊りを見た。モーゼは激しく怒って、手に持っていた板を投げつけ、山のふもとで砕いた」（「出エジプト記」三二―一九）。

シナイ山で石版に刻まれた十戒＝成文律法を授かったモーゼは、イスラエルの民が犯した偶像崇拝の罪に怒り、与えられたばかりの律法の石版を粉々に破壊してしまう。これによって律法の原初の意味は失われてしまった。それゆえにイスラエルの民は二枚目の律法から、もしくは砕け散った破片から断片化した意味を読み取ってゆかねばならない。この解釈行為が口伝律法を生み出し、「書かれた律法」（『トーラー』）と「口頭で語り、解釈する律法」（『タルムード』）とに律法を二重化するのである。こうしてユダヤ的次元全体は、これらふたつの律法の「間」で展開されることになる。

ここで注意すべきは、この二重性は、この二重化の原初性ゆえに、成文律法が「真の意味」を含んだ原本として存在し、口伝律法がその真の意味を開示すべく解釈する、という意味での二重性ではないという点である。言い換えれば、ふたつの律法の関係は、シニフィエとそれによって成就されることを求めるシニフィアンの関係ではないのだ。原本的な意味、超越論的シニフィエは始めから存在しない。ここでも、「ベレシート」においてと同様、出発点は常にすでに二重化されている(7)。

(3)　ツィムツム——神の収縮

『トーラー』の二つの場面で語られた「起源の根源的な不在とその代補としての痕跡」という考えにさらに深い神秘主義的な意味づけを与えるべく、イサク・ルリアのカバラーは壮大な神話的ビジョンを作り上げた。ルリアは、伝統的なユダヤ神学では「創造・啓示・救済」と呼ばれる、神が自己の外部に向かってゆく出来事を、その方向を逆転させて神の内部のグノーシス的な次元に転位させ、それぞれに対応する次のような三つの位相を構想する(8)。

① ツィムツム（神の収縮）＝天地創造に先立って神は自己の内部に収縮した。これは「創造」にあたり、「創世記」冒頭のアレフの不在に対応する。

② シェビラー・ハ・ケリーム（容器の破裂）＝収縮によって神の内部に開かれた「虚無の空間」の中に無限の神の光が流入し、そこで十個のセフィロートの形態を持った容器の中に流れ込むが、下位の七つの容器は無限の光の強さに耐え切れずに破裂してしまう。これは「啓示」にあたり、「出エジプト記」におけるモーゼによる律法の破壊に対応する。

③ ティクーン（修復・贖い）＝破裂した容器の破片に隠された神の光の火花を取り集めて元の光へと修復する。これは「救済」にあたる。

このプロセスにおいて神の無限の光はヘブライ語アルファベットの二十二個の文字として凝縮され、その組み合わせが『トーラー』のテクストを生み出したとされる。神からの『トーラー』のテクストの発生は、カバリストたちによって詳細に論じられているが、無限の神がまず無限小の「原初の点」（ヘブライ語アルファベットにおいては「ヨッド י」）に収縮・凝縮し、そこからアルファベットの他の文字が発生したとされる。(9)

ここでまず重要なことは、『トーラー』のテクストにおいて、無限（エン・ソフ）が有限化されることなく収縮し、凝縮されて現れた、という点である。無限なる神と有限な世界を対立させて考えるギリシャ的・西洋的論理では理解し難いことだが、ここでは、時間・空間の内部に限定され、遠近法的に知覚される有限な被造物の世界に先立ちながら、しかも顕現せずに完全な静謐の中に留まる神そのもの（エン・ソフ）でもない、その「中間」で、「無限の現象性」というものが考えられている。フランスのイスラーム学者アンリ・コルバンの言葉を借りれば「中間界」・「想像界（イマジナル）」[10]とも言うべきこの次元においては、レヴィナスが言うように「創造する無限者の限定と多様性とは、無限者の完全性と相容れるものである。限定と多様性はこの完全性の意味を構造化する」[11]のである。

この「無限の現象性」の次元は、現象性の条件として、「過去・現在・未来」という時間の三次元によって構造化される。無限と有限の間の「中間界」という身分を持つ以上、それは被造的世界を支配する形式としての時間ではなく、「創造・啓示・救済」に対応する神の内部構造なのであって、このレベルでの時間の三次元構造の中で無限が経験されることになる。それは「無限の時間性」という、被造物の論理からすれば逆説的な事態である。

この逆説がなりたつイマジナルな次元を構造化するのは「産出」の論理である。カバラーでは一神教のただなかに神の「両性具有」という神話的なモチーフが導入されており、神の男性性と女性性との間に「聖なる結婚」が行われると考えられる。セフィロートはこの過程をイメージ的に表現したものであり、セフィロートを構成する三本の柱のうち、右と左の柱がそれぞれ男性性と女性性を、そして中央の柱が両者の間に生まれる子供を象徴する。三次元にわたる時間性は、この構造にしたがって神が自らを生み出す構造なのであり、被造的世界に先立つイマジナル次元とは、レヴィナスの表現を使うなら神の「繁殖性」の次元なのである。[12]ツィムツムとは「ラハマヌート（母性＝子を産む能力）」、神の母胎であり、そこに無限の光が凝縮した「原初の点＝種子」として神が受胎する。そこから文字テクストが胎児として成長するのであり、そこでは神の種子＝文字テクストの意味は無限に増殖し続ける。このイマジナルなレベルでの「繁殖性」をモデルとする無限の意味の増殖は、神話的なレベルにのみ留まるのではなく、ルリアのカバラーをテクスト解釈に適用する「炸裂させる読解」として個々の人間において反復される。ユダヤの伝統ではテクストの解釈は「散種」であり、「子を産む」という繁殖性と重ね合わされるのである。(13)

(4)「炸裂させる読解」と「書物の焼却」

①「炸裂させる読解」

ルリアによって存在論的・宇宙論的なレベルで展開されたカバラーは、神が自己の内部に追放されることにより、創造と救済の間に張り渡された意味空間として『トーラー』のテクストを生み出した。この無限の顕現の出来事を逆方向にし、顕現したテクストから出発して、各々の人間がそれを解釈することを通じて「無限（エン・ソフ）」に接近してゆく過程として、ラビ・ナハマンはルリアのカバラーを「実存的解釈学」のレベルで捉え直す。この実存的解釈学は、解釈を行うことによってあらゆる人間にメシアになる可能性があるというメシアニズム思想として展開される。(14) 以下で、「炸裂（シェビラー）させる読解」と「書物の焼却」としてラビ・ナハマンの思想を継承しているラビ・ウアクニンの教えに従って、このユダヤ的解釈学を見てゆこう。(15)

創造から救済に至るツィムツム・シェビラー・ティクーンの三つの段階は、テクスト解釈学のレベルでは次のように読み替えられる。

i　テクストの意味地平からの退却による脱意味化
ii　諸技法による既成の意味の解体
iii　それによる新たな意味の発見

「解釈学的循環」が明らかにしているように、テクストの読解において、解釈者は常にすでにテクストの地平的な意味の中に投げ込まれている。実存的解釈学のレベルでのツィムツムは、このテクストの意味の地平から「退却する」ことである。それは、「意味」の地平のただなかに「無意味」の次元を介入させることによって、地平的な意味を「脱意味化」する。その脱地平的な「無意味」の役割を果たすのが、原初に退却した「アレフ」であり、「テクストの中に空いた意味論的穴」[16]としての発音不可能な神名「יהוה」である。無意味の次元はまた、テクストを構成する文字と文字、語と語の間の「余白」としても現れる。この伝統では、余白はテクストの単なる背景にすぎないのではなく、テクストをはみ出すことによってテクストを構成するものとして機能するのである。神名や余白を通じて意味の地平を無意味化することによって、解釈者は天地創造＝意味地平の発生としての「始まり」に先立つ原初的な「始まり」を反復し、そこであらゆる意味が発生する「空虚な空間」を開く。

イデア的同一性として凝固した意味をエポケーするこの作業に、第二段階として、「モーゼによる律法の破壊＝シェビラー」の反復が続く。それは、ツィムツムによって開かれた「無意味」、「空虚な空間」に身を置き、そこから、テクストやそれを構成する語や文字を「破壊」して、地平的な意味の可能性の外部から、予測不可能な新たな意味を湧出させることである。「成文律法」と「口伝律法」の間に開かれ、「生殖」モデルに従って増殖する意味の無限の次元がこうして開かれる。そこでは、ギリシャ的なロゴスのように差異をイデア的な同一性へと取り集める《レゲィン》のではなく、逆に意味をいかに破壊し、拡散させ、増殖させるかに主眼が置かれる。

第三段階のティクーンは、解釈学のレベルでは、解釈によってテクストから引き出される意味であるが、これは現れるや否や再びツィムツムによって脱意味化され、シェビラーによって破壊される。特定の意味を同一化し、イデア化することは偶像崇拝につながり、意味の増殖を妨げるからである。

② 「書物の焼却」

本章の冒頭に述べたように、ツィムツムによる断絶を介したユダヤ的次元の秘密の伝承は、サバタイ主義やフランク主義のように、律法を捨て去るまでにエスカレートする可能性を持つ危険極まりないものである。この危険に身を曝しながら、サバタイ主義的な背教からも距離を取るラビ・ナハマンの「秘密の伝承」の方法を、このハシディズムの伝統を継承するラビ・ウアクニンに依拠しつつ検討し、「ユダヤ的次元」に特有の「動きつつある意味作用」とはいかなるものなのかを示しておこう。(17)

「炸裂させる読解」によって凝固した意味の破壊を通して無限化されるユダヤ性の次元は、世界内に現れることのない「シニフィエなきシニフィアン」としての「新たな言葉」の発明を通して行われる。だが、この「新たな言葉」は、発見されるやいなや世界の光の中での意味を持ってしまう。世界の外部、もしくは境界線上で絶えず動きつつあるユダヤ的な意味が、ギリシャ的な光の中で照らされて「固定した意味」に変質してしまう。この「偶像崇拝」の危険から「新たな言葉」を救い出すために、ラビ・ナハマンは三つの方法を提唱する。(18)

i　この言葉を語らずに書く。

ii　語ることも書くこともしない。

iii　書いて燃やす。

「燃やす」とは当然「火」をつけることであるが、「炸裂させる読解」は、この「火」という言葉に意味論的なコノテーション以外の意味作用を見出してゆく。先に見た第一文字「アレフא」の不在とは逆に、ここではアルファベットから最後の文字「タヴת」を取り去り、第一の文字と最後から二番目の文字を組み合わせてみる。すると、「アレフ・シン אש」が得られ、これを発音すると「エシュ אש」、すなわち「火」という意味になる。最後の文字を取り去るというこの操作は、無限が自己自身の内部で閉じて自己完結するのではなく、そこに開口部が開けることを意味している。

「火は、世界への関係、世界への不可能な関係として、そのなかで未来への展開としての時間が可能であるような空間を創造する[19]」。

この「火」という言葉は、『トーラー』冒頭の「ベレシート」からも「ノタリコン」（ひとつの語を複数に分割するユダヤ解釈学の技法）を使って発見することができる。בראשית（「初めに」）から真ん中の二文字אשを抜き取り、それを後に移動させるとאש ברית、すなわち「火の契約」という意味が出てくるのである。

こうしてユダヤ的な「動きつつある意味作用」に従って「火」という語の拡散する意味のつながりを追ってゆくと、「火によって、世界に現れ出て偶像崇拝的に凝固した意味を解体し、常に新たな意味を探り出してゆくというシェビラーの作業が、神とユダヤ人の間に結ばれた契約なのだ」という意味が発見されるわけである。しかも、この意味といえどもそれが唯一の決定的な意味（シニフィエ）を言い当てているのではなく、一時的なものなのであって、常に新たに語り直されてゆかねばならないのである。

「火」の意味の連想的拡散にもうひとつ付け加えておくなら、「出エジプト記」三―二・三でモーゼが初めて神に召命される場面で、神は「燃える柴の木」によって象徴されていた。すぐ後に続く箇所（「出エジプト記」三―一四）で神がモーゼの問いに対して明かす神名「エイエー・アシェル・エイエー」（「私はあるであろうものであるであろう」）と相まって、燃え続ける火のイメージは、神の臨在（シェキナー）が、未来へと向かって絶えず変化し、新たになってゆくことを意味している。[20]「書物を焼却する」こと、それは、西洋の可知性の地平をはみ出す「不気味（unheimlich）なもの」――反ユダヤ主義の動機だとフロイトが考えるもの――をこの地平から追放し、その伝統を断絶させようとする試みであった。中世ヨーロッパにおいて、『タルムード』はその不気味さゆえにキリスト教徒たちによって何度となく焚書とされてきたのである。ルリアのツィムツムの教説に依拠して、表層的なレベルでの伝統の断絶こそ伝承に必要な条件であるとするラビ・ナハマンは、ユダヤ教の「聖なる書物」を自ら焼き捨てることで、ユダヤという不気味な次元の「秘密の伝承」を実践するのである。

三　フッサール現象学のユダヤ性

かつてクラウス・ヘルトは、フッサールの現象学をギリシャに還元し、この思惟がもつ「不気味さ（Unheimlichkeit）」を切り捨てて、哲学の正嫡として位置づけようとした。[21]この解釈は、フッサール自身が超越論的現象学をギリシャに誕生した哲学の理念を真に再興するものとして規定していることからも正当化されるように思われる。だが、「同化ユダヤ人の隠されたユダヤ性」を探り出そうとする本論の視点からすれば、フッサールの発言を文字通りに取るわけにはいかない。われわれは逆に、フッサール現象学のもつ「不気味さ」にこそ焦点を合わせ、これをユダヤ性の秘密の伝承として顕にしてゆこうと思う。そのためにまず、フッサールの現象学をフロイトの精神分析と対比することから始めよう。

(1) フッサールとフロイト

フッサールとフロイトがともにウィーンでブレンターノに学んだことはよく知られている。彼らは哲学と精神医学というそれぞれ異なる分野で現象学と精神分析という新たな学を創始したが、分野の違いにかかわらず、深層において、両者には意図の点でも方法の点でも奇妙に類似した点が見出される。彼らの意図はともに、ヨーロッパの学問もしくはヨーロッパ文明一般の危機を「病んだもの」と診断し、現象学と精神分析という新たな学を創始することでこの「病＝危機」を「治療」することであった。これらの壮大な企図においては、両者において預言者的ともいえる使命感が彼らの学の動機づけとなっている。また、この「危機の治療」という目的のために彼らが採った方法にも共通点が見られる。現象学においても精神分析においても、それぞれ次元は異なるものの、経験の「忘却され、抑圧された次元」(現出の次元、無意識)を「考古学者」のように掘り返すことで人類を危機から救う道が開かれると考えられているのである。

この預言者的使命感と革新的な方法は、フッサールにおいてもフロイトにおいても、ギリシャ＝西洋的な地平の内部で発見され、練り上げられたものに見えるし、この地平の内部である程度の理解は得られる。しかしより注意深く見るなら、ギリシャ＝西洋的な地平に織り込まれてはいるが、この地平においては見えることのない、よそよそしく、不気味なある次元にそれは由来すると考えられる。

預言者的動機づけについて言えば、『モーゼと一神教』からうかがえるように、フロイトは自ら精神分析をモーゼの律法に代わる「新たな律法」と規定し、自らをメシアの役割を果たすものと見なしており[22]、フッサールは、『危機』で超越論的現象学の最終的な動機づけを解明するにあたって、現象学を遂行することは「呼びかけられ」て「回心」するという「一種の宗教的体験」であるとしている[23]。ここには、ギリシャの伝統とは異なる現象学の召命的・預言者的な性格がうかがわれるのではなかろうか。ともすれば自然的態度という偶像崇拝に陥ってしまう西洋哲学の歴史を、超越論的主観性という無限なる「神への道」[24]に引き戻そうとする『危機』に表れた現象学の預言者的な性格は、フロイトの精神分析と同じく、ギリシャ的な学の理念の陰に隠されたユダヤ性を示す徴候ではないだろうか。

次に「病の治療」というメタファーに注意を向け、「健康」とは何を意味するのかをユダヤ的・カバラー的な「炸裂させる読解」によって解釈してみよう。[25]「健康」に当たるヘブライ語は「ベリユット」（בריאות）であり、「健康な」という形容詞「バリ בריא」（男性形）・「בריאה ベリア」（女性形）である。これらの語は「世界創造・ベリヤー בריאה」、「創造する・バラー ברא」と語根を等しくする。ここから、「健康であるとは、ヘブライ的思惟にとって、〈創造〉の、自己と世界の絶えざる再創造の位置に身をおくことを意味する[26]」という結論を引き出すことができる。

フロイトが精神分析において無意識の解読にタルムード・カバラー解釈学に極めて近い技法を導入したことはつとに指摘されているが[27]、哲学の伝統の中にあってよりギリシャ的な性格を持つ現象学の場合はどうだろうか。現象学的還元の中には、たとえすぐさま忘却されてしまう端緒の形にすぎないにせよ、またフッサール自身が全く意識していないにせよ、その真理論的な動機づけの裏に、同一的な意味への固着を解体し、世界と自己を流動化させることで病を癒そうとする隠れた意図を読み取ることはできないだろうか。

（2）フッサールのユダヤ性とその転位

現象学的還元は、解釈学的レベルで反復されたツィムツムが、神の退去によって開かれた無意味の深淵を介してイデア的に凝固して有限化した意味の地平を中断し、無限の意味の経験への道を開いたように、ある種の「召命体験」――「不気味なもの」の経験――に動機づけられて、超越論的主観性という無限の経験の領野を開く作業である。それは、精神分析においてと同様、ある「終わりなき」次元が開かれることであり、そこに「追放」されることなのである。

①　意味の次元の発見――ギリシャ（ロゴス）への転位

まず静態的現象学の分析から見てゆこう。フッサールが現象学的還元によって発見したのは「意味」の次元である。還元以前の自然的態度においては、自我は、体験に与えられるヒュレーに「息を吹き込む」ことで構成される「意味の次元」を前提していながらもそれを通り越し、主題となっている対象へと向かっている。還元とはこの忘却された「主観的な次元」に眼を向けることであり、実体的なものと見なされた同一性を、具体的なその都度の状況の中での現れ方・与えられ方という差異へといったん引き戻す作業である。[28]

その際重要なことは、この「体験における意味の呈示」が二極的な構造をもっている点である。ヒュレーとして与えられる主観的な「現出すること」の次元は、ノエシス的な構造契機としてはノエマ的意味と区別されるものの、志向性の具体的な遂行においてはすぐさまノエマ的に「現出した」意味へと媒介され、「現出するものの現出」となる。還元には構成が相関するのである。だが、この還元／構成の相関構造のうちで、ヒュレーが告知しているある決定的な次元が隠蔽されてしまうのではないか。ノエシスの底で贈与される成素としてヒュレー自体は現れたノエマとは次元を異にし、決して意味として現れることはないが、このノエマ面に現れないという性格によって初めてノエマ的現れを可能にするのである。いわば、「顕現しない」次元が現象性一般を支えているわけであり、この「目立たない・顕現しない」性格ゆえに自然的態度のみならず志向的分析においてすらこの次元は忘却されてしまう(29)。

この発見はユダヤ的伝統との関連において注目すべきである。それは、同一的な実体としての基体に定位するギリシャ的な思考の陰で抑圧され、忘却されてきた「主観的な現出すること」の次元が哲学の内部で解放されたことを意味するからである。だがこの現象学的な意味の次元をフッサールは志向性の目的論により「真理」へと定位させてしまう。ユダヤ的解釈学から見るならば、意味とはむしろ「無限」への関係を知や真理による限定から解放するものと考えられる。ラビ・アベカシスは、「カバラー的人間」を定義するにあたって、「創世記」二—一六・一七の「知識の木から食べることとの禁止」についての句を、知と真理の秩序に意味の秩序が取って代わったことを意味するものとして解釈する。

「人間にとって意味が真理に取って代わった。(……)真理の関係は構成すべき知に導くが、意味による関係は無限に他者、他人、神へと導く(30)」。

真理や知が人間を「意識と理性」と同一視する哲学に依拠するのに対し、ユダヤ的、とりわけカバラー的意味の次元は人間の本質を「意志と欲望」と見なす。「意志と欲望」こそがカバラーにおいて「人間における神的なるもの」なのである。この論理において、カバリストが立てるのは「世界が何であるか」という客観的な真理への問いではなく、「私が世界と持っている関係は何を意味しているか」という主観的な意味への問いである。主観的とはいえ、この意味の次元は、心理学的なものでもなく、まさに現象学的還元が開いた主観と客観の「間」

の次元である。この意味の関係において初めて無限（エン・ソフ）への充足されることなき欲望の次元が開かれ、「カバリストはそれを無限の意味に絶えず開いてゆくために関係そのものに関わる」[31]。ひとつの意味は絶えず他の潜在的な意味へと送り返してゆき、「カバリストはこの関係の世界の外に出ることは決してない」[32]。ラビ・アベカシスが描くカバラーはまさに現象学的であり、また精神分析学的でもある。

この観点から見ると、フッサールの発見は志向性の両極性にしたがって二義的であることが分かる。それは主観的な「現出すること」の発見である限りでは、無限に向かうカバラー的な「意志と欲望」の次元を開いたといえるが、その次元が客観的な「現出するもの」へ媒介される限りでは、その次元を「意識と理性」という真理論的次元に定位させてしまうのだ。実際、フッサールの志向性概念はこの二つの次元の混合形態であり、発生的現象学に至ってこの「意志と欲望」のカバラー的次元が志向性の本質をなすものとして前面に打ち出されてくる。

発生的現象学の「受動的綜合」の分析において、「現出すること」に対する「現出するもの」の「剰余」は「地平」の動的なプロセスとして明らかにされる。ここでは志向性に先立つヒュレーという考えは撤回されて、ヒュレーすらも時間性の流れの綜合の中ですでに構成されたものとされ、意味から意味への絶え間ない送り返しの構造の中に巻き込まれたものとされる。「剰余」は地平として現出面に潜在的に含蓄され、「より以上の思念」において経験の進展の中で内部地平と外部地平の両面にわたって次第に詳しく規定されてゆく[33]。

この分析のなかで、ユダヤ的解釈学との連関でもうひとつ注意しておくべきなのは、受動的意味発生のプロセスにおける最も原初的な世界の分節化が「連合（連想）」に見られている点である。先に見たように、「連合（連想）」はユダヤ的解釈学の伝統において、精神分析の自由連想のように、イデア的な意味の固まった枠に縛られることなく自由にテクスト内を彷徨うために用いられる方法である。「正しい」解釈ではなく「新たな」解釈が要求されるテクストの内部空間では論理的な推論よりも「連合（連想）」の方が有効である。それは、意味上のつながりがない語や文章を結びつけて、予測不可能な新たな意味を可能性の地平の彼方から出来せしめる。[34] こうしてカバリストは「無限」に向かうのである。

だがこのようなカバラー的意味での意志や欲望が向かう「無限」はフッサールでは「真理」へとギリシャ的に転位されてしまう。フッサールが分析する地平のプロセスにおいては、「連合（連想）」の段階からしてすでに目的論的に規制されたものと考えられている。そこでは、受動性のレベルからイデア的なレベルに至るまで、志向性のプロセスはすべて「同一的な基体」の漸進的な規定と見なされる。この地平的プロセスの構造は確かに動的な超越の運動であり、その限りではカバラー的な「意志と欲望」の次元が導入されるが、無限に定位するカバラーを特徴づける意味の散種的な拡散は地平の枠組みの中では封印されてしまう。これは、フッサールが実体形而上学から決定的に離れながら、基体としての第一実体を階層的・論理的に述定して規定してゆくアリストテレス的な知のモデルをなお脱していないことを意味している。こうして差異は同一性に目的論的に従属させられる。現前の同一性へのこの目的論的定位によって、「ユダヤ的次元」を垣間見たフッサールは「ギリシャ人」に転位してしまうのである。

デリダが『声と現象』においてフッサールの現象学を「現前の形而上学」として批判したことはよく知られているが、同時にこの作業においてデリダがフッサールが発見するとともに隠蔽したユダヤ的次元をも明るみに出していることは注意すべきである。このデリダの議論は、フッサール理解として十分でないとして現象学研究の視点から批判にさらされてきたが、「ユダヤ性の伝承」という観点から見るとき、単なるフッサール研究とは違った意味を持ってくる。この分析は、フッサールの中に隠れた「ユダヤ的な次元」を、「ギリシャ的な原理」すなわち「現前」というテロスの中にかき消されてしまうわずかな「痕跡」として聞き取ろうとする試みとして理解できるのである。「超越論的シニフィエによって充実されることのない指標としての記号」とは、ユダヤ人がその中を無限に彷徨うことを運命づけられたテクスト空間に他ならない。それは、デリダがこの本のエピグラフとして『イデーンI』から引用し、そして論の最後で結論として分析している文章において印象的なイメージで表現されている。

「ある名が述べられると、それはわれわれにドレスデンの画廊を思わせる。われわれは広間から広間へとさまよう。一枚のテニールスの絵はある画廊を描いている。その画廊内のいくつかの絵は、それらもまたいくつかの絵を描いており、これらの絵にもまた、判読できる署名が見られる、等々[35]」。

無限に内部に向かって増殖してゆく意味。フッサール自身はギリシャとキリスト教に転位することでこの画廊の外に出ることを夢見ているが、意味から意味へと内部に向かって無限に深まってゆく指示連鎖のこの次元を発見したことも確かなのである。この点でフッサールは両義的であり、デリダがジョイスを引用して言うように「ギリシャ人＝ユダヤ人」なのだ。

② フッサールと「存在なき神／神であることなき神（Dieu sans l'être）」――キリスト教（受肉）への転位　現象学における「神の回帰」の問題は、しばしば誤解されるように、実定宗教を現象学に取り込むこと、もしくは現象学が還元を放棄して宗教という自然的レベルに滑り込むことではない。それはあくまでも還元の徹底化の果

てに開かれてくる次元で問題になるのであり、還元という否定を通しての「神の回帰」なのである。フッサールは、「神なきユダヤ人」として、徹底した理性の立場から神すらも還元を逃れることはできないとしながらも、現象学を「神なき神への道」とも規定している[36]。では、「神でない（ことによって神である）神」――マリオンの巧みな表現を使うなら「存在なき神／神であることなき神 Dieu sans l'être」[37]――とはいかなる神なのか。そのような神が思考可能な、「存在・神・論」の罠から免れた次元をまず確定しよう。

フッサールが神について語る場合、少なくとも三つのレベルが考えられる。

ひとつは世界内的な存在者としての神概念であり、これは現象学的還元の体制内では他のあらゆる存在者と同様、超越論的主観性によって構成されるものであって、その限りで真の宗教性は持たない。

「フッサールにとって超越論的現象学の原理からすれば、神すらも超越論的主観性の相関項であり、志向的に構成されたものでしかありえない。それは、その神性を失うか、超越論的主観性と同一化されるしかないのであって、フッサールはこの後者の道を取るのである[38]」。

この超越論的主観性の構造としての神概念はさらに二つのレベルで考えられる。

（i）まず、目的論的な世界現出の究極のテロスとしての神。これは、志向性の根拠として要請されるものであるが、カント的意味での理念やアリストテレスのエンテレキーといった形而上学から無批判的に借りてこられた概念をもって語られる限り、形而上学的構築として「概念的偶像崇拝」に陥る危険を持っている。（ii）次に、目的論的地平志向性に貫かれた世界の現出そのものがそもそも「生起」するさらに根源的な、原超越論的とも言うべき次元で考えられる「神」。これが本論で問題にしている「回帰する〈神であることなき神〉」であり、それは還元の果てに顕になる超越論的主観性の根底の原構造である。

目的論を発動させる目的論の「原理」は目的論の内部で捉えることはできない。地平を開く出来事そのものは地平の内部には現れない。相互主観的な拡がりをもつ超越論的主観性は、世界全体が目的論的に構成される経験の無限の領野であり、すべてがこの領野において志向性に媒介されて呈示される普遍的な次元であるが、目的論に先立ってこの世界そのものが生起することは超越論的主観性の権能を超えた原出来事である。[39]だが、還元を解除して、この呈示可能性の領野を超えた次元を、現象として現れることのない形而上学的な実体としてその外部に立てることは現象学には禁じられている。超越論的主観性の原構造を還元によって掘り返してゆくなかで、決して現前しない次元、有限化されない無限の現象性を探るべきである。

このレベルでは、ジョスラン・ブノワがマリオンの立てた問いを受けて言うように、「超越が現象の構成そのものを突き破り、現象をはみ出すものとしてその固有の土壌の上で出会われる限りで、超越の真の主題化の可能性があり」、その限りで「存在・神・論の超克へ向かっての本質的な見取り図」があるのだとさえ言える。[40]「現象の地平そのものの内部でこの地平に還元不可能なものとして超越に出会うことは、偶像崇拝に陥ることなき聖なるものの無神論的思惟のチャンスをわれわれに与えてくれるだろう[41]」。

これこそ、あくまでもテクストの意味の内部で、意味の絶えざる流動化の中に無限（エン・ソフ）を垣間見ようとするカバリストが目指すものではなかっただろうか。目的論的志向性＝世界の意味がそもそも発動するためには、ツィムツムの原初の退去によってテクストのイマジナルな意味空間のための「無の空間」が開かれたように、志向性の活動空間を原初的に開く差異化＝時間化・間隔化が生じている。この原初の出来事こそが還元を通して原超越論的な「神」の原構造として探り出される。それは、原初的に「隠れ」つつ、まさにそのことにおいて志向性＝テクスト的意味の「現れ」の次元を開く出来事であり、それは時間性のレベルでは「生ける現在」の「立ち止まりつつ流れ去る」という両義的な構造として現れる。(42)

このような「隠れ＝現れ」という原超越論的な構造としていかなる志向的現象性からも身を退ける「神」を否定を通して語ることは、神学の伝統の中では否定神学が行ってきた作業に通じている。新田義弘がクザーヌスに依拠しながら言うように、否定神学においては絶対者は「絶対者がそれ自身で自己を規定してゆく働き」としての「絶対的自己遂行」として構想されるが、それは自己を世界という他者を媒介として、自己を他者化することで行われる。(43)こうして「世界は絶対者の自己表現態」として捉えられる。この神学的モデルを「脱神学化」することで「絶対者の自己差異化としての現象性の次元の成立」という現象学最後の形而上学的レベルの問いに応じる可能性が開かれるであろう。

ここで問題になるのは、絶対者が自己否定する際の「他者化」をいかなるモデルで考えるかである。クザーヌスやエックハルトに代表されるキリスト教神秘主義の伝統を動員するとき、この他者化は当然、神がイエス・キリストとして受肉した出来事をモデルとしている。神はイエスの受肉を通してのみ他者化し、自己否定するのであり、それ以外の可能性は一切排除される。受肉とは身体を通しての無限の有限化・世界化であって、それによってイエスは有限な世界と無限な神との間の唯一の媒介者となる。

だがこの出来事において、ユダヤ的なテクストのイマジナル空間、「中間界」は飛び越され、忘却されてしまう。イエスの受肉はテクストの意味の最終的な成就（ティクーン）としてこの次元を封印する。受肉の教義をモデルとし、これを脱神学化して現象学に導入することにより、フッサール現象学のユダヤ的次元はまたもや西洋に転位されてしまうのである。そのような転位の典型としてアンリの現象学を例に取ろう。

アンリは、先にわれわれが体験のヒュレー的次元をフッサールのユダヤ性の徴候として解釈したように、フッサールの発見した意味体験の両義性に注目する。彼はこのヒュレー的次元を原超越論的な「生」の出来事への突破口とし、徹底した「反還元」を遂行することによって、ヒュレーを可視的な現象性に媒介してしまう志向性というギリシャ的原理から救い出そうとする。この作業自体はギリシャの陰に隠れたフッサールのユダヤ性を暴き出すことを可能にするものだが、ここにはギリシャ的な目的論的同一性とは別の「父（神）と子（イエス）の同一性」によってユダヤ的差異を隠蔽してしまうもうひとつの危険が潜んでいる。アンリは『ヨハネによる福音書』に依拠しつつ、このヒュレー的生の次元を受肉の神学の図式をもって「神（生）がその同一性のうちで原息子（イエス）を産むという純粋に内在的な出来事」として構造化し、これを現象性そのもののそれ自身は地平面に現象することのない（「顕現しない・目立たない」）「本質」（essence）として現象学的に解釈するのである。(44)

四　レヴィナスとデリダにおける「秘密の伝承」

フッサールの現象学がその最終的な局面で到達した神の問題に還元を徹底化することで答え、しかもそこに受肉の神学を導入することなくユダヤ性を伝承してゆくのがレヴィナスとデリダの課題である。だが、両者のユダヤ性に対するスタンスには微妙な開きがある。レヴィナスが現象学を媒介として意図的にユダヤ性を導入するのに対して、デリダは「否定神学」に似た仕方でユダヤ性をあくまでも否認する。フッサール以上にフロイトの思考を継承するデリダは、ユダヤ性の回帰の条件としての否認＝神の退却をレヴィナス以上に厳密に考えるのである。

(1) レヴィナス――律法とエロス

レヴィナスは、還元によって開かれたメタノエシス的レベルの原構造を「神学化」するに際して、正面からユダヤ性を持ち出し、現象学の方法と並ぶ彼の哲学の由来がユダヤ教の伝統であり、この伝統がギリシャとは決定的に異質なものであることを強調する。

フッサールの現象学に潜むユダヤ性を顕にし、それを通して新たな無限の思惟への突破口を開くために、レヴィナスはフッサールの直観概念の裏にある意味を探り出す。フッサールは明証的真理の基準として「直観」を現象学の「原理中の原理」とする。直観にありありと与えられるもののみが現象学的に真理として認められるのである。この贈与の次元をレヴィナスは、一般に志向性に媒介されて現象する世界のただなかで、唯一志向性に条件づけられずに「自ら意味する」現象性として取り出すのである。これは還元によってフッサールが発見した原ヒュレーの次元にあたるが、それは、与えられるや否や時間性の流れの中で過去把持に媒介され、可視性の地平に現れ出ることによって隠蔽されてしまう。この特異な現象性において、真理性要求にしたがって目的論的に絶えず充実を求める志向性の構造は、ギリシャ的な真理論の文脈からずらされ、目的論なき「無限の経験」へと転換させられる。そこでは有限なものを目指す「欲求」(besoin) に代わって無限に向かう形而上学的な「欲望」(Désir) が発動するのである。これこそレヴィナスが「顔」(visage) と名づける無限の現象性であり、この現象性に神の啓示としての律法のテクストを重ね合わせることでタルムード解釈学の伝統がギリシャ的可視性の地平に接続されるかに見える。[45] だが、それは接続と同時に断続なのであって、「顔」は、無限の現象性である限り、可視性の地平に現れるや否やそこから身を引き、彼方へと逃れてゆく。

ここで重要なのは、この顔＝律法テクストの「隠れ」が、恋人＝女性の「隠れ」に比されることである。愛する女性を愛撫するエロス的な経験こそ、志向性のように充実されることが決してない、顔＝律法の倫理的な経験を根本で構造化している経験であり、目的論に統制されることなく無限に彼方へ引き込まれてゆく経験である。ルリアのカバラーが神話的な言葉で説明したように、律法という倫理的秩序と愛撫というエロス的秩序が重ね合わさるところに初めてユダヤ的な無限のテクスト経験の次元が成り立つのである。ユダヤ的解釈学によって哲学に「性」の次元が持ち込まれ、ギリシャ的論理に「繁殖性」、「散種」の論理が取って代わるのである。(46)

ここに、レヴィナスの現象学がルリアのカバラーを通して「神の女性性」を導入していることが明らかになる。ツィムツムとは両性具有の神が自己の内部で子を産み、それがセフィロートに表現されるイマジナル空間で無限の意味作用を孕んだテクストとなる過程の神話的叙述であった。ここでは、フロイトが精神分析において行ったように(47)、モーゼを介して律法を課す厳格な「原父」（「ゲヴラー／ディン」のセフィラーに代表される）としての神を、セフィロート構造の内部でそれと均衡を取る神の「母性（ラハマヌート）」によって補うという作業が行われている。レヴィナスは、『タルムード』に加え、さらにその背後に隠されたカバラーの伝統を動員することで「現象学のエロス化」を行い、これによってフッサールに潜むユダヤ性を継承したのだと考えられる。(48)

（2）デリダ――盲目なる彷徨のメシアニズム

デリダの脱構築的テクスト読解が、ユダヤの伝統において伝承されてきた「炸裂させる読解（シェビラー）」のある種の「反復」であることは今や明らかであろう。ツィムツムによって原初に退却した「アレフ א」は、「差延」という脱構築の原理をなす語のただなかに現れる。それは、「差異」というイデア的・同一的な意味に固定された「différence」の「e」に取って代わる「différance」(差延)の「a」として「回帰」し、「差異」という語にカバラー的な流動性を導入するが、これら二つの語の間には発音の違いがないために、グラマトロジーのレベルでは決定的なこの変化は意味論的レベルでは「目立たない・顕現しない」ままに留まる。[49] 顕現しないこの「差延」は、地平をはみ出す「神名」と同じように、自らは地平の内部に現れることなく地平的意味を「脱意味化」し、「破壊(シェビラー)」して無限に流動化させるものとして機能するのである。

「暴力と形而上学」のレヴィナス批判が示しているように、同と他、ギリシャとユダヤを対立的に捉え、前者の有限な世界からの超過として後者の無限の次元を位置づけることは、「自然的態度」もしくはハイデガー的に言えば「存在・神・論」の体制になお呪縛されていることであり、還元が十分に徹底されていないことを意味する。「無限なる神」を現象学的に語るためには、「存在=ギリシャ」の外部に「他者=ユダヤ」を立てるのではなく、存在論的差異という根源的な動きに徹底して入り込むことにより、その内部から、ギリシャ的な次元からずれる「ユダヤ的」な次元を探りだしてゆく他に道はない。[50] そこでは差異化の原出来事の外部から安易に「ギリシャ」や「ユダヤ」を名指すことは許されないであろう。

だが、逆説的ながら、「ユダヤ」であれ「ギリシャ」であれイデア的意味としての同一化を徹底して破壊するデリダのこの態度こそ、ルリアやラビ・ナハマンの例に沿って見てきた「自らを否認することによって成り立つユダヤ性」の典型を表している。このデリダのユダヤ性を指摘することは、デリダの思惟をユダヤという歴史的な一民族の固有性に還元することではない。「否認を通して回帰するユダヤ」こそが「ユダヤ」だと言うとき、この回帰した「ユダヤ」は原本をもたない根源的な代補なのであり、「始め」から起源を欠いて二重化された

「ユダヤ」なのであって、イスラエルの民に啓示された実定宗教としてのユダヤ教を原型としてそれを反復するものではない。

デリダは一神教に固有の啓示に基づくのではない、「抽象的」な「経験の一般的構造」としての「ユダヤ性」のみを認めている。[51] この「ユダヤ性」は、「差延」という「不気味なもの」の経験によって「神」の偶像を破壊し続けることだが、そこでは、「否定神学」を巡るマリオンとの論争に現れているように、偶像崇拝の解体そのものすらひとつの偶像と化す危険を秘めたものとして批判するラディカルな態度が取られている。[52] マリオンが、世界地平そのものを根源的に開くがゆえに地平内には決して顕現することのない「贈与」の現象性を、否定神学的な還元を通して考えうる極限の現象性として記述しようとするのに対し、[53]「差延」はこの現象性すらも破壊する。「贈与の経験」は、受肉というメシア到来の経験を現象学によって脱神学化するものだが、いかなるメシアの到来も不可能であるという経験こそが「差延」の経験である。「差延」はメシアが到来するや否やそれを「偽メシア」として解任する。そこに残されているのはテクスト内部の無限の次元を「盲目」に彷徨うことのみなのである。[54]

（1） Gershom Scholem: *Die Jüdische Mystik in ihrer Hauptströmungen*. 5. Aufl., Frankfurt am Main, 1993, S. 315-316.

（2） cf. Gershom Scholem: *Sabbatai Tsevi. Le Messie mystique 1626-1676*. (traduit par Marie-José Jolivet et Alexis Nouss), Paris, 1983.

（3） Gershom Scholem: *Die Jüdische Mystik in ihrer Hauptströmungen*. 5. Aufl., Frankfurt am Main, 1993, S. 328.

（4） ピーター・ゲイ『神なきユダヤ人』入江良平訳、みすず書房、一九九二年、を参照。

（5） cf. *Le Zohar, Tome I*, (traduit par Charles Mopsik) Paris, 1981.

(6) Eliane Amado Lévy-Valensi: *La poëtique du Zohar,* Paris, 1996, I. La Poëtique de l'origine.

(7) Marc-Alain Ouaknin: *Lire aux éclats, Eloge de la caresse,* Paris, 1989/1992.

(8) ショーレム、上掲書。さらに詳しくは本書第五章、第六章を参照。

(9) ショーレム、上掲書、Marc-Alain Ouaknin: *Tsimtsoum, Introductoin à la méditation hébraique,* Paris, 1992; 本書第六章「神名の現象学」を参照。

(10) Henry Corbin: *L'imagination créatrice dans le soufisme d'Ibn Arabî,* Paris, 1958/1993; ibid: *Le paradoxe du monothéisme,* Paris, 1981; 本書第七章「イマジナルの現象学」を参照。

(11) Emmanuel Lévinas: *Totalité et Infini, Essai sur l'extériolité,* La Haye, 1961/1980, p. 77.

(12) Lévinas, ibid, sectionIV, c. La fécondité.

(13) 本書第六章「神名の現象学」を参照。

(14) cf. Marc-Alain Ouaknin: *Le Livre brûlé, Philosophie du Talmud,* Paris, 1986/1993.

(15) cf. Marc-Alain Ouaknin: ibid; *Lire aux éclats, Eloge de la caresse,* Paris, 1989/1992.

(16) Marc-Alain Ouaknin: *Concerto pour quatre consonnes sans voyelle. Au-delà du principe de l'identité,* Paris, 1991, p. 103.

(17) cf. Marc-Alain Ouaknin: *Le Livre brûlé, Philosophie du Talmud,* Paris, 1986/1993.

(18) Ouaknin: ibid, p. 406.

(19) Ouaknin: ibidem.

(20) 本書第六章「神名の現象学」を参照。

(21) クラウス・ヘルト「フッサールとギリシャ人たち」、小川編訳『現象学の最前線』晃洋書房、一九九四年。

(22) ジグムント・フロイト『モーセと一神教』渡辺哲夫訳、日本エディタースクール出版部、一九九八年、デイヴィッド・バカン『ユダヤ神秘主義とフロイド』岸田秀他訳、紀伊国屋書店、一九七六年、参照。

(23) Edmund Husserl: *Husserliana Bd. IX, Die Krisis der europäischen Wissenschaften und die transzendentale Phänomenologie,* Den Haag, 1976, S. 140.

(24) Jocelyn Benoist: *Autour de Husserl, L'ego et la raison,* 1994, Paris, p. 189.

（25）Marc-Alain Ouaknin: *Tsimtsoum, Introductoin à la méditation hébraique,* 1992, Paris, p. 124; cf. Ouaknin: *Bobliothérapie, Lire, c'est guérir,* Paris, 1994.

（26）Marc-Alain Ouaknin: ibidem.

（27）デイヴィッド・バカン、前掲書。

（28）『イデーンI』における「純粋意識」の構造分析を参照。Edmund Husserl: *Husserliana Bd. III, Ideen zu einer reinen Phänomenologie und phänomenologischen Philosophie, Erster Buch, Allgemeine Einführung in die reine Phänomenologie,* 1976, Den Haag.

（29）Michel Henry: *Phénoménologie matérielle,* Paris, 1990, I. Phénoménologie hylétique et phénoménologie matérielle; 本書第1章「内在領野の開示」を参照。

（30）Armand Abécassis: *Les temps du partage, 2. Les fête juives de Roch Hachanah à Pourim,* Paris, 1993, p. 134.

（31）ibid, p. 135.

（32）ibidem.

（33）「受動的綜合」の分析を参照。Edmund Husserl: *Husserliana Bd. XI, Analysen zur passiven Synthesis* (1918-1926), Den Haag, 1966.

（34）本書第八章のベンヤミンの「配置／星座」の概念を参照。

（35）Jacques Derrida: *La voix et le phénomène*, Paris, 1967, p. 116-17.

（36）Jocelyn Benoist: *Autour de Husserl, L'ego et la raison,* Paris, 1994, p. 189.

（37）cf. Jean-Luc Marion: *Dieu sans l'être,* Paris, 1982/1991; Jacques Derrida: *Psyché*, Paris, 1988, p. 535-95, Comment ne pas parler. Dénégations.

（38）Jocelyn Benoist: ibid, p. 194.

（39）この点はフッサールにおいては相互主観性の分析においてとりわけ顕になる。Cf. Edmund Husserl: *Husserliana Bd. XV, Zur Phänomenologie der Intersubjektivität, dritter Teil:* 1929-1935, Den Haag, 1973.

（40）Jocelyn Benoist: ibid, p. 193.

(41) ibidem.

(42) 本書第一章、第二章を参照。この次元における「神」は、還元の徹底した遂行によって変容した自己のラディカルな内在においてのみ経験されるものである。第一章、第二章の「自己触発」と「自己産出」、および第七章の「神顕的自己」の概念を参照。

(43) 新田義弘『世界と生命』青土社、二〇〇一年、一八八頁。

(44) Michel Henry: *L'essence de la manifestatoin,* Paris, 1963; *C'est moi la vérité, Pour une philosophie du christianisme,* Paris, 1996; *Incarnation, Une philosophie de la chair,* Paris, 2000; 本書第一章「内在領野の開示」、第二章「自己産出する生」を参照。

(45) この点は第五、第六章で主題的に扱っている。

(46) Emmanuel Lévinas: *Totalité et Infini, Essai sur l'extériolité,* La Haye, 1961/1980, section IV. Au-delà du visage.

(47) デイヴィッド・バカン、前掲書。

(48) 本書第六章「神名の現象学」を参照。

(49) Jacques Derrida: *Marges de la philosophie,* Paris, 1972, La différance.

(50) Jacques Derrida: *L'écriture et la différence,* Paris, 1967, 4. Violence et métaphysique, Essai sur la pensée d'Emmanuel Lévinas.

(51) Jacques Derrida: Foi et savoir, Les deux sources de la《religion》aux limites de lasimple raison. In: Jacques Derrida et Gianni Vattimo: *La religion,* Paris, 1996.

(52) Jacques Derrida: *Psyché,* Paris, 1988, p. 535-95, Comment ne pas parler. Dénégations.

(53) Jean-Luc Marion: *Étant donné, Essai d'une phénoménologie de la donation,* Paris, 1997; *De surcroît,* Paris, 2001; 本書第三章「贈与の現象学」を参照。

(54) cf. John D Caputo and Michael J Scanlon (edited by): *God, the Gift, and Postmodernism,* Bloomington and Indianapolis, 1999.

第五章　神の収縮

序

レヴィナスのテクストの複雑さは、ひとつには「現れるもの」、つまり言説において語られうる次元を媒介しつつ「現れないもの（顕現しないもの）」の次元を語ろうとする彼の思想に内在し、それを構成している逆説に由来するが、他方で、このことと密接に結び付いていることであるが、このテクストがギリシャ哲学とキリスト教からなる西洋哲学の意味の地平のみからなっているのではなく、ユダヤ教という他の地平がそこに編み込まれて重層的な意味の層をなしているという事情によるものでもあると思われる。しかもさらに問題を複雑にしているのは、この「ユダヤ性」に対するレヴィナス自身のある種の否認である。彼は、自ら「哲学的」と呼び、彼の思想の核をなしているテクストを彼の「タルムード的読解」から厳密に区別し、あくまでも西洋哲学の文脈の中で理解されることを望むからである。この章では、レヴィナスの「哲学的」テクストに織り込まれながらも「否認」され、「抑圧」されている意味の層、レヴィナスが仮に否定したとしてもその否認そのものがそれに基づいてなされるがゆえに絶えず立ち返ってくるような「原ユダヤ性」とでもいうべきものを、カバラーという地平のうちに置くことによって多少とも浮かび上がらせることを試みる。(1) レヴィナス自身の否認にもかかわらず、カバラーは彼の思想を根底で規定していると思われるからである。[2] この試みによって、レヴィナスにあって「他者の倫理」の根底に潜んでいる「メシア的時間の永遠性[3]」という思想の意味が明らかになってくるであろう。

一　イサク・ルリアの教説

表題の「神の収縮（ツィムツム）」とは、十六世紀サフェド（現イスラエル）において活動したラビ・イサク・ルリア（一五三四―七二）のカバラーの核をなす教説である。この教説において、従来のカバラーにおける無限者エン・ソフと有限者との関係は決定的な修正を受けることとなった。ルリア以前のカバラーは歴史のメシア的な「終末」よりもむしろその「始源」を問題としていたために終末論的な救済の理論の性格は持っておらず、大衆には関わりのない少数の秘教的な集団の占有物にとどまっていた。また、そこでは神の創造、啓示の理論は新プラトン派の影響を受けたセフィロートの外部への流出として構想されていた。[4] これに対してルリアのカバラーの特徴は、まず、一四九二年のスペイン追放というユダヤ人の強烈な経験を反映し、それを理論化しようとしたものだということである。第二に指摘しておくべきことは、この事件の一つの帰結としての十七世紀の偽メシア、サバタイ・ツヴィおよびその直後のジャコブ・フランクによるメシアニズム運動を理論的に準備したということである。「追放」と「メシア的救済（贖罪）」という二つの要素がルリアのカバラーを支える二つの軸だといってよいであろう。[5] その「無からの創造」の理論は三つの段階からなる。[6]

（1）神の収縮（ツィムツム）

ルリアの根本的な問題は汎神論のパラドックスにある。神がすべてであるとしたら、いかにして神以外の存在者が存在しうるのであるか。「無」がないところで「無からの創造」がいかにして可能であるか。この問いを解くのがツィムツムである。外部への啓示としての創造に先立って神は自己自身のうちに収縮し、「空虚な場所」、「無」を開いた。ここに初めて「無限（エン・ソフ）の光」のただなかに原空間が穿たれ、セフィロートの流出（外部への啓示）によって被造物が存在しうるようになったのである。この際、この空虚のうちには神の光の「痕跡」（Rechimou）が残された。こうして創造は二重のものとなる。この「創造以前の創造」は第一の「追放」と見ることができるであろう。

（2）容器の炸裂（シェビラー・ハ・ケリーム）

ツィムツムに続いて、これによって開かれた原空間の中に神の光が一直線に差し込んでくる。この神の第一の顕現が「原・人間（アダム・カドモン）」と呼ばれる。次いでこの「原・人間」の眼から発した光は十のセフィロートとして、それぞれに対応する容器（ケリーム）のうちへと流れ込むが、第一―第三セフィロート以外の容器は光を受け止め切れずに炸裂してしまう。この結果、光の大部分はエン・ソフの方へと戻って行くが、一部は「火花」となって容器の破片に付着し、原空間のうちへと落ちて行く。この「容器の炸裂」によってあらゆる存在者がその本来の場所から「追放」され、「神的火花（聖性 sainteté）」は「殻（ケリポート）」に包まれることになり、ここから「悪」が発生するとされる。これを第二の「追放」と見ることができるであろう。ルリアはこの「追放」に単にイスラエルのスペインからの追放を見るのみでなく、「神の臨在（シェキナー）」さえも根源的に追放されていると考えている。

(3) 贖い(ティクーン)

かくして、シェビラー・ハ・ケリームによって本来の場所から「追放」された存在者を元の位置に戻して世界を「修復」し、「殻」を破って神の光の火花を集めることが人間の使命となる。この「修復」が「ティクーン」と呼ばれる。こうして創造は神のみによってなされるものではなく、人間の参加を必要とするものとなる。

ここに、ルリアのカバラーのユダヤ教メシアニズムにとっての歴史的な意義がある。「購い」をもたらすのはもはやメシアではなく、イスラエルの民ひとりひとりなのである。カバラーは個人の責任の次元にいわば実存化される。つまり、ルリアの「無からの創造」は原初の創造という一回限りの出来事ではなく、われわれ各人の現在において刻々生じている出来事でもあることになる。(7)

二 『全体性と無限』における「ツィムツム」の痕跡

このようにルリアのツィムツムの教説は、伝統的にカバリスト達を悩ませてきた問題、(8)「神の遍在と人間の自由という相対立するふたつのものを、一方を他方のために否定することなくいかにして同時に可能にするか」という問題にひとつの極めて有効な答えを与える。それを可能にするのが「痕跡」の概念であった。

このカバラーの伝統的な問題とそのルリアによる解決をレヴィナスのテクストのうちに読み取ることができる。例えば、『実存から実存者へ』において試みられた「ある」からの脱出は、異教的汎神論から新たな「有神論」

への脱出の一階梯と見ることができるであろう。[9] しかし、ルリアのカバラーの痕跡は、とりわけ『全体性と無限』の「同と他」の部の最終章「分離と絶対者」の末尾にまとまった形で明らかに見ることができる。[10] この箇所は、他者の「顔」との出会いの条件となる「分離」された「無神論的内面性」の記述に入る直前の、いわばこの作品全体のプログラムにあたるのだが、この二頁の中にレヴィナスの思想の核心が凝縮されている。「無限者が円環的に自己自身へと閉じる」ところに「存在」、すなわち「全体性」が成立するのだとすれば、「無限者」が「存在論的延長」から「退却する」ことによって「分離された存在」に場所が開けられるのであり、この過程が「収縮」と呼ばれている。そしてこの「無限者の創造的収縮」によって生じた「減少」を、分離された存在と無限者の間に結ばれる諸関係、すなわち「社会」が「贖う」のである。この事態は「全体化」に対して「宗教」と呼ばれる。この「無限者の収縮」の結果である「分離された存在」は、「生としての分離」の分析において詳細にその存在様態が記述される「無神論的享受の主体」であり、ここにレヴィナスは「自由」を認めるのだが、この自由は二重の事態によって可能となる。すなわち、「被造物としての実存」は「全体性の体系」への依存を断ち切ってその「外部」へ出るのだが、同時に、そこにおいて「創造」への「依存」の「痕跡」を担っているのである。この「特別の依存」が「体系からの独立」を可能にするのである。[11]「無限者」からの分離、そこに成り立つ「心性」としての自己と「無限者」との「痕跡」を通しての新たな関係。ここに、上に見たルリアのカバラーのモチーフを見出すことは容易である。「収縮」、「贖い」はそれぞれ文字通り「ツィムツム」、「ティクーン」にあたるであろう。

『全体性と無限』のこれに続く記述においてはこの「収縮」の概念がさらに展開されているのが見出されるが、[12] ここでは『存在するのとは別の仕方で、あるいは存在の彼方へ』における三つの契機の力動的な連関によるメシア的な「自己」の誕生の詳細な記述を主に取り上げ、およそ従来の意味で現象学的とは言いがたいその謎めいた記述をカバラーの視点から読み解いてみよう。

意識が自己分裂によって生じる二元性を媒介として自己を反省し、自己同一性を確保するに先立って、言い換えれば、意識を媒介とするあらゆる現象化に先立つ「顕現しないもの」の次元で[13]、「いかなる受動性よりも受動的に」、無限者のツィムツムによって分離された自己はすでに誕生している[14]。

「享受とは、誕生し、その精子のうちの、あるいは子宮のうちの実存の静かな永遠性を断ち切って一つの人格のうちに閉じこもる存在の生起そのものである。この人格は世界によって生きながらも、わが家で生きるのである[15]」。

「誕生」というこの原初の出来事を、自己はその「起源《アルケー》」として引き受けることはできない。あらゆる記憶の彼方の「誕生と創造の時間」から生まれた限りで、自己は「無起源《アナルシー》」なのである。すなわち、自己はおのれの「父」を知らない「生まれながらの孤児もしくは無神論者[16]」たらざるをえない。かくして自己は、対自として起源となりうる自己意識が「奇妙な図式論」によって繰り広げる現れる意味の世界を去って「非場所」へと、「存在の外、自己のうちへと追放[17]」され、「おのれの皮膚のうちへとねじれ」、「点の充溢、一者の非延長[18]」へと「収縮」する[19]。これがツィムツムである。このような主体はあらゆる二元性の手前で誕生した限りで「自己を詰め込まれ、自己によっていわば閉塞している。主体は自己自身に押しつぶされて窒息する。それゆえ、主体に穿たれた換気口は半ば窒息している[20]」。

主体がこの自己閉塞、「享受」する「無神論的」な「エゴイズム」に止まるとすれば[21]、その場合、この主体は他者への超越をなし得ず、起源を喪失したまま「無意味」にとどまるであろう。しかし、この主体はおのれの「皮膚の内」へ、「狭いところ」[22]へ押し込まれ、「居心地が悪い（mal dans sa peau）」[23]のである。主体は、「おのれの皮膚のうちでねじれ、居心地の悪さを感じ、自己の内にいながら、すでにして自己の外にいる」[24]。「内部へ入ることの収縮、あるいは一切の延長の手前」という「不安」は、「充溢の中の小径」であり、「収縮し、炸裂するという心配」[25]である。この「居心地の悪さ」、「不安」は、デカルトの「無限」の観念が表している「栄光と現在との不均衡」[26]、「私の存在をはみだした義務」[27]に由来する。この責任、すなわち無限者から流れ出る光を受け止め切れずに、主体は炸裂する。この「自我の核が核として形成される場である享受の核分裂」[28]がシェビラーと考えられるであろう。「宇宙を担うこと――それは押しつぶされるような負担であるが、また、神的な居心地の悪さである」[29]。こうして、ツィムツムという自己の内への第一の「追放」は、シェビラーという自己の外への第二の「追放」を誘発する。「炸裂もしくは分裂に至るまで、おのれ自身の充溢へと亡命し、追放された、特殊なねじれもしくは収縮」[30]として、「無意味」への還元[31]は新たな「意味」を見出すための一段階なのである。こうして、ツィムツムという「無意味化」によって主体は初めて他者の「顔」に「愛撫」によって触れ、他者の「身代わり」となり、かくして原初の「無意味」、「追放」を「贖う」（ティクーン）に至るのだが、しかし、見出された「意味」、他者の「顔」は、現れる限りすでに理念的現出の世界に組み込まれ、その超越を失い、自己に同化されている。そこで、ツィムツムによる「無意味化」が再び始まり、「顔」は「形相《ぎょうそう》を変える」[32]。

「自己性の再帰――受肉――は、魂を収縮させ、裸にして他者に曝すが、主体をしておのれを曝すことそのものをも曝させるに至る。おのれを曝すことも魂に衣を着せる危険があるのだ」[33]。

このように、レヴィナスのテクストのうちに、ツィムツム・シェビラー・ティクーンの絶えざる力動的な連関のうちにあって、決して休むことなく「強迫」されて他者へと超越し続ける「自己」が生成するのを見ることができるのである。

三　受肉した主体

「おのれの皮膚の内」、「裸にすること」などといった表現からも明らかなように、収縮し炸裂する一なる主体は身体的主体であり、「受肉」した主体である。「受肉」が、「身代わり」、「犠牲」としておのれを他者に「与える」ための条件なのである。「感受性」、「近さ」、「接触」、「愛撫」といった他者への超越はこの「受肉」の諸様態と考えられる。ここで、「受肉」による「犠牲」という概念は当然イエス・キリストの受難を思い起こさせるであろう。ここには、ユダヤ教とキリスト教とを和解させようとするレヴィナスの意図[34]が見られるが、ここで両者を安易に同一化することなく、テクストのうちに抑圧された意味の奥行きをさらに明らかにせねばならない。そのためのひとつの方途として、ここではカバラーにおける「魂」の概念を検討してみよう。

ツィムツムによって誕生した「自己」は、西洋の近代哲学が構想したような身体から分離したコギトではなく、レヴィナスの好む『トーラー』の表現を使えば「肉と血からなる主体性（la subjectivité de chair et de sang）である[35]。デカルトにおけるコギトと身体の分離は、レヴィナスによれば、この隔時的な自己の「痕跡」にすぎない[36]。

カバラーの伝統においては、西洋の近代哲学の見方とは異なり、「魂」は五つの様相から構成される。[37] ①「ネフエシュ」。この言葉は、「休む」、「生気づける」、「強く呼吸する」などの意味をもち、「労働と休息」、「緊張と弛緩」といった、「呼吸」に象徴される運動を意味する。これは生命の原理であり、より具体的には「血」であって、[38]いまだ精神的レベルではなく、身体という有機体を維持するために体内を循環する。肝臓がその中心となる。これは、人間の活動においては「行為」を司り、言語のレベルでは「子音」に当たる。[39] ②「ルアハ」。この言葉は、「風」、「空気」をも意味するが、とりわけ口、鼻から肺に至る、血液に酸素を送り込む「呼吸」、「気息」を意味する。この気息の中心は心臓とされる。また、「精神」を意味し、言葉を司り、言語のレベルでは「母音」に当たる。カバラーの古典『ゾーハル』によれば、「ルアハ」は、ו（vav・気管を意味する）、ה（he・肺を意味する）という形で、「聖四文字 יהוה（YHVH: yod-he-vav-he）」のうちに含まれている。③「ネシャマー」。この語も、「呼吸」、「気息」を意味するが、「ルアハ」と異なり、人間に『トーラー』の知識を吹き込む「神の気息」である。思考を司り、言語のレベルではアクセントに当たる。「ネシャマー」は、第三セフィラー・ビナーから生じる「神的火花」であるとされるが、ここにシェビラー、ティクーンのモチーフを見ることができる。[40] ④「ハーヤー」。これは、身体を循環する「生命」を表す。⑤「イェヒダー」。これは最も高い段階であり、それぞれの使命へと召喚された責任の主体としての「唯一性」を表す。これらの様相は、分離した諸部分ではなく、唯一の「魂」という統一体をなすものと考えられている。[41] 実際、『トーラー』のテクストにおいてはこれらの語はほとんど区別なく用いられているのである。例えば、「創世記」二―七における人間の創造において「主なる神 יהוה אלהים（YHVH-ELOHIM）は、土 אדמה（adama）の塵で人 אדם（adam）を形づくり、その鼻に命の息 נשמת חיים（nichmat hayym）を吹き入れられた。人はこうして生きるもの נפש חיה（nefech haya）となった」とされている。

この構造によって、人間の魂の呼吸は、「血」のレベルから「精神」、「神の気息」を経て、決して人間に現れ得ないエン・ソフまで連続していると考えられる(42)。この点は、ゲマトリア（文字を数に変換するカバラーのテクスト解釈の技法）によって例えば次のように示される。

①「血」を表すヘブライ語は דם dam であり、その数値は ד daled (4)＋ם mem (40)＝44 である。

②また、モーゼに啓示された神の名の一つである אהיה Ehyeh、「私はあるであろうものであるであろう(43)」は、次のように展開される。א aleph, ה he, י yod の数値はそれぞれ 1, 5, 10 なので、א aleph (1)＋[א aleph＋ה he (6)]＋[א aleph＋ה he＋י yod (16)]＋[א aleph＋ה he＋י yod＋ה he (21)]＝44 となり、「血」の数値と一致する。

この数値の一致に基づいて、「血」、「ネフェシュ」は、「私はあるであろう」という「未来化」を意味するものと考えられるのである(44)。

この構造は、例えば「創世記」二八－一二に見られる「ヤコブの夢」のうちにも見出される。

「すると、彼は夢を見た。先端が天にまで達する階段が地に向かって伸びており、しかも、神の御使いたちがそれを上ったり降りたりしていた」。

『ゾーハル』によれば、「この梯子は確かに生の気息であり、御名［聖四文字、יהוה YHVH］の王冠である[45]」。

こうして、カバラー的読解に従えば、「呼吸」を通じて有限な身体的自己の内部に無限者エン・ソフがいわば流れ込んでくる。この魂概念を踏まえるならば、シェビラーにおいて、ツィムツムの後に収縮して「皮膚の内にねじれた」身体である「容器」に流れ込んでくる無限者の光とは「神の気息」であり、さらには「血」であることになる。こうして、レヴィナスのテクストの決定的な箇所に繰り返し現れる「居心地の悪さ（mal dans sa peau）」という表現が、先程のように単に「身体を持つ」という意味での「受肉」とは異なった奥行きをもって理解されてくる。無限者の光は血によって「皮膚の内側に」まさに流れ込んでくるのであり、かくして「居心地の悪さ（mal dans sa peau）」は文字どおり「皮膚のうちの痛み」として理解することができる。「血」という有限者の生命そのもののうちに無限者は宿っている。レヴィナスが「呼吸」し、「息を吹き込まれた」ものとしての「心性」について語るとき、彼が言わんとするのはこの意味での「受肉」なのである。

「主体の原子的な統一は、呼吸し、肺の粘膜に至るまで、その最後の実体まで捨て去って外部に曝されるかのようである[46]」。

「再帰とは受肉であり、そこでは、与えることを可能にする身体が同を、疎外することなく他なるものとする。この他なるものは同の心臓であり、また善さであって、魂の呼吸もしくは心性そのものだからである[47]」。

四　メシア的永遠性としての無限

このように、カバラー的メシアニズムにおいて、無限者は受肉した有限者の「血」を通じて「未来化」するのであるが、それは、具体的には、有限者が男女の性的結合によって「子を産む」ことにより実現される。ツィムツムにおいて神は自己のうちへと退去し、それによって産まれた主体は「無神論者」として分離されたのであったが、この神の遍在と主体の絶対的分離の間の「関係なき関係」は、この「子を産むこと」による「未来化」によって可能となるのである。「子」は、「私」であると同時に、あらゆる地平の外部から到来するがゆえに絶対に予見不可能な未来であるという二義性によって、無限者と有限者とを媒介する。[48] すなわち、ツィムツムの残す「痕跡」とは、「子」もしくは子を持つ可能性としての「精子」であることになるであろう。[49] このツィムツムにおける「母性」、「子を産む可能性」は、「ラハマヌート רחמנות (rahmanout (慈悲、優しさ))」として、多くのカバリスト、とりわけラビ・ナハマンによって強調されている。[50] この語は、「子宮 רחם rehem」を意味する語根 ר-ח-ם resh-het-mem に由来し、「人格の充溢の只中に空虚を作り出し、そこに胎児という他の存在のための場をあける能力」であるが、[51] それは経験的な意味での女性に限られるものではなく、性差以前にあらゆる人間が持つ「根源的母性」ともいうべきものである。[52] また、この語根からは、מחר mahar すなわち「明日」という語も得られるのであり、[53] このことはツィムツムにおける「子」を介しての「未来化」を確証しているといえるであろう。このように、メシアの「待望」は、カバラー的思惟においては性的結合としてのツィムツムにおいて可能になると考えることができるのである。[54]

レヴィナスにおいて、この「ラハマヌート」は「愛撫」、さらには「母性」として語られている。レヴィナスにとって、他者の現出である「顔」の「彼方」へ至る「愛撫」は「エロス」を通じて「子を産む」[55]のであり、ツィムツム・シェビラーにおいて「息を吹き込まれ」、「自分の口からパンをもぎ取って他者に与える」[56]絶対的に受動的な心性としての「母性」は「同のうちでの他の懐胎」[57]なのである。カバラーの文脈に置いて見るとき、これは単なる比喩にとどまらず、「母性」とは文字通り各人が子を産むことによりその繁殖性によってメシアを「待つ」という、ツィムツムに内在するカバラー的メシアニズムを意味することになるであろう。[58]このことは、「他者の倫理」の背後に隠された多くの問題を露呈するはずである。

＊　旧約聖書からの引用は、日本聖書協会『新共同訳』一九八八年、に依った。

（1）　この試みは、レヴィナスを実定宗教としての「ユダヤ教」に還元しようとするものではまったくない。前章でも主題的に論じたように、ツィムツムは父たる神からの被造物の分離である限りで、無神論を、すなわち「ユダヤ教」のある種の否定を含んだ「ユダヤ性」だからである。この否認はデリダの根本にある問題でもあるが、例えば『マルクスの亡霊』で「父の亡霊(revenant［立ち返ってくるもの］」、spectre」という形でこの問題を扱っている。cf. J. Derrida: *Spectres de Marx*, Paris, 1993.

（2）　レヴィナスとカバラーとの関係を主題的に論じた研究として、C. Mopsik: La pensée d'Emmanuel Lévinas et la cabale, dans: *Cahier de l'Herne. Emmanuel Lévinas*, p. 428-41 を参照。この論文は、『全体性と無限』における両者の類似性を認めながらも、結論としてはそれを否定している。著者によれば、ルリアのカバラーにはレヴィナスの言う「分離」はありえず、人間は神の自己顕現のための手段にすぎない。これに対してラビ・ウアクニンは、ルリアとレヴィナスとの構造的な類似性を強調している。レヴィナスにカバラーの「影響」があるとすれば、彼と同じくリトアニア出身のタルムーディストでありカバリストであるヴォロズィンのラビ・ハイム、およびローゼンツヴァイクを通してであろう。cf. E. Lévinas: *L'au-delà du verset*, Paris, 1982（ADV と略記), X. "A l'image de Dieu" d'après Rabbi Haim de Volozin, p. 182-200. この点については C. Chalier: L'âme de la vie. Lévinas, lecteur de R. Haim de Volozin, dans: *Cahier de l'Herne: Emmanuel Lévinas*, Paris, 1991/1993, p. 442–60をも参照。ローゼンツヴァイクは自分の思想へのルリアのカバラーからの影響を認めている。cf. F. Rosenzweig: "Urzelle" des Stern der Erlösung, in: *Kleinere Schriften zu Glauben und Denken*, Dordrecht, 1984, p. 128.

（3） E. Lévins: *Totalité et infini*（TIと略記）, La Haye1961/1980, p. 261.

（4） cf. Sholem: Le messianisume juif. Essais sur la spiritualité juive, traduit par B. Dupuy, Paris, 1974, p. 74 sq.

（5） 本書第四章「秘密の伝承」を参照。

（6） ルリアのカバラーに関しては、次の文献を参照した。G. Scholem: *Die judische Mysik in ihren Hauptströmungen*, Frankfurt a. M., 1967.（『ユダヤ神秘主義』山下他訳、一九八五年）; ibid.: *Zur Kabbala und ihrer Symbolik*. Frankfurt a. M.,（『カバラとその象徴的表現』小岸他訳、一九八五年）; ibid: Schöpfung aus Nichts und Selbstvershränkung Gottes, in: *Über einige Grundbegriffe des Judentums*, Frankfut a M., 1970 (insbesondere p. 84-89); ibid: L'idee de rêdemption dans la Kabbale, dans: *Le messianisme juif, Essais sur la spiritualité juive*, traduit par B. Dupuy, Paris, 1974 (surtout p. 91-102); ibid.: *Sabbatai Tsevi, Le Messie mystique*, traduit par M-J. Jolivet et A. Nouss, Lagrasse, 1988; ibid: *Les grands textes de la Cabale, Les rites qui font Dieu*, Lagrasse, 1993 (surtout p. 491-523); R. Goetscl: La kabbale, Paris, 1985 (surtout p. 112-17); H. Serouya: *La Kabbale, ses origines, sa psychologie mystique, sa metaphysique*, Paris, 1947; M-A. Ouaknin: *Le Livre brulé, Philosophie du Talmude*, Paris, 1986/1993; ibid.: *Méditations érotiques*, Paris, 1992; ibid.: *Tsimtsoum, Introduction à la méditation hébraique*, Paris, 1992 (surtout p. 30-36); ibid.: *Concerto pour quatre consonnes sans voyelles*, Paris, 1992; H. Bloom: *Kabbalah and criticism*, New York, 1975（『カバラーと批評』島訳、国書刊行会、一九八六年）; S. A. Handelman: *The Slayer of Moses*, New York, 1982（『誰がモーゼを殺したか』山形訳、法政大学出版局、一九八七年）.

（7） cf. G. Scholem: *Le messianisme juif*, p. 99-102; M-A. Ouaknin: *Tsimtsoum*, p. 42-44. ハシディズム、とりわけブレスラウのラビ・ナハマンによって、このルリアの実存的カバラーは継承されている。現代においては、ハシィディズムには批判的距離をとるレヴィナスを経て、両者を綜合するウアクニンにこの流れが受け継がれていると見ることができる。cf.: M-A. Ouaknin: *Le Livle brulé*. la troisieme partie: Le Livre brulé. この点は本書第四章で主題的に論じた。なお、ツィムツムは、ヤコブ・ベーメやエティンガーらのキリスト教カバリストによって西洋哲学の内部に取り入れられている。とりわけ、バーダーを介してベーメからツィムツムの観念を受け継いだシェリングの創造論は重要である。ローゼンツヴァイクはシェリングの『世界世代』におけるルリアの痕跡に注目している。cf. S. Moses: *Système et révélation*, Paris, 1982, p. 37-38. この点について、J. Habermas: Dialektischer Idealismus im Übergang zum Materialismus —— Geschichtsphilosophische Folgerungen au s Schellings Idee einer Contraction Gottes, in: *Theorie und Praxis*, Frankfurt a. M., 19563/1988 をも参照。

（8）例えば、サフェドのもうひとりのカバリスト、モーゼス・コルドヴェロ（一五五二－七〇）は、「神は現実的なもののすべてであるが、現実的なもののすべてが神であるわけではない」と述べている。G. Scholem: *Die jüdische Mystik in ihren Haupt-strömungen*, p. 277. また、ヴォロズィンのラビ・ハイムも同じ問題を「生の魂」によって解決しようとしている。注(44)参照。

（9）主に『実存から実存者へ』で展開された「ある」（il y a）からの「位格化」（hypostase）による意識の生成の分析を参照。Emmanuel Lévinas: *De l'existence à l'existant*. Paris, 1986.

（10）E. Lévinas: TI. p. 77-78.

（11）ibid., p. 91-92.

（12）別の箇所でレヴィナスは、ヴォロズィンのラビ・ハイムにおけるツィムツムに触れて次のように述べている。「ツィムツムとは人間の欠陥ではなく、根源的な出来事である。ツィムツムが規定している人間の有限性は単なる心理学的な無力などではなくある新たな可能性、無限者と掟とをともに考える可能性、両者の結び付きの可能性そのものである。人間とは、単に理性の二律背反を認めるだけのものではないことになるだろう。二律背反を超えて、人間は、絶対者のある新たな像を意味することになるであろう」（ADV. P. 200）。この文章を、レヴィナス自身の思想と考えることは十分に可能である。

（13）この次元は、ハイデガーがその「転回」以後の「顕現しないものの現象学」の試みにおいて「性起」などの語で名指そうとする次元にきわめて近いものである。本書第一章「内在領野の開示」1「「顕現しないもの」への現象学の「転回」」を参照。なお、ハイデガーのヘブライズムとの微妙な関係の問題には、リクールの指摘に続いてマルレーヌ・ザラデルが着手している。彼女はハイデガーの「存在の隠蔽性」の思想をツィムツムと比較しているが、未だ十分に深められてはいない。M. Zarader: La dette impensée. Heidegger et l'héritage hébraïque, Paris, 1990, p. 147-49. cf. P. Ricoeur: Note introductive, dans: Heidegger et la question de Dieu, Paris, 1980.

（14）注(16)を参照。

(15) E. Lévinas: TI. p. 121.

(16) E. Lévinas: *Autrement qu'être ou au-delà de l'essence*（AEと略記）, Dordrecht, 1974/1986, p. 133. これに対して、ツィムツムにおいて開かれる起源なき原空間は、自己を「産む」ものとして「母胎」である。これについては後述する。なお、注(2)を参照。

(17) ibid.

(18) ibid., p. 139.

(19) ibid., p. 140-41.

(20) cf. ibid., p. 80-81.

(21) cf. ibid., p. 141.

(22) ibid., p. 137.

(23) ibid., p. 132, 134, 140, etc.

(24) ibid., p. 132.

(25) ibid., p. 137.

(26) ibid., p. 187.

(27) ibid., p. 139.

(28) ibid., p. 81.

(29) ibid., p. 157.

(30) ibid., p. 132.

(31) この「無意味化」は、『全体性と無限』においては「エロス」における女性的なものの「卑猥さ（le lascif）」によって、またトーラー解釈学のレベルでは「神名・聖四文字（יהוה YHVH）」によって生じるものである。本書第四章、第六章を参照。cf. TI. p. 233-44, “Phénoménologie de l'éros”.

(32) TI. P. 240.

(33) AE. p. 139.

(34) レヴィナスにおけるユダヤ教とキリスト教の関係についてはローゼンツヴァイクを考慮に入れて考えねばならないが、ここでは立ち入らない。E. Lévinas: La philosophie de Franz Rosenzweig, dans: *A l'heure des nations*, Paris, 1988, p. 175-85を参照。また、レヴィナスの「顔」の思想をそのユダヤ性から切り離してキリスト教の内部に取り込もうとする試みとして、マリオンの「イコン」論がある。本書第三章「贈与の現象学」を参照。Cf. J-L. Marion: *L'idôle et la distance*, Paris, 1977, p. 17-27; ibid.: *Dieu sans l'être*, Paris, 1982, p. 15-37.

(35) 例えば、AE, p. 99. この表現をレヴィナスは、ギリシャ哲学の伝統に由来し、明証的な現前を形容するフッサールの用語「有体的（leibhaft）」の仏訳である en chair et en os に意図的に対立させて使っていると思われる。

(36) E. Lévinas: AE. p. 100. cf. p. 99, note11; p. 181.

(37) 一般には、ネフェシュ、ルアハ、ネシャマーの三様相までしか論じられないことが多い。G. Scholem: ibid., p. 262-63; Rabbi Hayyim de Volozhyn: *L'âme de la vie* (*Nefesh Hahayyim*), traduit et commenté par B. Grosse, Paris, 1986, p. 35, p. 47-60, etc.また、p. 296の訳者注を参照。M-A. Ouaknin: *Tsimtsoum*, p. 182-86; A. Neher: *L'essence du prophétisme*, Paris, 1972/1983, p. 85-101. ルアハには、デリダもpneuma, spiritus, Geist に関連して触れているが、レヴィナスが同一視するルアハとプネウマとの関係も、考えるべき問題である。J. Derrida: *De l'ésprit*, Paris, 1982, p. 165 sq.

(38) 「創世記」九—四、「レヴィ記」一七—一四、「申命記」一二—二三。「神の気息」と「血」との、「同一化とは言わないまでも緊密な結び付き」については、A. de Souzenelle: *Le symboisme du corps humain*, Paris, 1974/1991. p. 224-38を参照。同書では、セフィロートと人体との関係が詳しく分析されている。

(39) ヘブライ語は通常子音のみによって書かれ、この書記に適宜母音とアクセントを付して発音し、解釈する。トーラーのテクストの解釈の開かれた可能性は言語のこの構造に由来する。その際母音は「神の気息」と同一視される。この構造をラビ・ハイムは魂の三様態に見るのである。注(37)を参照。

(40) Rabbi Hayyim de Volozhyn: ibid., p. 49-50、および p. 298の訳者注127を参照。

(41) 注(42)を参照。

(42) この魂の構造を視覚的に表現するものがセフィロートである。カバラーとは世界や魂を実体としてではなく、関係として捉える思惟であるが、この関係の十の形式がセフィロート（単数セフィラー）と呼ばれる。セフィロートは（1）垂直的に、および

（２）水平的に、それぞれ三つの系列に分けられる。
（１）垂直の方向では、①第四セフィラー・ヘセド（無限、寛大）の系列に、第二ホクマー（知恵）、第七ネツァー（勝利、永遠）のセフィロートが、②第五セフィラー・ゲヴラーもしくはディン（厳格、正義）の系列に第三ビナー（分別的知性）、第八ホド（尊厳、法廷）のセフィロートが、③第六セフィラー・ラハミーム（慈悲）－ティフェレト（美）の系列には第一ケテル（王冠）、第九イェソド（基盤）、第十マルクート（王国）のセフィロートがそれぞれ属している（図参照）。ヘセドとは、「人間本性の自発性」であり、本能や傾向性や感情がこれに属し、「あるところのものでしかない存在」として、「同」、「全体性」である。これに対してゲヴラー、ディンは、分離と区別による「制限、規定、定義の力」であり、「他性」に関わるものである。そ

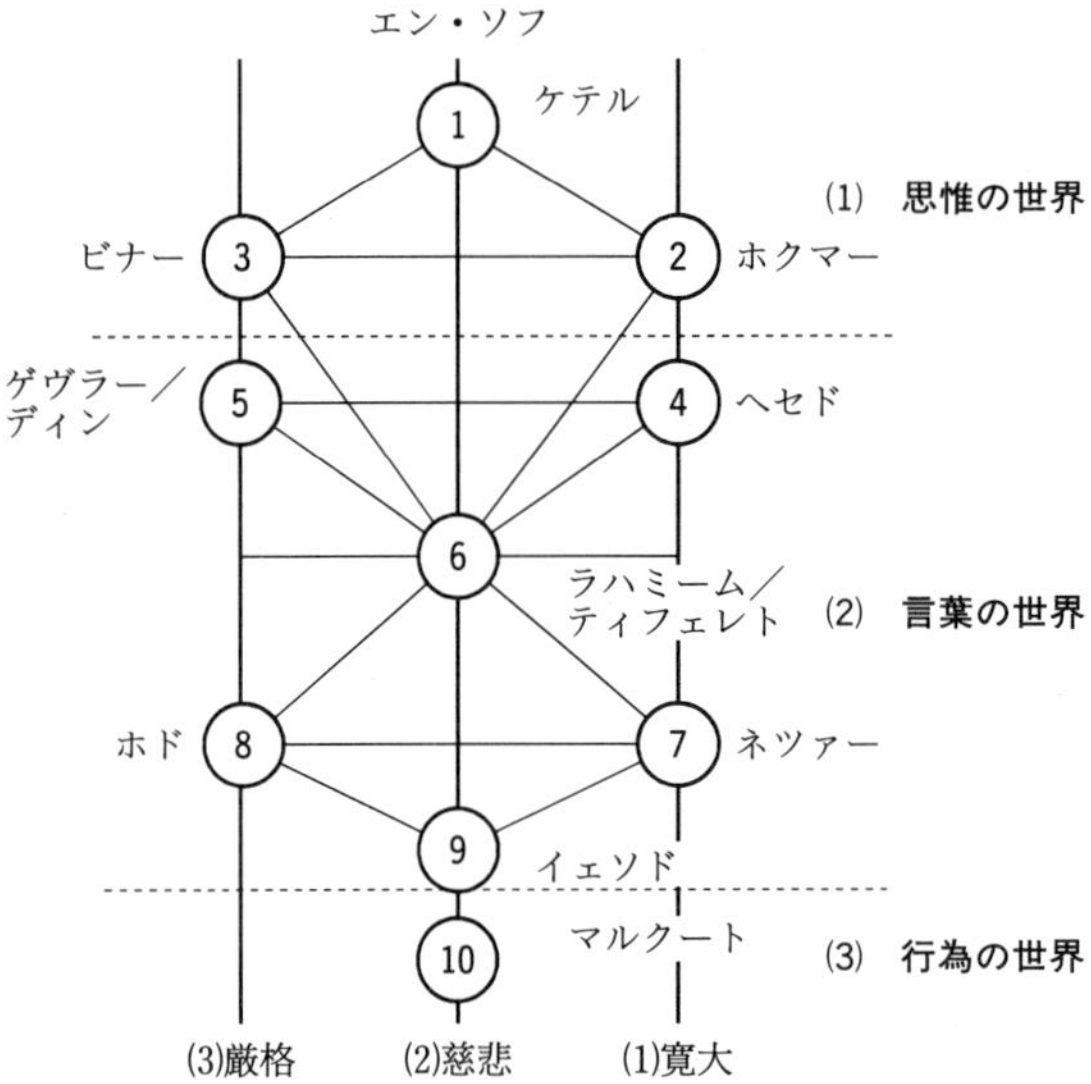

してラハミームとは、これら二つの力の均衡であり、他者と共にありつつ自己にとどまるという「中庸」を表す。後に見るように、これは、神の遍在と人間の分離の間を可能にするツィムツムの「距離」、「母性」（רחמנות rahmanout、これはרחמים ra-hmim と同じ語根を持つ）にあたり、レヴィナスのテクストに繰り返し現れるものである。

（2）水平の方向では、①思惟の世界（第一－第三セフィロート）、②言葉の世界（第四－第九セフィロート）、③行為の世界（第十セフィラー）に分けられるが、この三つの世界への分類は、先に見た「魂の三様態」の分類に対応している。エン・ソフの気息、光がネシャマーからルアハを経てネフェシュへと至る過程がセフィロートによって構造化されているのである。A. Abécassis: *Les temps du partage 1*, Paris, 1993, p. 101-13; cf. M-A. Ouaknin: *Méditations érotiques*, p. 62-63.

(43)「出エジプト記」三－一四。この極めて重要な句は、ギリシャ語への「七十人訳」およびラテン語への「ウルガタ訳」を通して、西洋のキリスト教神学、哲学によって完全に誤解されてきた。そこでは、「私は存在するものである」と訳されているが、ヘブライ語には「存在する」という動詞の現在形は存在しない。モーゼに啓示されたこの神名は未来形である。この点については多くの議論があり、その詳細にここで立ち入ることはできない。誤解の例としては、E. Gilson: *L'esprit de la philosophie médiévale*, Paris, 1948, p. 50-51、山田晶『在りて在るもの』一九七九／一九八六年、三頁以下、六頁注（1）等。また、*Celui qui est. Interprétations juives et chrétiennes d'Exode 3-14 et de Coran 20*, 11-24, Paris, 1986. ボーマン『ヘブライ人とギリシャ人の思惟』植田訳、一九五七年をも参照。

(44)　これが、ルリアのカバラーを受け継ぐヴォロズィンのラビ・ハイムの言う「生の魂（Nefesh Hahayyim）」、「精神の生」であって、それは「無限者の痕跡」なのである。Rabbi Hayyim de Volozhyn: ibid., p. 300, 訳者注147を参照。また、本論注（49）、（51）を参照。ゲマトリアとは、タルムード、カバラーにおいて、トーラーのテクストを絶えず「別の仕方で」解釈するための技術の一つである。それは意味論以前の質料性の次元で語を「炸裂させる」ことによって、その「意味論的エネルギー」を解放し、トーラーの間テクスト的な解釈を可能にするのである。具体的には、語を、ヘブライ語の二十二個の文字がそれぞれ持っている数値にいったん還元し、その計算によって、意味論のレベルでは何の関係もない語同士の間に関連を見出してゆく。「ゲマトリアは思惟のための出発点である。それは思惟ではない」。M-A. Ouaknin: *Le Livre brulé*, p. 123. cf. ibid.: *Concerto pour quatre consonnes sans voyelles*, p. 303-05; ibid: *Tsimtsoum*, p. 156-59; S. Trigano: Le livre au coeur de l'être. dans: A. Aboulafia: *L'Epitre des sept voies*, Paris, 1985, p. 17; B. Rodjman: *Feu noir sur feu blanc, essai sur l'herméneutique juive*, Paris, 1986,

p. 59-61; E. Lévinas: ADV. p. 135. 詳細は本書第四章を参照。

(45) cité par Rabbi Hayyim de Volozhyn: ibid., p. 35.

(46) E. Lévinas: AE, p. 136.

(47) ibid, p. 139.

(48) ステファヌ・モーゼスは、このような、歴史の進歩とは次元を異にする「メシア的時間性」において「予見不可能なもの（メシア）」を待つ「切迫」というカバラー的メシアニズムの経験を、ローゼンツヴァイク、ベンヤミン、ショーレムに共通するものと見ている。S. Mosès: *L'Ange de l'histoire. Rosenzweig, Benjamin, Scholem,* Paris, 1992′ とりわけ Capître 7. Les apories du messianisme, p. 185-207 を参照。この経験は、レヴィナスにおいては「メシア的意識の極度の覚醒」（TI. p. 261）という表現で現れる。

(49) ユダヤ的解釈学の論理に従うならば、ここで、先の「血」と「神名」のゲマトリアにもう一つ別の言葉のゲマトリアを加えることができる。「子供」を意味するヘブライ語 ילד「yeled（yod-lamed-daled）」は、次のように展開できる。י yod (10)＋ל lamed (30)＋ד daled (4)＝44. したがって、三つの言葉の数値は一致する。「血」における無限者の「未来化（我はあるであろうものであろう）」は、「子供」において実現されるのである。また、先に引用した「ヤコブの夢」において、ヤコブは、「その場所にあった石をひとつとって、それを枕にして（「創世記」二八－一一）」夢を見るのだが、この、夢の条件となる「石」は、ヘブライ語で「אבן aben（aleph-beit-noun）」である。この言葉を分割すると、「אב ab（aleph-beit）」」すなわち「父」と「בן ben（beit-noun）」すなわち「息子」が得られる。つまり、この魂の構造についての夢はまた、「親子関係」、「繁殖性」についての夢でもあるのである。「精子」については注(51)を参照。なお、ここで、ローゼンツヴァイクの次のような言葉を指摘しておくべきであろう。「永遠の生のつながりが祖父から孫へと伝わってゆくような共同体はただ一つしかない。現在において未来への希望を保証するものは血のみだからである」（F. Rosenzweig: *Der Stern der Erlösung,* Frankfurt a. M., 1988, p. 331）。本論で見てきたところによれば、レヴィナスにおいても同じことが言えるはずである。

(50) M-A. Ouaknin: *Le Livre brulé,* p. 375.

(51) S. Trigano: *Le récit de la disparue,* Paris, 1977, p. 25. 十三世紀のカバリスト、ヘローナのラビ・エズラは、人間の性的行為を、第一セフィラー・ケテルから神の意志が、父を表す第二セフィラー・ホクマーを通して「気息」によって「優しさ רחמים

(rahmim＝רחמנות rahmanout. これをシャルル・モプシクは tendresse と訳しているが、内容的にはラハマヌート、母性、慈悲である)」(精子、すなわち男性のラハマヌート)という形で母胎を表す第三セフィラー・ビナーに発出し、神の似姿として子を産む過程として描いている。そこでは、射精が「優しさ(母性)」の「収縮」として描写されている。Cf. *Lettre sur la sainteté*, traduit et commenté par C. Mopsik, Paris, 1986, p. 59-66. ラビ・エズラの影響を受けた『ゾーハル』では、エン・ソフがセフィロートとして自己を啓示する場である無としての第一セフィラー・ケテル(王冠)のうちに無から存在への移行である「点」としての第二セフィラー・ホクマー(知恵)が現れるが、この「点」は、万物がそこから産み出される「種子」、「精子」であり、男性のツィムツムである。これが第三セフィラー・ビナー(母胎、分別的知性)に入って展開され、子(第四セフィラー・ティフェレット(美)もしくはダアッド(認識、綜合))を産む。Cf. G. Scholem: ibid., p. 236-40. レヴィナスも、ツィムツムによって産まれた主体を「点」、「アトム的なもの」と呼んでいる。AE. p. 135, 136, 139, etc. また、カバラーにおいては、神名 יהוה YHVH (yod-he-vav-he) の最初の文字 י yod が原初の「点」とみなされ、それはツィムツムの痕跡と考えられている。そこから、「母の胎内の胎児のように」、他の文字 ה he, ו vav が形作られ、さらにそこからヘブライ語の二十二文字が派生して世界を作り出して行くのであるが、この点については第六章を参照。cf. M-A. Ouaknin: *Concerto pour quatre consonnes sans voyelles*, p. 83 sq.

(52) デリダにおける「母」の問題をこの視点から考えてみるべきであろう。cf., J. Derrida: *Glas*, Paris, 1974, p. 132-34, 152; ibid.: Chora. dans: *Poikilla. Etudes offertes a J. P. Vernant*, Paris, 1987.

(53) M-A. Ouaknin: *Méditations érotiques*, p. 62.

(54) カバラー的メシアニズムの歴史における性的結合の諸理論については、モプシクの綿密な研究を参照。C. Mopsik: Etude préliminaire. dans: *Lettre sur la sainteté*.

(55) E. Lévinas: TI, p. 244.

(56) E. Lévinas: AE, P. 99, etc.

(57) ibid., p. 95, 134.

(58) 『全体性と無限』の「顔の彼方」の部におけるエロスと繁殖性の理論はそれを雄弁に語っている。

第六章　神名の現象学

序

初めに退却があった。「起源」にあるのは「起源」の不在なのだ。「起源」はみずから隠れることによってのみ「起源」となりうる。無限なる神はかくして有限なる被造界を創造し、そこにおのれの痕跡を刻みつけて過ぎ去った。有限なる被造界のただなかに開かれた亀裂、裂け目、余白、沈黙がその痕跡なのであり、これを通してのみ有限な被造物は再び無限なる神に近づくことができるだろう。こうして無限と有限とは両者を隔てる根源的な断絶と、それにもかかわらず両者をつなぎとめる無限の痕跡とからなる緊張関係を媒介として、過去・現在・未来という時間の三つの位相にわたって互いに関わり合い続ける。

この神話的な表象がレヴィナスの思考を貫いているのだが、それはこの思考のうちに濃厚な痕跡を残しているユダヤ教神秘主義カバラーの伝統に由来するものだというのが本論の仮説である。だがレヴィナスはこのギリシャとは異質な伝統をそれ自体として語ることを拒否し、あくまでもギリシャ語、すなわち哲学（現象学）に翻訳してわれわれに呈示しようとする。しかし、翻訳とは理念化することによって伝達する作業であり、それにはあくまでも理念化を拒むもの、翻訳しえないものがつきまとう。この「翻訳しえないもの」がレヴィナスのテクストのそこここに目立たない仕方で鳴り響いているのをわれわれは認めることができるのだ。以下、これを次第に深まりゆく三つの水準で聴き取ってゆくことにしよう。まず現象学の水準で、次いで一六世紀のカバリスト、ラビ・イサク・ルリアの幻視的カバラーの水準で、そしてこれが本論では主眼となるのだが、カバラーの言語神秘主義の水準で。レヴィナスのテクストに潜んでいる神秘主義的な意味の奥行きが次第にその姿を現してくるはずである。

一　現象学

「初め」は刻々と、あらゆる現在において「反復」され続けている。(1)「初め」、すなわち「亀裂」そのものは純然たる差異化である以上それとして気づかれることはない。現出の平面にはそれとして現れてくることは決してないからだ。(2) しかしこの「亀裂」は現出の世界にその「痕跡」を残す。この事態をギリシャ的合理性の枠の中で語ることがレヴィナスがおのれに課した仕事なのだが、彼はフッサールの時間意識の分析のなかにまずこの「亀裂」を見出す。(3) フッサールの分析では、過去把持と未来予持との受動的な志向性が時間を分散させると同時に取り集めることによって志向的な意味のシステムを原初的に構成し、そこから記憶を、さらには歴史を紡ぎ出してゆく。これがレヴィナスのいう「同一者」の起源である。しかしこのような志向的な意味の発生は有限な意味の発生であり、それはすなわち「無限」の流謫の始まり、「他者」の忘却の始まりに他ならない。ではフッサールの現象学は「無限」にいかなる位置も認めないのだろうか。そうではない。レヴィナスは過去把持と未来予持との「起源」である「原印象」に「無限」の顕現の可能な場所を認めるのだ。「原印象」は過去把持に媒介されて生じる同一性ではなく、いかなる未来予持的な可能性にも先行する。「原印象」こそはいかなる志向性の形式化からも逃れる「可能事に先立ち、可能事に不意に到来する」原事実なのである。(4)現象学にとって未曾有のこの次元をフッサールは「根源的創造」、「自発的生成」などといった表現で表そうとしているが、それが志向性の限界を告知している以上、現象学にとって最大の難問のひとつを突きつけるものであったことはフッサールの分析の動揺のなかに見て取ることができるだろう。だが、レヴィナスはそこにこそ現象学をある新たな次元へと拡大する可能性を、つまり「起源」の「退却」を見るのである。彼は現象学がおのれの主題とする領野を開く操作である現象学的還元をフッサールにおけるそれよりもさらに「徹底化」させ、志向性の地平から「脱出する」――より正確に言えばその地平とは「別の仕方で」意味する次元へと向かう――ための方法へと鋳直すのだ。(5)

この原初の「退却」のありようを、レヴィナスはある箇所で「根源的反復」と呼んでいる。(6)つまり、彼の解釈では「原印象」は物自体のように前・現象学的な不可知の実体から与えられる触発のようなものではなく、(7)「差異化」であり、初めから「痕跡」としてしかありえないのであって、この根源の、つまり志向性に先立つ根源的な「差異化」から初めて過去把持と未来予持の志向的・地平的な「差異化」が可能になるのである。だがこの第二の「差異化」はすぐさまその「起源」である原初の「差異化」を覆い隠し、忘却させてしまう。「原印象」の煌めきはすぐさま過去把持と未来予持の地平へと媒介され、有限なものとして現出してしまうからだ。ただ、そこには確かにこの地平を「越える」次元が煌めいたはずなのであり、われわれは現出のうちにかろうじてそのような次元の痕跡を認めうるにすぎない。「自然的態度」や不徹底な還元にとどまる限り忘却されるがままになるこの次元を忘却から救い出す作業がレヴィナスにとっての還元である。だが、いかに「徹底化」されたとはいえ、現象学の志向的分析が提供するモデルではもはや理解しきれないような事態をレヴィナスは初めから狙っている。

それは、彼が『全体性と無限』のなかで「原印象」すなわち「根源の退去」を「他者の顔」として記述し、この「無限の痕跡」からさらに「無限そのもの」へと遡ろうとする「エロスの現象学」を企てるとき明らかになってくるのである。

二 神の収縮

「起源の退去」は現象学の枠組みのうちでは「原印象」として、次いで他者の「顔」として現れる。(8) しかし、後者の「顔」という現象はすでに厳密な意味での現象学をはみ出しており、その枠内だけでは理解することはできない。そこでわれわれは第二の水準へと移ることにしよう。

「神の退却」という観念はユダヤ教の歴史を通じて極めて重要な位置を占めるものであるが、それが決定的な意味を付与されたのは近代カバラーの祖と言われる一六世紀サフェドのカバリスト、ラビ・イサク・ルリアの幻視的カバラーにおいてである。(9) 新プラトン主義の影響のもとに形成された古典的なカバラーの教義は、「起源」すなわち創造を神(エン・ソフ=無限)がセフィロートという形で外部へ一方向的に流出してゆく過程と表象したために個々の人間の自由を十分に考慮することができず、また、歴史のメシアニックな終末に十分な関心を払わなかったために救済の理論を提供することができなかった。このようなカバラーが一四九二年に起こったスペインからのユダヤ人の追放という大事件に直面してまったく無力であったことは想像に難くないだろう。「追放」と「メシア的救済」とを同時に説明することのできるカバラーが今や必要となる。ルリアは天才的な直観によってこの時代の要求に応えてみせる。それは三つの契機に構造化された神の顕現の教説として構想されている。

（1）　外部への創造に先立って神の内部で第一の創造が生じた。神は原初的に自己の内部に「収縮」し、「退却」した（ツィムツム）のであり、こうして原初的な「無の空間」を開いたのである。こうして有限な被造物に場所が空けられた。これは神の神自身のうちへの「追放」を意味する。

（2）　この空間に神の原的な光が差し込んでくる。この光は「原人間（アダム・カドモン）」として顕現し、その眼から光線が発射される。この光線は十のセフィロートとなって原空間の中のそれぞれに対応する容器（ケリーム）に流れ込むが、上位三つのセフィラー（①ケテル（王冠）、②ホクマー（叡知／父）、③ビナー（分別知／母））以外のセフィラーの容器はそのあまりにも強い光線を受けとめきれずに炸裂する。これを「容器の炸裂（シェビラー・ハ・ケリーム）」という。この結果、大部分の光線は神の方へ引き返してゆくが、それ以外は「聖性の火花」となって炸裂した容器の破片（これを「殻（ケリポート）」と呼ぶ）に付着し、「原空間」のなかに落ちてゆくのである。この出来事の結果すべての被造物はその本来あるべき場所から「追放」されるに至る。第二の（被造物の）「追放」である。

（3）　「追放」された被造物をその本来あるべき場所へと戻して「修復」し、「殻」に付着した「神の火花」をもとの神の光にまで集める作業が「贖い」もしくは「修復」（ティクーン）と呼ばれる。これは個々の人間に課せられたメシアニックな使命である。「ティクーン」の行為がメシアの到来を可能にすると考えられるからである。メシアは個々の人間の行為に関わりなくいつの日にか訪れるようなものではもはやない。

この神話的・幻視的なカバラーは、ローゼンツヴァイクによってその著書『贖罪の星』に取り入れられてそのモデルとなっているが、このモデルはさらにレヴィナスに受け継がれてゆく。(10)『全体性と無限』では具体的な論述に入る前に全体の構想を述べた一節でこのカバラーの痕跡を明瞭に認めることができるが、(11)その全体の構造はまさしくツィムツム（創造・過去）・シェビラー（啓示・現在）・ティクーン（贖罪・未来）の三つの契機からなる神的時間、すなわち神が時間として顕現する過程を描いているのである。[12] そしてこの神の時間のなかでの顕現がそれぞれ「無神論的享受の自己」（第二部「内面性と家政」）・「他者の顔との出会い」（第三部「顔と外部性」）・「顔の彼方での子の誕生」（第四部「顔の彼方へ」）として現象学的に翻訳され、記述される。現象学の枠内では十分に理解しきれなかった「エロスの現象学」は、ここに至って新たな、鮮明な像を結んでくるだろう。ツィムツムという神＝父の退却によって誕生した「（神＝父から）分離した自己」はシェビラーにおいて他者の「顔」、すなわち神が残した「痕跡」に出会うが、この「無限の顕現」は原印象の分析で明らかになった構造にしたがって常にすでに有限な地平的意味の現出に覆われてしまっている。「神の火花」は「殻」に覆われてしまっているのだ。こうして無限なる神は現前すると同時に常にすでに隠れてしまっている。「エロスの現象学」とは、この「顔」として現れてしまっている他者の「顔」を「愛撫」することでその志向的・地平的な意味の「殻」を、もうひとつのよりエロス的なメタファーを使うならば「衣服」を引き剝がし、裸形にして、無限の痕跡、「神の火花」を解き放とうとする作業に他ならない。女性を「陵辱する」こととして語られるこの「顔」の彼方の「無限」への関わりはその結果として「子を産む」。ツィムツム・シェビラー・ティクーンからなる神的時間は「繁殖性」として展開するのだ。繁殖性として、この三つの契機は直線的および円環的な時間表象を無視して絡み合い、[13]「メシア的な無限の時間」を産み出す。過去は単に過去として永遠に葬り去られるのではない。私の過去は「子」の未来において「贖われ」（ティクーン）、「若返る」のであり、そこで「許される」のだ。[14] この「ティクーン」を成し遂げるために魂が肉体の死後も流転すると考えられるため、ルリアの教説の核心には「輪廻（ギルグル）」の観念があるのだが、[15] このような極めて「神話的」な要素がレヴィナスの思想のなかで新たな生命を得ていることは注意されるべきであろう。

このルリアのカバラーのモデルは『存在するとは別の仕方で、あるいは存在することの彼方へ』においても保たれている。レヴィナスがそこで「無起源」(anarchie)、「隔時性」(diachronie)、「換言」(dédire)といった言葉で言い表そうとしている他者の身代わりとしての自己の生成はみなツィムツムによる「起源」の「退却」に他ならないのだ。(16)

こうしてレヴィナスの思考を構成する現象学と一神教的神話との二重の奥行きが見えてきた。現象学の枠の中で原印象の湧出として分析されていたものはルリアのカバラーでは第一の創造、つまり起源の退却(ツィムツム)によるその痕跡の根源的な反復なのであり、第二の創造は過去把持・未来予持に始まる志向性による意味のシステムの構成に対応している。そして自然的態度にとどまる限りまなざしから身を隠す原印象の根源的湧出の次元への道を開く「徹底化された還元」はこの原初のツィムツムの反復に他ならない。カバラーの言語神秘主義の水準では、この「原初の亀裂」、「原印象」の出来は、「原初の点・ヨッド」すなわち「文字」と『トーラー』のテクストの発生を意味し、還元とは『トーラー』のテクストを「エン・ソフ(無限)」からの「ヨッド」の出現という原初の出来事に絶えず導き返すというカバリストの課題を意味することになるだろう。

三　神名の現象学

レヴィナスがルリアのメシア的カバラーを現象学に翻訳したのだと考えることができるとすれば、この「翻訳」によってもたらされたものは「文字」からの離脱である。ルリアのカバラーも彼以前のあらゆるカバラーと同じように本来は『トーラー』のテクストの解釈学、言語の意味の理論なのだが、レヴィナスはこのカバラーを言語テクストからいったん解放し、できうる限り現象学的な概念へと練り上げたのである。こうしてルリアのカバラーはユダヤ教の特殊性に縛られることをやめ、「哲学」という普遍的な地平で新たな生命を吹きこまれることになるのだが、そこにギリシャ的な可知性にあらがう次元が目立たない仕方ではあれその痕跡をとどめてもいる。レヴィナスにあって無限と有限との特有な関係を成り立たせている構造をさらに深く捉えるために、この翻訳の作業によって見失われてしまう意味の次元、すなわちカバラーの神秘主義的言語理論に光をあてることにしよう。

カバラーとはそもそも何か。それはしばしば誤解されるようにオカルト的な魔術や秘儀といったものではない。[17] それは、しばしば西洋哲学の合理主義と結びついてあらゆる「迷信」をユダヤ教から駆逐しようとするラビ的ユダヤ教にたいする「神話」の反逆なのである。ショーレムが言うように、ユダヤ教は「律法」と「無限」を二つの軸としてその緊張関係のうえに成り立っているが、ラビ的ユダヤ教はこの前者、ハラハー（法規）的側面をもっぱら対象とし、厳格な一神教を遵守するために、「偶像」とみなされるあらゆる神話的イメージを廃する。その結果、ユダヤ教の本質をなしているもう一方の面、すなわち無限なる「生ける神」の生彩をすべて否定してしまうことになるのだ。[18] ユダヤ教の歴史では、定期的にカバラーがこの生ける神のリアリティを取り戻そうとしてラビ的ユダヤ教に反逆を起こしている。マイモニデス[19]に代表される中世の「哲学的」ユダヤ教にたいしてルリアのカバラーがもつ意味もまさにこのようなものであり、現代ではショーレムのカバラー研究が一九世紀ドイツで西洋哲学、とりわけドイツ観念論の影響を濃厚に受けた合理的ユダヤ学にたいして取った態度も同様である。[20]

カバリストは『トーラー』や『タルムード』の表面的な意味に満足せず、その根拠である無限なる神の秘密の生命に遡ろうとする。したがってそこには常に異端の危険が伴っている。「無限」に向かうことによって、顕現した限りでの、したがって限定された神の似姿である「律法」を相対化し、さらには否定する「反律法主義」の危険である。[21] とはいえ、多くのカバリストはあくまでも「律法」の枠内にとどまる。[22] 彼らが目指すのは「律法」を否定することよりも、その起源であり目標である「無限」との緊張関係のうちにおいてそれを絶えず解釈し直すこと、いいかえれば「律法」を決して生ける無限から切り離して静的な死せる理念性のうちに硬直させることなく——そうすると「律法」は容易に人間を束縛する理不尽な権威や偶像、レヴィナスの言葉でいえば「言われたこと」に堕してしまう——、そこに「亀裂」を入れて（ツィムツム）、その文字に絶えず新たな息吹を吹き込み続けること（シェビラー・ティクーン）なのである。

こうしてショーレムの定義によればカバラーとは「第二神殿期およびその後に結晶したごときラビ的ユダヤ教の真義を神秘主義的な見方と概念の枠組みのなかで解釈する試みの総体[23]」なのであり、ラビ・ウアクニンによれば言語の固定した意味を破壊して「言語を動かすこと」——そしてそれによって解釈者の自己の固定した同一性をも破壊し、「動かす」こと——である。[24] そこで問題になるのはもっぱら『トーラー』の「文字」を「無限」へ向けて解釈することなのであり、それは「無限」につながる言語もしくは意味の理論を要求する。[25] それゆえそこで問題になる「言語」は通常の「人間の言語」とは異なり、通常の言語学や言語哲学とはかけ離れた帰結をもたらすことになる。ではそれはいかなる言語であろうか。

よく知られているように、ベンヤミンは若き日に、ショーレムのカバラー研究に刺激を受けて著した論文「言語一般及び人間の言語について[26]」のなかで、このような言語についての理論を展開している。それによれば言語のはらむ次元をふたつに分けることができる。まず、理念的な意味を伝達するための道具としての言語。これを言語の意味の「外的次元」と名づけておこう。次に、言語の「内的次元」ともいうべきもの。これは、「魔術的」

で「無限な」ものとして描き出されている。ベンヤミンはこの後者の言語次元によって人間の言語は神的言語に

連結することができると考える。このような人間の言語から神の言語への移行は、カバリストたちによって「パ

ルデス」と呼ばれる四つの意味の層として構想されている。[27] まずは外的な伝達の言語にすぎない人間の言語は言

語の意味の四つの層を経て神の言語へと移行するのだ。「パルデス」とは文字通りには「楽園」を意味するが、言

同時に、四つの意味の層の呼び名の頭文字を並べたものでもある。その四つの意味の層とは以下のようなもので

ある。

（1）プシャット（単純な、文字通りの意味）。これは言語の意味の「外的次元」にあたり、伝達される理念的意味である。ここでは意味がテクストに現前しており、われわれが翻訳で『トーラー』から読みとるさまざまな「律法」や「物語」はこれにあたる。この層では文字は文法によって整序されて地平的な意味の体系の内部で一義的な意味を表し、記憶と歴史を形作る。現象学でいえば過去把持と未来予持に媒介されて構成される志向的な意味の次元である。

（2）レメズ（寓意的意味）。これは西洋哲学の内部にも見られるもので、ある表現が寓意として何かそれとは別のものを意味するものである。この意味もテクストにある仕方で現前しているということができる。

（3）ドラシュ（探求される意味）。これは寓意のように地平的な意味の編み目によって連続した、あらかじめどこかに存在する別の意味へと送り返すような意味ではなく、地平的な意味とは異なる次元、つまり「無限」の次元からまったく新たにテクストの中から発見され、解き放たれるような意味である。ここでは意味はテクストに現前してはおらず、隠れている。

（4）ソッド（秘密）。いかなる解釈によっても決して現れえない、隠れた意味の層。

これら四つの意味の層のうちでも重要なのは（3）の「ドラシュ」と（4）の「ソッド」である。ミドラシュ解釈学はヘブライ語の特殊性に基づくさまざまな技法を駆使してこの「ドラシュ」の意味の層を絶えず探求し続けるのだが[28]、その作業は「ソッド」、決して現れることのない秘密の意味に導かれている。

さて、言語を無限に結びつけるこのような「内的次元」こそレヴィナスが「顔」として語った次元に他ならない。「顔」はレヴィナスにとって「汝殺すなかれ」と命じる「律法」に他ならないが、この律法は世界の内部での志向的な意味の地平で理解されることによって、理念的な死せる表象として凝固してしまう。つまり神の命じる掟ではなくなってしまうのだ。レヴィナスはこの「偶像」に陥った「顔」を「エロス」において「愛撫」することでそれを「無限」の顕現へと導き返すのだが、ミドラシュはこの有限を無限へと媒介する作業のモデルなのである。のちにレヴィナスが同じ事態を「言われたこと」(dit) から「言うこと」(dire) への換言／還元 (dédire) として捉え直すとき、このモデルはより明らかになってくる。「顔」、すなわち無限の痕跡としてのテクストは「エロス」に導かれて絶えずその意味をはぎ取られ、「形を変えられ」、「脱・意味化され」、「顔の彼方」の「取るに足りないもの／無以下のもの (moins que rien)」、すなわち「ソッド」へと送り返す。この構造が、カバリストが扱う言語の「内的次元」では、絶えず異なる意味を言うという作業となって現れているのである[29]。

初期のカバラーを代表するカバリストのひとりといわれるナハマニデスは、このような無限の意味の奥行きをもつ言語を、名詞や動詞や形容詞を文法で秩序づけてできる通常の言語と区別して「神名」であると考える[30]。レヴィナスが地平的な意味には還元できない特殊な「意味作用」と考えた「顔」と同じように、「名」もそれを取り囲む地平の力で意味するのではない。それらはそれだけで――もしくはそれらがその痕跡である「無限」との関係だけで——意味する「自己意味」なのであり、それゆえに無限の奥行きを持つものなのである。

ナハマニデスは『トーラー』を一連の神名の連なりと考えるが、それを彼は「神のトーラー」と呼んでいる。これは「モーゼのトーラー」と彼が呼ぶものとの対比で言われているのだが、後者はシナイ山の山頂でモーゼが神から授かった『トーラー』であり、現在われわれが目にするような形に分節化されたテクストである。われわれはそこに神がイスラエルの民に下した律法を読みとる。これに対して「神のトーラー」とは、同じ文字からなるテクストではあるが、文字と文字との間に全く切れ目のないひと続きのテクストである。それは文法も観念ももたない「名」なのである。したがってそこにはまだ何の意味も読み取ることはできない。意味が立ち現れるためにはそこに切れ目を入れ、余白を挿入することが必要である。[31] そうして初めて「文字」から「語」が形成され、「語」を組み合わせることによって「文」が形成されてゆく。このような過程を経て初めてわれわれが通常目にする「モーゼのトーラー」が発生してくるわけである。[32]

だが、モーゼはあくまでも神と人間の間の媒介なのであり、これだけで『トーラー』の意味が一義的に確定されるわけではない。[33] ヘブライ語の特性によって、テクストはさらに多義性をはらみ続ける。ヘブライ語は通常子音だけで書かれる言語であり、同一の語がそれにいかに母音を付すかによって複数の意味を持ちうるのである。タルムードやミドラシュ、カバラーの解釈学はこのヘブライ語の特性に基づいている。[34] 多少長くなるが、ここでナハマニデスの極めて示唆に富む言葉を引いておこう。

『『トーラー』の全体はいくつもの神名からなっており、しかもその本質は、われわれの読むその言葉がまったく異なる区切り方でも読みうる、それも〔秘教的な〕名前として読みうる、というそのありようにある。

（……）『アガダー』の言葉に、『トーラー』は元来黒い火によって白い火の上に書かれたとあるが、まぎれもなくここにわれわれの意見の確証がある。

『トーラー』は、続けざまに、言葉の切れ目もなく書きおろされたため、ひとつづきのさまざまな〔秘教的〕名前として読むこともできれば、古来からの読み方どおりに、物語および律法として読むこともできたのだ。かくて『トーラー』は神の律法として読む言葉に区分された形でモーゼに伝授された。しかし、同時に彼は、口伝えによって、『トーラー』をひとつづきのさまざまな名前として読む伝承をも授かった[35]」。

ナハマニデスによる一連の「神名」からなる「神のトーラー」という構想は、彼の同時代のスペインのカバリストたちによってさらに『トーラー』は「ひとつの神名」である、という命題にまで徹底化され、この考えが『ゾーハル』にまで受け継がれてゆくことになる[36]。この「ひとつの神名」とは「根源的な神名」「テトラグラム（יהוה/YHWH）」に他ならないのであり、この神名からそれ以外のすべての神名、そして『トーラー』のテクストそのものが発生してくると考えられるのである。ではこの根源的神名、יהוהという四つの文字はいかにして無限なる神（エン・ソフ）から発生するのだろうか。本章二「神の収縮」で「ツィムツム」として見た無限からの有限への原初の移行、すなわち創造の瞬間を、今度は神名すなわち文字の原初的発生として見ることにしよう。

ツィムツム、無限の退却・収縮は、神の原的光が「原初の点」に収縮することとしても考えられる。神の白い原的光はそのあまりの眩さゆえに有限な人間に見ることはできないが、これが黒い原初の点へと収縮することで白と黒のコントラストにおいて見える形となり、有限の世界に原初的に現れた[37]。これが先に引いたナハマニデスの言葉にもあった「『トーラー』は白い火（光）の上に黒い火（光）で書かれた」という有名な言葉の意味である。この二重性が本論の主題となっている「現れ」と「隠れ」、「有限」と「無限」、「律法」と「無限」、さらには「成文律法」と「口伝律法」という緊張関係をその根源で産み出したものなのである。この「点」は、無限（エン・ソフ）から限定されたその顕現（神名、セフィロート）への境界点なのだ。神は自己の内へと退却することによって神の「他者」（有限者）に場所を空けたが、そこに残された神の痕跡がこの原初の点である。そこに神は「いる」と同時に「いない」。「痕跡」として、現前すると同時にすでに退却して隠れてしまっている。

無限な神のエネルギーを一点に集約させたこの原初の「点」は、ルリア派のカバリストたちによってヘブライ語アルファベットの「י ヨッド」とみなされている。「ヨッド」に込められた神の生命のエネルギーは次のように展開される。まず、「ヨッド」をこの語を構成している三つの文字に分解してみると、「יוד ヨッド・ヴァヴ・ダレッド」が得られる。これらはヘブライ語の形態として「ヨッド」の点（י）を起点として、それに（1）垂直および（2）垂直・水平の方向に力が加わってできた形であり、それぞれ「点・線・面」を表す[38]。次はテトラグラムの第二文字「ה ヘー」である。この文字はこれまでに得られた文字から二通りの仕方で形成することができる。（1）「ד ダレッド」＋「ו ヴァヴ」。（2）「ד ダレッド」＋「י ヨッド」。テトラグラム יהוה/YHWH の第一の ה/H を（1）によって、第二の ה/H を（2）によって形作るとテトラグラムは図1のようになる[39]。

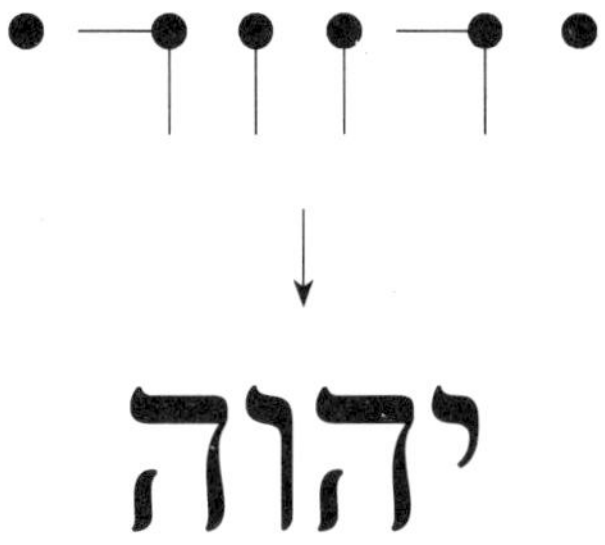

図1

以上、ツィムツムの結果である原初の点「ヨッド」からいかにして根源的神名/יהוה YHWHが生じてくるかを見たが、この「点」は原初の無限な神的光（生命、エネルギー）が有限な形に収縮・凝縮したものであるから、そこから生じたיהוה/YHWHも光の流出、つまりセフィロートであることになる（図2）。「言語」と「光」というカバラーにおけるふたつの象徴体系は重なり合っているのである。[40] י/Yはケテル（王冠）及びホクマー（叡知）、ה/Hはビナー（分別知）、ו/Wはヘセドからイェソドまでの六つのセフィロート、最後のה/Hはマルクートをそれぞれ表すとされている。[41] さらに一段階展開したレベルでは、י/Y（ケテル（王冠、無）・ホクマー（叡知、父））は分節化されていない「神のトーラー」を、二番目のה/H（ビナー（分別知、母））は、その『トーラー』を分節化した「モーゼのトーラー」を表す。

　こうして発生した『トーラー』のテクストがいかなる「意味論的エネルギー」を秘めているかを示すために、この原初の発生を記した文字をカバリストがいかに解釈するかを見ておこう。ツィムツムは世界創造に先立つ原

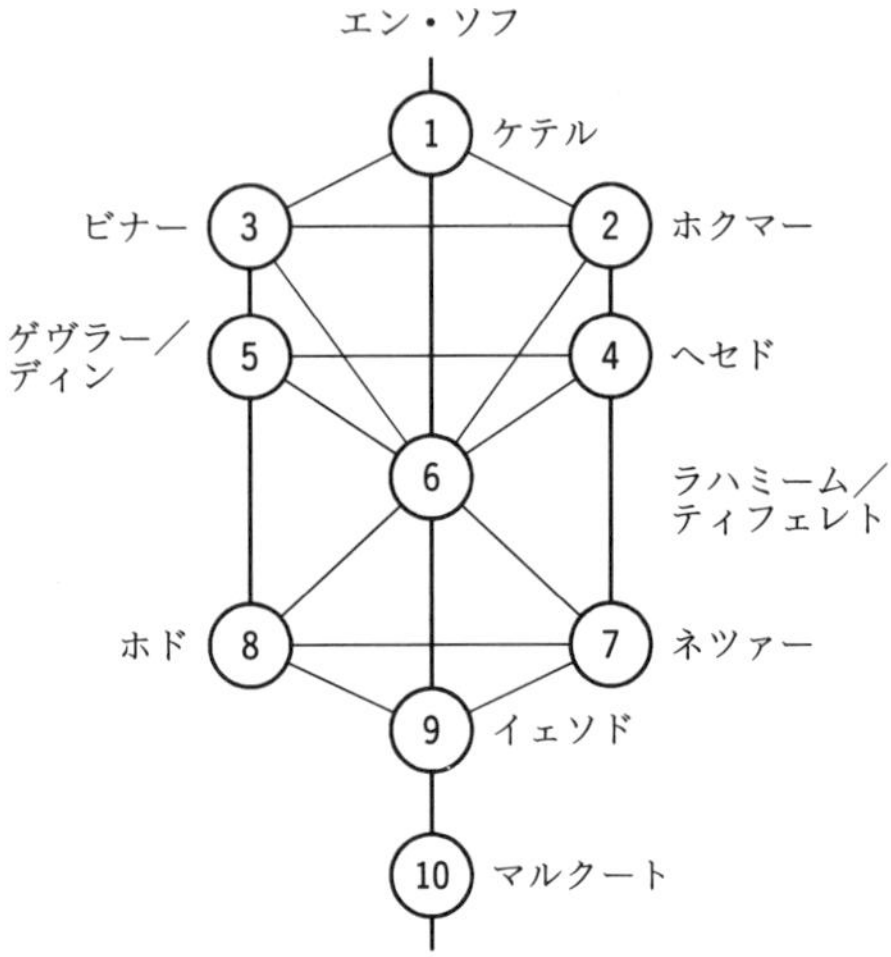

図2　セフィロート（神の生命（光）の樹）

初の創造であるから、『トーラー』のテクストでは「創世記」冒頭に記されているはずである。この『トーラー』すべてのテクスト開扉の句「ベレシート」(「初めに」)は、カバラーの歴史を通じて飽くことなく注釈され続けてきたものである。無限の有限への顕現を解明するにあたって『トーラー』の中に残された痕跡の中でも決定的に重要なものはその始まり、すなわち「創造」であり、それ以後のあらゆる無限と有限の関係はそこに基づくからである。『トーラー』のテクストは次のような句で始まっている。

בראשית ברא /BeRECHiT BaRA

この句は文字通り（プシャット）読めば、「初めに（神は）創造された」という意味にすぎないが、同じ句がカバリストの眼には無限の解釈可能性を秘めた「神の痕跡」と映るのである。例えば次のように読むことができる。まず、この句は「ב ベイト」、すなわちアルファベットの二番目の文字から始まっている。第一の文字「א アレフ」がここでは「隠れている」[42]。アレフは「神の原的光」を意味するが、これが「退却」（ツィムツム）しているのである。『トーラー』は神の退却から始まっているわけである。アレフはベイトと結合することによって「אב アブ」、すなわち「父」という語を形成する。アレフの退却は「父」が隠れることを意味しているのだ。さらに、ベイトは第二文字レイシュとともに「בר」、すなわちアラム語の「息子」を意味する。「父」が隠れる（ツィムツム）ことによって「息子」に場所が与えられる[43]。ここで、カバリストの技法に従ってテクストに新たな意味を「言わせる」ために、「モーゼのトーラー」を「神のトーラー」に戻してみよう。すなわち、「ベレシート」と「バラー」の間にある「余白」を取り除いてひと続きの文字の羅列にしてみるのだ。

בראשיתברא/BeRECHiTBaRA

次いで「שית シート」（ש シン・י ヨッド・ת タヴ）の三文字を取り除いてみよう。われわれが得るのは「בראברא バラーバラー」（ב ベイト・ר レイシュ・א アレフ・ב ベイト・ר レイシュ・א アレフ）という「語」である。これは「ברא バラー」すなわち「創造された」という意味の語がふたつ重なったものである。つまりこれは、ツィムツムにおける「二重の創造」を意味すると解釈することができる。さてここで注意すべきなのは、この「二重の創造」を意味する語を得たことによってそこに退却した「父」（「אב アブ」（א アレフ・ב ベイト）の

「痕跡」が現れてくることである。二つの「バラー」の結節点に「アブ」が生じるのである。

まとめると、「שית シート」（ש シン・י ヨッド・ת タヴ）を取り除くことによって（1）創造の二重化と（2）父＝神の原的光の痕跡の現れが得られたことになる。では、取り除かれた「シート」という語は普通のヘブライ語で何を意味するのか。それは（1）「根拠」および（2）「衣服」を意味する。つまり、「シート」を取り除く作業はまず（1）「根拠」としての「א アレフ」が退却（ツィムツム）することを意味する。[44] こうして原空間が開かれ、無限と有限は媒介された。また、（2）「衣服」とは、神の光（魂）を包む「文字」（身体）、「容器の崩壊」（シェビラー）の結果として神の光（火花）を閉じこめることとなった「殻」（ケリポート）を意味するので、これを取り除くということは、『トーラー』のテクストの「文字」を「愛撫」することによってそこに隠された神の原的光の残光を集めるという「ティクーン」を意味するのである。結局、ルリアのツィムツムの三つの契機は、原初の創造、「ベレシート」の句のうちにすべて含み込まれていることが明らかとなる。

ツィムツムにおいて無限が退去して有限に顕現するという原初の出来事は、歴史の始原においてただ一度だけ生じたものではない。それはカバリストのテクスト解釈として、レヴィナスにおいては他者の「顔」を「愛撫」すること、もしくは「言われたこと」を「言うこと」へと換言することとして、今ここで刻々と起こっている出来事であった。原初の点「י ヨッド」がテトラグラムおよびヘブライ語アルファベットの中にその「痕跡」を残しているように、יהוה/YHWHは『トーラー』のテクストの中に残された無限の痕跡であり、テクストのあらゆる意味、あらゆる語の核をなす。したがって、カバリストが『トーラー』のテクストを解釈するにあたって、解釈され、一定の意味に限定された文字を新たな意味へと開くためにその起源たる無限へと導き返して「脱・意味化」することができるのはこの無限の痕跡によってなのである。それゆえיהוה/YHWHは「テクストの中の穴」、「意味の零度」などと呼ばれる[45]。それはテクストの意味のただなかの「沈黙」である[46]。

「YHWHという名は純粋な見えるもの、母音のない四つの子音、つまり語りえないものとして与えられる。これは隠されるための名だ。（……）この名はおのれを与えると同時に退去する。主題化し、定義し、あるいは綜合する知に還元することのできない神との関係を保証する本質的な逆説。沈黙のうちへのこの退去によって、啓示は顕現するものの超越を保持するのである。この名を発音しえないものたらしめている母音の不在は、神を対象とみなす可能性をなくす越えがたい距離を創り出す。テトラグラムは言語そのものがそこから意味を得てくるような言語の中の穴のようなものなのだ[47]」。

ここで、神名と沈黙の関係をゲマトリアによって示してみよう。根源的神名יהוה/YHWHは発音されえないために、この神名自身が名を、すなわち人間に向けて限定された神名のひとつ「אדניアドナイ」という名を持っている[48]。この神名の数値は「אアレフ（1）+דダレット（4）+נヌーン（50）+יヨッド（10）=65」である。この数値は「הヘー（5）+סサメフ（60）=65」に等しいが、「הסヘー・サメフ（ハス）」は「沈黙」を意味する。また、ラビ・ヨゼフ・ギカティラによれば、65は「היכלヘクハル（神の宮殿）」の数値でもある。つまり、「神名アドナイは、יהוה/YHWHの沈黙を守っている宮殿である[49]」。さらに、יהוה/YHWHとאדני/アドナイふたつの神名の数値を足すと、「יヨッド（10）+הヘー（5）+וヴァヴ（6）+הヘー（5）=26」+65=91となる。この数値は、「מלאךマラク（מメム（40）+אアレフ（1）+לラメッド（30）+כカフ（20）=91）」、すなわち「天使」に等しい。「天使」とは、顕現しない無限定の神の名יהוה/YHWHを、限定されて顕現した神の名アドナ

イに媒介するものなのである。(50)

יהוה/YHWH がすでに解釈されて地平的な意味の次元で凝固してしまったテクストの意味（「言われたこと」）のただなかに「亀裂」を入れ、「無意味」に還元することによって新たな意味を発見してゆくこと（「言うこと」）は、テクストに「時間」を導入することである。この時間は、本章二「神の収縮」で見たように、レヴィナスが『全体性と無限』で現象学に翻訳しようとしたルリアのカバラーを構成する過去・現在・未来の三次元にわたる神の時間的な顕現に他ならないが、この時間もカバリストにとってはやはり神名のなかに隠されている。テクストに絶えず新たな意味の可能性を語らしめる根源的神名は時間の母胎でもあるのだ。あるカバラーの伝統によれば יהוה/YHWH の יה/YH は未来を、וה/WH は過去を形作るとされる。現在はこれら二つの部分をつなぎ合わせる結節点なのである。(51) また、四つの文字を組み替えることによっても時間を得ることができる。（1）הוה/HWH（ホヴェー）は現在を、（2）היה/HYH（ハヤー）は過去を、（3）יהה/YHH（イェヒエー）は未来をそれぞれ意味するのである。(52)

このように「文字」と「テクスト」の母胎であるテトラグラムは「時間」をも産み出すが、それは、一般にヘブライ的時間として表象されている直線的時間ともギリシャ的な円環的時間とも異なる、「裂け目」「断続」によって分節化された時間である。(53) すなわち、自己が女性とのエロス的な関係によって子を産むという「繁殖性」による「メシア的時間」なのである。(54) これはツィムツムにおいて神＝父がラハマヌート（母性）によって子をはらむという事態であるが、テクスト解釈の無限性はこうして繁殖性による時間の無限性、メシアニズムに行き着くのである。そして、父から子へのこのようなツィムツムの「断絶」を介した関係によってのみ、伝統の伝承が行われうる。(55) レヴィナスがラビ的ユダヤ教の伝統のなかに神話的カバラーを導入し、さらにそれを西洋哲学の言語に翻訳せざるをえない深い理由がここにあるのではなかろうか。

（1）「初め（「ベレシート」）」とは『トーラー』開扉の句であり、カバリストたちの解釈の対象となり続けているものである。このカバラー的解釈のひとつの可能性を後に示す。

（2）例えば、E. Lévinas: Intentionalité et sensation. dans: *En découvrant l'existence avec Husserl et Heidegger*. Paris, 1982（以下 EDHH と略記する), p. 145-62.

（3）以下であつかうレヴィナスによるフッサールの時間論の解釈は、おもに E. Lévinas: *Autrement qu'être ou au-delà de lessence*. Dordrecht, 1986.（以下 AE と略記する）p. 39-43. chapitre 3. Temps et discours. a) le vécu sensible. による。

（4）ミシェル・アンリも、「原印象」を同様に解釈することによって同じ次元を確保しようとしている。Michel Henry: *Phénomenologie matérielle*. Paris, 1990. p. 13-p. 59. (I) Phénomenologie hylétique et phénomenologie matérielle. 本書第一章、第二章を参照。

（5）レヴィナスによる現象学的還元の徹底化については、E. Lévinas: AE. p. 56-58 を参照。「徹底化された還元」という問題は、まずクラウス・ヘルトがその研究『生き生きした現在』のなかでフッサールの現象学の可能性を遺稿のなかに読み込んでゆく際に提起したものであるが、さらに最近のフランスの現象学で、ヘルトの議論とは独立に新たに問題となっている。ジャン＝リュック・マリオンは、かねてからレヴィナスやアンリによって考えられてきたこの問題を定式化し直した。Jean-Luc Marion: *Rédution et donation*. Paris, 1989. p. 249-305. VI. Le rien et la revendication. 以下で、レヴィナスによる還元の徹底化がカバラーをその背景として持っていることを示す。

（6）E. Lévinas: Intentionalité et sensation. op. cit.

（7）ヘルトはこのように原印象をフッサールの現象学に残された形而上学の残滓と解釈し、これを現象野から追放することを試みている。Klaus Held: Die Phänomenologie der Zeit nach Husserl. in: *Perspektiven der Philosophie*. Bd. 7. 1981.

（8）この順序はレヴィナスの思考における前後関係を表してはいない。むしろ逆に、「原印象」が詳細に分析されたのは『全体性と無限』よりも後の『フッサールとハイデガーとともに実存を発見して』、および『存在するとは別の仕方で、あるいは存在することの彼方へ』に収められた諸論文においてである。しかし本論は歴史的な順序には関心がないので、現象学からカバラーの伝統へという論述の方向に準拠している。

(9) ルリアのカバラーについては第四章「秘密の伝承」、第五章「神の収縮」ですでに論じたが、ここでは必要な限りその内容を繰り返しておく。第五章注(6)を参照。

(10) Franz Rosenzweig: *Der Stern der Erlösung*. Frankfurt. a. M. 1976/1988. cf. ibid: „Urzelle" des Stern der Erlösung in: *Kleinere Schriften zu Glauben und Denken*. Dordrecht, 1983, p. 128. ローゼンツヴァイクを媒介としてレヴィナスの思考をこのカバラーが貫いていることはマッシモ・カッチアーリも指摘している。Massimo Cacciari: *Icônes de la loi*. (traduit de litalien par Marlene Raiola.) Parais, 1985/1990, p. 19 sq.

(11) E. Lévinas: *Totalité et infini*. (以下 TI と略記する) La Haye. 1961/1980. p. 77.

(12) この過去・現在・未来にわたる「神的時間」という観念はシェリングの『世界世代』の構想のうちにも見ることができるが、周知のようにシェリングは過去＝創造の段階で筆を止めている。シェリングのこの思想とルリアのカバラーをローゼンツヴァイクが受け継いだことについてはステファヌ・モーゼスの次の研究を参照。Stêphane Mosês: *Système et rèvélation. La philosophie de Franz Rzenzweig*. Paris, 1982, p. 35-38. なお、この時間については本章三の末尾をも参照。

(13) 本章三の末尾で触れるラビ・ウアクニンによる分析を参照。

(14) E. Lévinas: TI, p. 157-261. G. L'infini du temps.

(15) 「ギルグル」については例えばヨゼフ・ダン「ユダヤ神秘主義——歴史的概観」『岩波講座・東洋思想、第二巻　ユダヤ思想2』岩波書店、一九八八年、エーリヒ・ビショフ『カバラQ&A　ユダヤ神秘主義入門』林睦子訳、三交社、一九九五年、一七二頁を参照。

(16) この点の詳しい分析は第五章で行ったのでここで繰り返すことは避ける。

(17) そういった面があることも確かに否定はできないが、それがあくまでも本来のカバラーの堕落した形態にすぎないことをショーレムの一連の研究は明らかにしている。

(18) 「神話的なもの」の反逆としてのカバラーについてはショーレムの論文「カバラと神話」、ゲルショム・ショーレム『カバラとその象徴的表現』(以下『象徴』と略記する) 小岸昭／岡部仁訳、法政大学出版局、一九八五年、一一七－六三頁、デイヴィッド・ビアール『カバラーと歴史――評伝ゲルショム・ショーレム』木村光二訳、晶文社、一九八四年、井筒俊彦『意識と本質』岩波書店、一九八三／一九九一年（文庫版）、二五八頁以下を参照。

(19) マイモニデスにも神秘主義的な側面があるが、これについてはここでは触れない。次の研究を参照。Moshe Idel: Maimonide et la cabale. dans: Moshe Idel: *Maimonide et la mystique juive.* (traduit par Charles Mopsik) Paris, 1991.

(20) デイヴィッド・ビアールの前掲書、および Stéphane Mosès: *L'ange de l'histoire. Rosenzweig, Benjamin, Scholem.* Paris, 1992. Troisième partie: Gerschom Scholem. L'histoire secrète. に収められた三編のショーレム論を参照。

(21) カバラーの歴史のなかでそのような異端が政治的次元をも含む最もラディカルな形で現れたのは偽メシア、サバタイ・ツヴィのサバタイズム運動とそれに続くジャコブ・フランクのフランキズム運動においてである。ショーレムは一九世紀の硬直したユダヤ学に対抗するための論拠をこのアナーキズム運動に見出しているが、ただし彼のサバタイ・ツヴィにたいする評価は両義的である。ビアールの前掲書、とりわけ二一一頁以下を参照。この点は本書第四章「秘密の伝承」で主題的に論じた。

(22) 例えばルリアは、サバタイズムを理論的に準備したその過激な思想に反して、日常生活においては極めて穏健に律法を遵守する忠実なユダヤ教徒であったという。ヨゼフ・ダンの前掲論文一七六―七七頁を参照。

(23) ゲルショム・ショーレム『象徴』四五頁。

(24) Marc-Alain Ouaknin: *Concerto pour quatre consonnes sans voyelles. Au-delà du principe d'identité.* Paris, 1991（以下CQCV と略して表示する）. Avant-propos. Pourquoi la Cabale?

(25) もちろんこの作業に伴う魂の次元でのグノーシス的な効果がそこには含まれている。ラビ・ウアクニンはこのようなカバラーの解釈学を「ビブリオテラピー」として魂の治療に適用している。Marc-Alain Ouaknin: *Bibliothérapie. Lire, c'est guérir*（以下BTと略記する）. Paris, 1994. さらに言えば、カバラーとは無限と有限との間の絶えず動揺する「均衡」のうちで絶えず新たに自己が誕生し続けることである。そのゆえに、後に述べるようにそれは「時間」の生成なのである。レヴィナスが『全体性と無限』でも『存在するとは別の仕方で、あるいは存在することの彼方へ』でも変わらず追求している「主体」の原型がここにある。ラビ・ウアクニンはカバラーを支えるこの「均衡」をツィムツムの結果生じるものとし、「コルバン」と呼んでいる。この言葉はヘブライ語で通常「犠牲」を意味するが、その語根に遡れば「遠さにおける近さ」をも意味し、それは「自己と世界、自己と他者、自己と自己の間を媒介する根源的な距離」として機能する。M. A. Ouaknin: *Lire aux éclats. Eloge de la caresse.*（以下LAEと略記する) Paris, 1989/1992, p. 222 sq.「対話・討論(マハロケート)」こそが具体的に絶えず「ツィムツム」によって「コルバン」を実現することであり、「生ける神」との接触であるという点については、M. A. Ouaknin: BT, p. 191-96.を参照。セフィロートの体系は神名が『トーラー』のテクストとして神の顕現を表すのと同じく光の流出として神の顕現の構造を視覚的に表したものだが、ゲブラー/ディンのセフィラーに代表されるその左軸(「厳格」の系列)とヘセッドのセフィラーに代表されるその右軸(「寛大」の系列)との間の「均衡」を表すラハミームのセフィラーに代表される中軸(ラハマヌート/「慈悲/母性」)が「コルバン」の「中庸」を意味している。A. Abécassis: *Les temps du partage. 1. Les fêtes juives de Pessach a Tich'aBe'ab*, Paris, 1993, p. 105. 本文中に掲げた図2を参照。カバラーとレヴィナスにおいて重要な役割を果たす「ラハマヌート(母性)」を本論では「ツィムツム」と解するが、これについては注(43)を参照。

(26) ヴァルター・ベンヤミン「ベンヤミン・コレクション1——近代の意味」浅井健二郎・久保哲司訳、筑摩書房、一九九五年、八一三六頁。ベンヤミンとカバラーについては本書第八章も参照。

(27) ショーレム『象徴』五一頁。M. A. Ouaknin: *Le livre brulé. Philosophie du Talmud.*(以下LBと略記する)Paris, 1986/1993, p. 108-14; David Banon: *La lecture infinie. Les voie de l'interpretation midrachique.* Paris, 1987, p. 204-16.「パルデス」の起源については諸説があるが、中世キリスト教の釈義学における「聖書の四つの意味」の理論、イスラーム・シーア派における預言者的啓示(『コーラン』)の「外的・顕教的意味」に対する「内的・秘教的意味」(バーティン)の理論からの影響が考えられる。それぞれ Henri de Lubac: *Exegèse médievale. Les quatre sens de l'Ecriture.* IV vol. Paris, 1959-1964. およびその縮刷版である *L'Écriture dans la tradition.* 1966. そして Henry Corbin: *En Islam iranien. Aspects spirituels et philosophiques. V. Le Schîsme duodécimain.* Paris, 1971, chapitre V. L'ésotérisme et l'herméneutique. 1. Le secret des Imâmes ou les quatre niveaux de l'ésotérisme. p 186-99. も参照。

(28) この技法には代表的なものとして例えばヘブライ語の文字を数値に変換し、それと同じ数値を持つまったく異なる語へと送り返す「ゲマトリア」、ひとつの語を複数の部分に分割し、新たな語をそこに創り出す「ノタリコン」などがある。これらの技法はみな、テクスト解釈のレベルでのシェビラー、すなわち「容器=文字の炸裂」を意味している。本書第四章、M. A. Ouaknin: LB p. 123; ibid: CQCV. p. 303-05. 参照。ゲマトリアの例は後に示すが、この技法については誤解が多い。例えばハロルド・ブルームのようにルリアおよび彼の師モーゼス・コルドヴェロのカバラーについての知識を有し、それを文芸批評の方法に適用しているような人物でさえ、全くの誤解のもとにゲマトリアを否定し去っている。ハロルド・ブルーム『カバラーと批評』島弘之訳、国書刊行会、一九八六年、六〇頁。

(29)『ゾーハル』の「パルデス」に触れた有名な箇所が、中世の騎士道の伝統における恋愛という形でレヴィナスの「エロスの現象学」との並行関係を明瞭に示している。ショーレム『象徴』七五－七六頁。カバリストによるテクスト解釈としての「愛撫」については、M. A. Ouaknin: LB p. 104-06. 同じ著者の *Lire aux éclats. Eloge de la caresse.*（前掲）は全編この問題に捧げられている。また、セフィロートの水準で言うならば（注(25)および本文中の図2を参照）、書かれた掟、「成文律法」は左軸「ゲブラー／ディン（厳格）」のセフィラーに限定されて現れた「神の顕現」であり、これと緊張関係にある「無限なる神の退却」は右軸「ゲドゥラー／ヘセッド（寛大）」のセフィラーに表され、両者の間の「均衡（コルバン）」が「ラハマヌート（慈悲／母性）」であって、ここで言う「顔の愛撫」、「言われたことから言うことへの還元／換言」、すなわち「口伝律法」にあたる。書かれた掟は掟として有限な人間に現れる限り極めて厳格なものであるが、この「成文律法」には常にこれを状況に応じて口頭で解釈してゆく「口伝律法」が伴うのであり、これが「無限な生ける神」への関わりを保ち続ける。この二重性からなる「律法」の全体構造が「神の退却・ツィムツム」に他ならない。なお、有限な現出として凝固した「偶像」を新たに「超越（無限）」へと導く作業として、マリオンの「イコン」の分析を参照。この分析はレヴィナスの「顔」の現象学に極めて近いものだが、レヴィナスにおいて神の顕現がカバリストによる『トーラー』の「文字」との関わりをモデルとする他者の「顔」とみなされるのに対して、カトリックに準拠するマリオンの「イコン」のモデルはキリストの「受肉」である。そこでは、本論で問題にしているような「文字」の意味作用の次元は飛び越えられている。デリダとマリオンの関係もこの視点から考えるべきである。Cf. J-L. Marion: *L'idole et la distance.* Paris, 1977, p. 17-27; *Dieu sans l'être.* Paris, 1982, p. 15-37.

(30) ショーレム前掲書の第二章「ユダヤ教神秘主義における「トーラ」の意味」、および Gershom Scholem: Le nom de Dieu ou la théorie du langage dans la Kabbale. Mystique du langage. dans: *Le nom et les symboles de Dieu dans la mystique juive.* (traduit par M. R. Hayoum et G. Vajda), Paris, 1988. を参照。

(31) ここで言う「裂け目」、「余白」は原初の神の退却の反復に他ならない。なお、デリダの言う「余白」もこの文脈で解釈することができると思われる。デリダの脱構築とカバリストのテクスト解釈との間にある屈折した関係については第四章「秘密の伝承」を参照。デリダとユダヤ教の伝統との密接な関係について日本で初めて鋭い注意を喚起したのは井筒俊彦である。井筒俊彦

「デリダの中の「ユダヤ人」」、「書く——デリダのエクリチュール論にちなんで」『井筒俊彦著作集第九巻　東洋哲学』中央公論社、一九九二／一九九五年、三六一－八七頁、および三八八－四一四頁。

(32) 「神のトーラー」と「モーゼのトーラー」については、Marc-Alain Ouaknin: CQCV, p. 58. sq. 井筒俊彦も『意識と本質』（前掲）の二四〇頁以降でこの点に触れている。

(33) モーゼが「どもり」であることはこの点で意味深い。

(34) この点については、David Banon: *La lecture infinie*. Paris, 1987, p. 188-203. Spécificité de l'hébreu. を参照。

(35) ショーレム『象徴』、五三－五四頁。

(36) ショーレム上掲書、五四－五五頁。

(37) マリオンの表現を使えばこれは「飽和した現象」である。本書第八章のロスコについての分析を参照。

(38) Marc-Alain Ouaknin: CQCV, p. 89-90. カバラーにおいては先に述べたように理念的な言語の「外的意味」に先立つ意味のレベルが問題になるため、西洋の言語とは異なって、意味以前の「文字の物質性」（レヴィナス）が重要な役割を果たす（E. Lévinas: *L'Au-delà du verset*. Paris, 1986, p. 135）。つまり、文字を意味として解釈する以前に、意味に先立つ次元であるその「形」を「見る」ことが、その文字に新たな意味を言わせるために必要なのである。YHVH はまず「沈黙」において「見られる」。Cf. Marc-Alain Ouaknin: CQCV, p. 80. sq. 例えばラビ・ウアクニンは、（1）垂直線の形をした「ヴァヴ」を「創造者と被造者との垂直の形而上学的関係」を、（2）「ダレッド」を「他人との倫理的関係」をそれぞれ表すものと説明している。「ダレッド」はさらに意味論的にも「扉」、すなわち自己の外部への通路を意味している。また、ラビ・ウアクニンが指摘しているように、「ヴァヴ」がヘブライ語の動詞の過去形の前に付くとその動詞を未来にし、逆に未来形の前に付くと過去にするという性格は、レヴィナスが『全体性と無限』で描いた、直線的時間にも円環的時間にも還元されない「無限のメシア的時間」の特性を表している点は興味深い（Marc-Alain Ouaknin: ibid, p. 93.）。

(39) ibid. p. 96. なお、「神名」としての『トーラー』がツィムツムによって無限の痕跡として有限の世界に刻み込まれるという出来事については、Marc-Alain Ouaknin: LB. p. 315. を参照。

(40) ショーレム『象徴』五〇頁。

(41) Armand Abécassis: *La lumière dans la pensée juive*. Paris. 1988. p. 97. セフィロートと神名の重なり合いについては、パー

ル・エプスタイン『カバラーの世界』（一九九五年）九一－九三頁をも参照。セフィロートについては、さらにラビ・シュタインザルツの次の著書も参照。Adin Steinsaltz: *La rose aux treize pétales. Introduction à la Cabbale et au judaïsme* (traduit par J. Eisenberg et M. Allouche). Paris, 1989, p. 43-59. II. Manifestation du divin. また、本文中の図2を参照。

（42）「アレフ」の退却については、Marc-Alain Ouaknin: LAE. p. 275-78. および井筒俊彦『意識と本質』二三八頁以下を参照。なお、デリダの「差延」（différance）という語をこの退却の出来事から理解することができると思われる。Différance のただなかに挿入された「*a*」は、動詞 différer の現在分詞 différant に由来することは確かだが、カバラーの文脈に置くなら、原初に退却した「アレフ」が脱構築的なテクスト読解において痕跡として現れたものと考えることができる。注(31)、本書第四章「秘密の伝承」を参照。

（43）これは「母性」、「慈悲」を表す「ラハマヌート」である。カバラーにおける「母性」、「ラハマヌート」については、Shmuel Trigano: *Le récit de la disparue*. Paris, 1977, p. 31-41. I. Le retrait; Catherine Chalier: *Figures du féminin*. Paris, 1982, p. 29-21. また、注(25)を参照。「ラハマヌート」が「明日」を意味する「マハル」と同じ語根であることをここで注意しておこう。Marc-Alain Ouaknin: *Méditations érotiques*. Paris, 1992, p. 62.「母性」は「子」を産むことで「明日」という未来の時間を生じさせる。この点については本章の末尾、および第五章「神の収縮」を参照。

（44）これはレヴィナスの「無起源」（anarchie）およびデリダの「差延」（différance）にあたる。注(42)を参照。

（45）Marc-Alain Ouaknin: CQCV, p. 103-04. cf. ibid: LB, p. 401. レヴィナスの「エロスの現象学」における「卑猥なもの」（le lascif）とは、言語テクストのレベルではこの神名を意味している。

（46）「沈黙」については、アンドレ・ネヘルの次の著書を参照。André Neher: *L'exil de la parole*. Paris, 1970, I. L'inertie.

（47）Marc-Alain Ouaknin: CQCV, p. 103.

（48）E. Lévinas: *L'Au-delà du verset*. Paris, 1986, p. 148. この神名の二重化は、例えば「出エジプト記」三－二で、モーゼが燃える柴のなかに天使を介して神の啓示を受ける場面に現れる。テトラグラムが発音されえなくなった経緯については、Armand Abécassis: Genèse, histoire et signification de l'angélologie dans la tradition d'Israël. dans: *Cahier de l'hermétisme. L'Ange et l'homme*. Paris, 1978, p. 83-106. を参照。

（49）cf. Marc-Alain Ouaknin: CQCV, p. 109.「ハバクク書」二－二〇「しかし、主はその聖なる神殿におられる。全地よ、御前に沈黙せよ」を参照。
(50) Marc-Alain Ouaknin: *Dans la double silence su Nom* (inédit). cf. A. Abécassis: ibid. なお、「隠れたる神」と「顕現した神」の媒介としての「天使」については、アンリ・コルバンの「天使学」を参照。Cf. Henry Corbin: *Le paradoxe du monothéisme*. Paris, 1981.
(51) Armand Abécassis: *La lumière dans la pensée juive*. Paris. 1988. p. 102.
(52) Marc-Alain Ouaknin: BT. P. 23. ここから、「出エジプト記」三―一四でモーゼに啓示された「未来化」としての神名「(エヒイェ・アシェル・エヒイェ・私はあるであろうものであるであろう)」を理解することができる。この神名がいかに「存在の外部の無限」もしくは「存在するとは別の仕方で」を意味するかについては、本書第五章を参照。
(53) ヨセフ・ハイーム・イェルシャルミ『ユダヤ人の記憶・ユダヤ人の歴史』一九九六年、一九二―九四頁、原注(7)を参照。ヘブライ語で「時間」にあたる語は「Zémane」だが、「ノタリコン」の技法を使ってこの語を二つに分割すると「Zé」と「man」になる。「Zé」は「これ・それ」を、「man」は「ma」(何?)という「問い」をそれぞれ意味する。つまり、時間とは「ここに問いがある」という意味を表すと考えられるのであり、この「問い」こそは本章で冒頭から問題になってきた「亀裂」、「裂け目」、「断続」、すなわち「ツィムツム」、「コルバン」などの言葉で言い表されてきた無限と有限の断絶による媒介という根本の事態に他ならない。「問い」こそが無限に向かって未来を開くのである。「カバラー、すなわち伝統の受容とは、本質的にはこの特殊な時間意識の受容である」(Marc-Alain Ouaknin: LAE, p. 212-13.)。
(54) この点は本書第五章で主題的に論じた。
(55) 「「ヒドゥシュ」(ミドラシュ、カバラーにおける新たな意味の発見)は伝承と伝統から断絶することだが、逆説的にもそれらを構成する。「ヒドゥシュ」は、伝統と伝承の基礎でありながら非―伝統と非―伝承を基礎づけるものなのである」(Marc-Alain Ouaknin: LB, p. 404)。これは本書第四章「秘密の伝承」の主題である。

第Ⅲ部　イマジナルの現象学とその展開

第七章　イマジナルの現象学

序　EX ORIENTE LUX ──イマジナルという次元

「イマジナル」とは、いわゆる「想像的なもの《イマジネール》」ではない。この両者はいずれも「イマージュ」ではあるが、後者が知覚に順ずる人間の有限な認識能力としての「想像力」が生み出すイマージュであるのに対し、前者は人間の有限性を媒介することのない無限の現象性を意味する。無限なるものが有限な意味の世界の現象様態に限定され、切り詰められることなく、無限なものとして、しかもイマージュとして顕現したもの、それを「イマジナル」と呼ぶのである。[1] この言葉は元来、アンリ・コルバンが一二世紀ペルシャ（イラン）の神秘主義的哲学者スフラワルディーの言う「アーラム・アル・ミサール（形象的相似の世界）」を「mundus imaginalis（想像界）」というラテン語に翻訳し、ここからフランス語として造語したものである。[2] コルバンはこの語をさらに「創造的想像力」とも表現する。無限なる神のイマージュ化は確かに想像力において生じるが、その想像力は神の「創造」そのものとして、深い意味で創造的なのである。この視点から見るならば、知覚や想像力に映る有限な意味の世界はイマジナルという深層に対する表層であるに過ぎない。無限の現象性としてのイマジナルと有限な現象性としての世界とは分離されたものではなく、表層・深層として重層的な構造をなすものと考えることができる。後に見るように、この根源的な重層構造から深層次元を取り去り、表層次元において無限と有限を対立させるにいたったのは、アリストテレスの論理であり、制度化された一神教であり、近代の科学的思惟なのである。アレクサンドル・コイレが言うように、表層を深層から分離させる西洋的思惟の傾向が激しくなる近代の始めにあたって、両次元を媒介するイマジナルとしての想像力の決定的な重要性を認めたのはルネサンスの「魔術的」哲学であり、近代の終わりに至ってこれを再発見したのはロマン派であった[3]。今日、それを再び発見するのは現象学である[4]。

　イマジナルの現象学は、還元を深めてゆくことによってこの創造的な深層次元を回復させようとする試みである。そしてそれは、イマジナルが、知覚をモデルにした現象性のように現象面と地平的な非現象面とを分かついかなる二元性ももたない「純粋な現象性」である限りで、「知覚の現象学」よりもさらに現象学の名に相応しいものであるだろう。井筒俊彦によれば、スフラワルディーは『顕照哲学』において、イマジナルを「質料性を離脱した似姿」とも形容している[5]。それは、実体を持つ「もの」の現れではなく、「経験界の事物に似ているけれど、物質性をまったく欠くがゆえに、フィジカルな手ごたえをもつ事物ではなく、それらとは似て非なる存在者[6]」なのである。それは、「……である」と述定されず、「……のように見える」という性格を持つものであり、虚無のなかに忽然と立ち現れて宙に浮いた幻像のような現象性である。有限な経験的世界においてこそ実在性をもたない幻像と見なされるこのような現象性も、ラディカルな現象学的還元が開く次元においては最も純粋な現象性としてまさに「実在」を現すものとなるだろう。フッサールは、彼の現象学が究極的に狙うところを明らかにした『危機』において、制度化された学が自然的世界に眼を奪われて忘却し、覆い隠してしまった生活世界を、還元によって超越論的主観性の現象性の領野を開示することで取り返すことを提唱したが、イマジナルの現象学はフッサールのこの野心を、無限というさらに深い次元で継承するものである。実際、フッサールが近代における生活世界の、そして超越論的現象学の隠蔽と忘却の始まりとしてガリレイを批判したことに呼応するかのように、コルバンは、ガリレイに先駆けて世界からイマジナル（天使的次元）を剝奪することで原超越論的な次元を忘却させた張本人としてアヴェロエスを断罪する。フッサールが志向性という中間次元を発見することでこの「危機」を乗り越えようとするのに対し、コルバンはアヴェロエスが葬り去ったアヴィセンナを復活させるスフラワルディーのイマジナルのうちに回復させるべき媒介を見出すのである。[7]

スフラワルディーの「東洋哲学」をひとつのモデルとしたこの「イマジナルの純粋現象学」は、さらに、「東洋」という次元を新たに語り直す可能性を開いてくれると思われる。「光は東方から《エクス・オリエンテ・リュクス》」——イマジナルという現象性はこの表現に今日改めて哲学的な意味を持たせることができるだろう。だがそのためには、「近代」に切り詰められた「西洋」に、それを乗り越えるべき原理として「東洋」を対置する素朴なポスト・モダン的発想や、このような傾向を過度に警戒するあまり「東洋」を語ること自体を哲学的に無意味と断定する「啓蒙思想」などの障害を避けて、「事象そのもの」に即して、「光」とは何か、「東洋」とは何かを厳密に規定する作業が必要となるだろう。

この作業によって、現象学は今日突き当たっている「顕現しないもの」への問いを西洋のもつ限界を超えて「東洋」というイメージ溢れる次元のなかで具体的な現象性に即して展開してゆくことが可能になり、「東洋」は、たんに過去の宗教的伝統としてではなく、現代の問いに対応してゆくアクチュアルな経験として新たな次元を獲得することができるであろう。その可能性を、コルバンの「東洋哲学」と井筒俊彦による「東洋哲学の共時的構造化」の構想を手がかりにして探ってみたい。そのためにまず、現象学の展開においてこの次元がいかに要求さ

れてくるのかを見定めることから始めよう。(8)

一　「贈与の現象学」から「イマジナルの現象学」へ

現象学は、還元を遂行することによってそれまで視野を制限していた限界を解除し、隠されていた次元を切り開いてゆく作業である。この作業は一度で終わる性質のものではなく、次第に深まってゆくものであり、還元を深めればそれだけ新たな現象性がそれによって開かれてくるという漸進的な性格をもっている。フッサールの現象学は様々なレベルの還元を駆使して世界の多層的な現象性を開示したが、最終的にあらゆる現象性の原超越論的「起源」として「絶対者」の現象性に行き着く。現象学的還元はいかにして有限な世界の現象性の枠を超えて、無限なる「絶対者」の自己顕現を開示できるのかがそこでは問われる。ここで言う「絶対者」とはもちろん素朴に前提された不可知実体を指すのではなく、あらゆる現象性の原超越論的な「起源」として超越論的主観性の根底で機能する原構造としての「絶対者」を意味するのであり、それは何らかの現象性として示されることを要求するが、ここには、フッサールの現象学が当初から定位している次元に由来する大きな方法論的困難が横たわっており、還元の徹底化を阻止しているように思われる。

良く知られているように、フッサールはデカルトの徹底した懐疑を現象学的還元のひとつのモデルとしながら、デカルト的懐疑の限界も十分自覚していた。『危機』でフッサールは、デカルトがコギトを発見した際に垣間見た超越論的な次元を「レス・コギタンス＝思惟するもの」として措定したことを超越論的主観性からの逸脱だとして批判している。(9) われわれはこの見解を、フッサールの意図とは独立に、次のようにパラフレーズしてみよう。

デカルトが懐疑の果てに一瞬垣間見、「コギト」として言語化したのは、あらゆる世界内的で有限な確実性を超えて与えられる絶対的な無限の次元なのだが、この次元はそれ自体としては有限な世界についての知とは本来何の関係もないものであるにもかかわらず、デカルトはこれを世界知の確実性の原理へと切り詰めてしまった。その理由は、デカルトの思惟が知識論的な動機づけに促されていたことと、彼が垣間見たものが有限な人間が経験するにはあまりにも強烈で耐えがたいものだったことが考えられる。この恐るべき、不気味な深淵の経験から逃れて再びおのれを取り戻すためにこそ、デカルトは有限な世界に立ち返って自然学の基礎づけに向かったのだという見方も可能かもしれない。いずれにせよ、デカルトによる「始まり」の経験と彼が原理として立て、近代の「始まり」となったコギトとの間には決定的な「ずれ」があると思われる。(10) この「ずれ」を埋めることが問題なのであり、それが現象学的還元に託された課題である。

だが、デカルトを批判するフッサール自身においても同様の「ずれ」が残るのではなかろうか。デカルトの過ちを繰り返さないためにフッサールは超越論的主観性を徹底して還元し、原時間化の出来事のうちにその生起を見て取ろうとする。その結果、「生ける現在」の原構造は、根源的な逆説としてしか語りえないものとして顕になる。このレベルまで深められた還元が開示する現象性とはいかなるものだろうか。ここに至ってフッサールはデカルトの身振りを——レベルは異なるにしても——反復するように思われる。無限の次元の恐るべき経験から、知識論的動機づけに従って世界に引き返すのである。フッサールが神について語るとき、それは多くの場合、アリストテレスのエネルゲイアやカントの理念といった形而上学的概念にすりかえられており、「無限そのものの現象学」が試みられることはない。だがそれは、「概念的偶像崇拝」（マリオン）によって無限に向かう還元を停止させてしまうことではないだろうか。この限界を突き破って還元を進めるには「存在なき神」もしくは「神であることなき神」の現象学が必要となるだろう[11]。

確かに発生的現象学は、有限な意味としての世界の根源的発生を原時間化という超越論的原構造にまで還元して明らかにする構想に踏み込んだが、この原構造そのものをその内部から透明化するのではなく、あくまでも世界の現象性を可能にしている志向性の根源的な構造として、世界の現象性から遡行的に解明するにとどまっている。だが、徹底的な懐疑や還元の果てに顕になる根源的な出来事そのものの次元に光を当てるためには、そもそも有限な世界の現象性に合わせて練り上げられた志向性概念は解任されざるをえないか、少なくともラディカルな変容を蒙らねばならないだろう。だが、現象性の原理としてもっぱら志向性に依拠する「世界の現象学」からすれば、志向性を媒介せずに「形而上学的次元」に接近しようとすることは、還元以前の素朴形而上学への退歩であり、それこそ「偶像崇拝」に他ならない。ここでは事象そのものの要求よりも、還元とそれに相関する志向性という方法論的要求の方が優位を持っているように見える。ここに大きな方法論的な問題が生じる。「無限の現象学」からすれば、現象性そのものの起源は形而上学的に前提される不可知実体などではなく、原超越論的なレベルで生じる根源的な「出来事」なのであって、それは世界を照らし出す志向性のまなざしをもってしては決して明らかにはならない「顕現しない」次元である。そこには還元を深化させることによって独自の現象性の圏域が開かれるはずであり、それは独自の現象学的な接近様式を要求するのである。

私は第三章において、ジャン・リュック・マリオンの「贈与の現象学」に依拠して、この新たな現象性の次元に踏み込む作業を試みた[12]。「贈与」とは志向性が世界にノエマ的意味を与える、という意味での贈与ではなく、そのような世界意味の前提になっている志向性の二元性を媒介せずに「無限」を現象化することのできるような現象性である。しかもそれはあくまでも還元を志向性との相関性から解放して徹底させることによって開かれる

「顕現しないものの現象性」なのであって、現象しない不可知実体を想定するような素朴形而上学に戻ることはない。このような現象性をマリオンは、まず宗教的なコンテクストのなかで、東方教会の伝統において無限なる神を人間のまなざしに有限化することなく現象せしめるものとしての「イコン」に見出すが、これはその後、無限の現象学を宗教という領域から解き放って普遍的な経験の構造へと練り上げてゆくなかで「飽和した現象」や「贈与」として語り直されてゆく。(13) このような無限の現象学は例えばロスコの絵画やエロスの経験など、宗教経験の枠に限定されることなく、世界の内部で世界の現象性を突き破って垣間見られるさまざまな経験を手がかりにして展開することが確かに可能であろう。(14) それにもかかわらず、「贈与の現象学」は、無限の顕現が持つ豊かさを切り詰めてしまっているように思われる。それには二つの理由が考えられる。

まず、無限な「絶対者」への還元が、新たな「絶対者の現象性」を開示するためには十分に深められていないと思われる。無限の次元に接近するに際して、なお有限な視点から、それを次第に否定してゆくという方法が取られている。この段階を超えたとき、無限はその真に豊かな姿を現すであろう。次に、この次元の現象性を「贈与」と規定することが、いかに抽象化されているとはいえ、キリスト教神学の前提を免れていないという点である。無限の現象としての「贈与」にはそれを限定する「与える者」も「与えられる者」も「与えられる物」もないとされるが、いかに「不在のもの」として思惟されるにしても、そこには「与える者」が亡霊のように回帰してきてしまう。そして「受肉」をモデルとする「贈与」が「不在の神」の唯一可能な媒介となることにより、無限のもつ豊かさを封印してしまうであろう。(15)

「贈与」と名指される次元のただなかに身を置き、無限なる絶対者をイメージの氾濫のなかにこそ見て取ろうとすることでこの限界を始めから突破している伝統が「東洋」には数多くある。それらの伝統に従えば、顕教的一神教を特徴づけている無限と有限の二元的な分離自体に問題があるのであって、この分離以前に遡って、「無限が無限でありながら多様化するような論理」を探ることこそが求められるのである。アンリ・コルバンが主にイブン・アラビーやスフラワルディーといったイスラーム神秘主義者の「東洋哲学」を西洋に「翻訳」することによってカテゴリーとして練り上げた「イマジナル（創造的想像力）」は、まさにこのような論理を提供している。フッサールの現象学を無限の次元に向かって乗り越えようとする「贈与の現象学」は、その次元を豊かな形象で提示する「イマジナルの現象学」に補われることによってさらに新たな展開を見せるであろう。

クリスチャン・ジャンベは、コルバンの仕事を受け継いで、先に触れたデカルトのコギトという深淵的な明証体験を「純粋な光に照明される体験」とし、それをスフラワルディーの「照明哲学」にならって「光の東洋の啓示」と呼んでいる(16)。それは、世界を照らし出して現象せしめる多様な光（志向性）の根源たる唯一の「光の光」なのであって、そこからあらゆる論証の連鎖が発動する究極の一点である。ここではあらゆる志向性が停止しており、志向性の相関項である「本質」（マーヒーヤ・後出）によってこの次元を分節化することは不可能である。哲学も預言（宗教）もすべてこの「光の東洋の啓示」の体験によって照らし出されて可能になるのであり、ここに「精神地理的」な意味での、経験の深層次元としての「東洋」の哲学が成立する。

この「光の啓示」は、確かにマリオンやアンリが贈与や生の自己触発として語ろうとした次元と重なるが、彼らが「極限の現象性(17)」しか提示できないのと異なり、溢れるイマージュによって無限の豊かさを表現している。深層への遡行によって到達される無限の神は「光の中の光」、「唯一の光」としてまず流出し、この光がその内部で多様な光に分離する。そしてそれらの光が重なり合い、錯綜することによって、多様なイマージュが忽然と立ち現れるのである。だがこれらのイマージュは透明な光が仮初めに分節化した「微細な」現象性としていかなる質料性も持たない。そこには、現象性を有限性のくびきに縛り付けるいかなる志向性も介入しておらず、唯一の光たる神がそのような媒介を経ないで一挙に顕現しているのである（図1）。

このような、有限な世界の現象性に先立って現れる無限の光の分節化としての現象性がいかなるレベルで開かれるのか、その構造はいかなるものなのかを、井筒俊彦の仕事を手がかりにしてさらに詳しく探ってゆこう。

二　井筒俊彦の分節化理論

井筒俊彦は、コルバンが西洋の起源に探り出したイマジナル次元としての「東洋」の概念を、イスラーム神秘

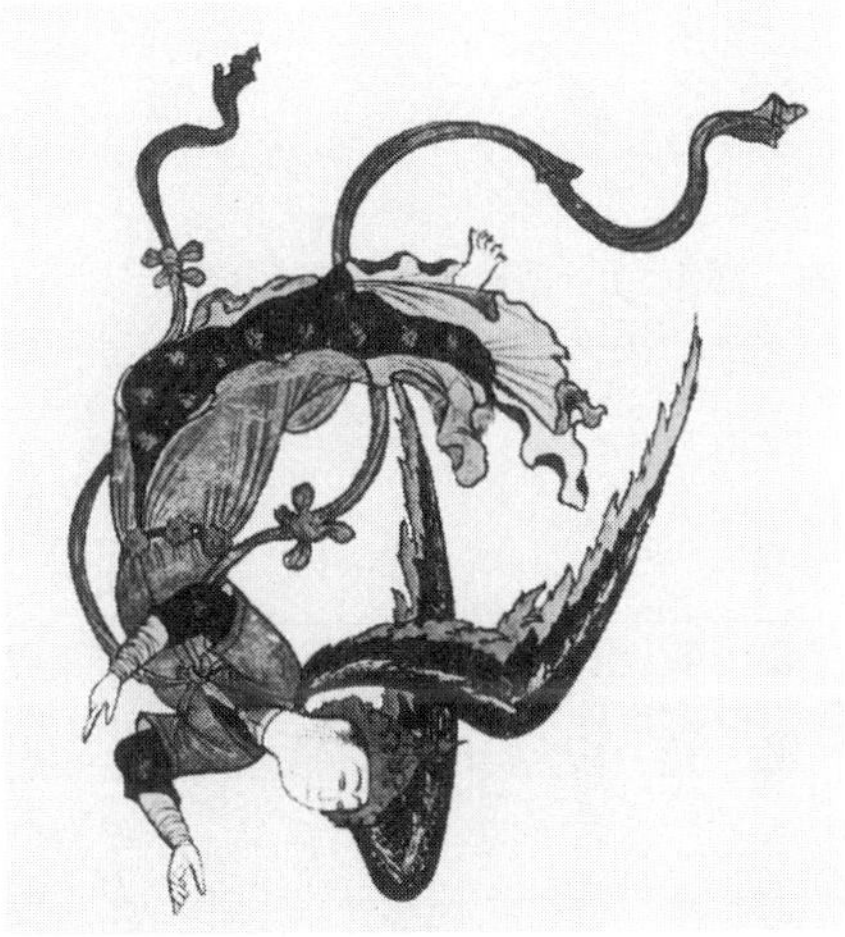

図1　天使——イスラーム神秘主義におけるイマジナル
（16世紀ペルシャの細密画，Henry Corbin: Avicenne et le récit visionnaire, Paris, 1979）

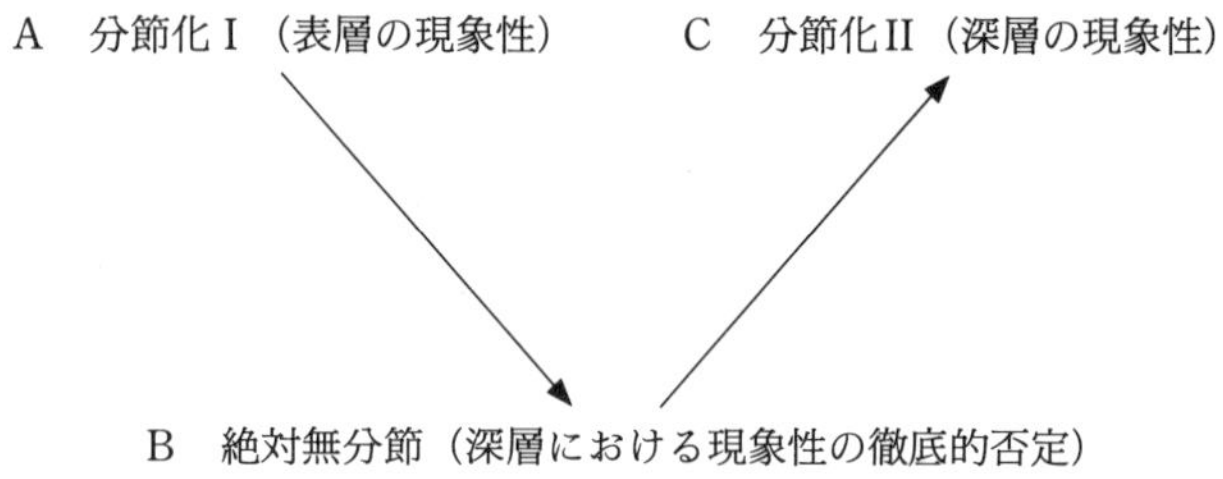

図2　分節化理論

主義の限界を超えて東アジアに及ぶ広大な東洋の諸伝統にまで拡大するために「共時的構造化」の方法を提唱する。それは、東洋の諸伝統をそれらの固有性をなす歴史的次元から方法的に抽象し、共時的な平面に投影して、それらに通底する無限の現象性としてのイマジナルの構造を取り出す作業だが、その構造は、相関的なものとして捉えられた意識と世界が三つの段階を経て変容する「分節化」のプロセスとしてモデル化される[18]（図2）。

それぞれの段階は次のような内容を持つ。

A　知覚的意識とそれに対応するノエマ的意味の世界。神学的には有限な被造界にあたる。これを井筒は「分節化I」と名づける。そこでは、井筒がイスラーム哲学の用語を用いて「マーヒーヤ」と呼ぶ固定的な本質が世界を同一律と矛盾律に従って規制しており「……についての意識」としての志向性がこの本質に相関している。これは意識と存在の「表層」に位置づけられる。

B　絶対無・絶対無分節者の次元。宗教的には瞑想などの修行実践によって到達されるこの「深層」次元を経験することにより、「分節化I」の表層的な意味世界は、それ自体が妄想にすぎない有限な自己が妄想的に作り出した根拠なきものとして解体される。

C　絶対無による意味世界の徹底した解体を経た後で、新たに現象性が再構成される。だが、このレベルでの現象性はAの現象性とはその性質を決定的に異にしている。それはもはや「マーヒーヤ」的本質と志向性によって分節化された有限な意味世界ではなく、無限な絶対者が自己の内部でいかなる意味志向性の媒介も経ることなく自己顕現したものとしての現象性である。それはいかなる地平的潜在性ももたない全体の一挙顕現であり、これを分節するのは「フウィーヤ」としての本質、すなわち流動的な本質である。これは「分節化II」と呼ばれる。

これら三つの段階は、構造論的に把握されているとはいえ、自明化した世界経験（A）をその超越論的起源（B）にいったん導き返し、そこから新たに異なる次元で現象性を構成し直す、という点で、形式的には現象学的還元と志向的構成に対応するようにも思われる。だが、もっぱら理論的なレベルで遂行されるフッサールの現象学論的還元と瞑想修業という実践の間には決定的な次元の差異があり、その深度の差は、イマジナルの現象性と受動的ではあれ志向性を媒介として現れる現象性との間の差異となって現れる。志向的現象性はどんなに受動的なレベルであっても時間性と地平に媒介されて現象するのであり、不可欠のものと見なされるこの媒介の彼方には素朴形而上学への回帰しかありえないと考えられる。これに対して「分節化II」としてのイマジナルは、世界の現象性の基盤となる時間性の地平を破壊し、志向性による有限性への制限を突き破った地点で初めて可能になる現象性である。繰り返し述べるように、志向的現象性とイマジナルの間のこの微妙だが決定的な差異こそが問題なのである。現象学がイマジナルの次元を開示することができるためには、還元と構成の相関性を解体する「反還元」（アンリ）を遂行することがまず必要なのである。

井筒のこのモデルに即してフッサールからマリオンを経てコルバンに至る現象学の変移を捉え直してみるならば、次のようになるだろう。フッサールの現象学は志向性の原理を遵守して還元−構成の相関性に留まる限り、Bの次元を垣間見ながらもそれが開示する現象野としてはAに回帰してしまうのであり、マリオンの「贈与」やアンリの「生」はBのレベルにまで踏み込んでこれを極限において現象化しようとする試みであり、コルバンの

「イマジナル」に至ってCを現象学本来の主題領野として構造化することができる。「東洋」の伝統的思惟は始めからCのレベルを舞台として展開しているのだが、還元によってこの次元に道をつけるためには、還元はこのような冒険的な変貌を遂げることが必要なのである。現象学の方法が「東洋」という未知なる事象に相応しい形態を手に入れるためには、志向性と相関した還元を変容させて事象と方法の間の隙間を埋めてゆかねばならない。井筒が依拠する東洋の宗教の修行実践は、その到達地点の未知性ゆえに、変容された新たな還元を練り上げるためのモデルとして役立つであろう。(19)

次に、さきほどモデルとして図示したプロセスが修行実践のなかでいかにして実現してゆくのかを、井筒が『イスラーム哲学の原像』で行っている分析に依拠して見てゆこう。

三　神秘主義的コギトと絶対者——イマジナルの原超越論的機能

コルバンと同じく、井筒は一二、一三世紀のイスラームに起こった「イルファーン（神秘主義的哲学）」、すなわち、神秘主義的な実在体験に基づいてそこから哲学的思惟を展開する、言い換えれば哲学を神秘主義的体験にまで遡って基づけようとするイブン・アラビーやスフラワルディーの試みを取り上げている。それは、これまで使ってきた言葉で言うなら、無限なる神の現象性としてのイマジナルの構造を世界の志向的現象性に先立つ前提として解明するものに他ならない。そのための条件として、コギトや超越論的自我による反省に先立つ次元として観想意識を拓くのが修行実践なのである。現象学的に言うなら、それは志向性との相関性を破って還元をノエシスの根底にまで深めることに他ならない。それによって、「神秘主義的コギト」と井筒が呼ぶ主体が哲学的な主観性よりも深い次元で成立する。このような主体が観想によって開かれた次元から目を逸らすことなく、この境地から語り出すのが「イルファーン」なのである。[20]

修行実践による意識の表層から深層への遡行の中で、外的世界に向かう認識の働きが停止され、世界の中心としての自我が消滅するとともに、それに対する世界も消滅する。意識と世界のこの否定・解体過程は「ファナー」と呼ばれる。そこに残るのは闇のみとなるが、その闇こそ神秘主義者にとっては真の光なのであり、実在の真相なのである。そこでは「感覚、知覚、理性などとはまったく異質の認識機能」である観想、瞑想が発動するに至り、そこで存在の真の姿が見えてくる。[21]解体のあとに新たな現象性が現れてくるこの過程が「バカー」と呼ばれる。マリオンやデリダらの現象学が「ファナー」による「闇の現象学」のレベルに留まるのに対し、スーフィー的観想意識にとっては、その闇が「バカー」を経てイマージュとして展開する場面こそがより重要なのであり、この過程なくしてスーフィズムは完成しない。

井筒は実際、意識と存在の深層におけるスーフィー的実在体験の特徴としてそのイマージュに満ちた性格を強調している。[22]修行者が次第に観想意識の深層を開いてゆくにつれて、様々なイマージュが展開してくる。これらのイマージュは、顕教的なイスラームやユダヤ教、さらには禅などにおいてのように否定的に妄想として捨て去られるのではなく、無限なる神の現象化として捉えられる。だがそれはあくまでも世界創造に先立って、神が自己の内部で分節化したものとしての「元型」なのであって、表層に現れる経験的現象性とは区別されねばならない。

スーフィーの意識が無化し、そこに元型イマジナルとして神の自己分節化が現れてくる過程、なかでもとりわけ重要な、自己から神への転換点をさらに詳しく見てみよう。スーフィーはスーフィズムで想定される魂の五つの段階を次第に上昇して（もしくは遡って）ゆく。感性的自我、理性的・合理的自我という二つの底次の段階を経て、「カルプ（心臓・観想・変容）」と呼ばれる中間段階に至る。これはコルバンが「イマジナル（創造的想像力）」が形成される場とした極めて重要な段階であり、ここで観想意識が拓け、意識・存在が神の次元に移行する敷居の役割を果たす。さらに深まると、「精神の東洋（東方）」と言われる「ルーフ」（「精神・聖霊」）の段階において「本当の意識の深層」が始まり、「限りない宇宙的な光の世界」の照明体験を経て、最終段階である「絶対無」としての「シッル」（「秘密」、「玄のまた玄」）に至って自己は無の中に消滅する（「ファナー＝解体消滅」の完成）[23]。

ここで決定的な転換が起こる。主客すべてを飲み込んだ無が、スーフィーの無意識を場所としてそのまま絶対無の自覚として蘇るのである。「ファナー」によっていったん解体され、失われたスーフィーの自己が、神の自覚の場として生まれ変わり、「神顕的自己《テオファニー》」、「神秘主義的主体」として「バカー」の場面として新たに機能し出すのである。比喩的に語るならば、この「自己」は、有限な世界や自己を構成する志向性やその極としては無化されることによって、絶対無としての神が光として自らを映し出すための「鏡」に変貌するのである。この次元においては自己の役割はもはや構成や意味付与ではなく、神の顕現を映し出す「場所」であることに他ならない。それは時間性や地平という志向性を媒介することで現象性を条件づけることはもはやせず、絶対無という無限をそのまま現象化するのみである[24]。

このような「鏡」に変容した自己が、無が存在に転換する「全存在界発出のゼロ・ポイント[25]」となり、イマジナルとしての現象性次元が展開する。この次元まで来たスーフィーの深層「無意識」は神の自意識の場所となっており、そこに映る光景は、神が自己の内部で元型として自己分節化したもの以外の何ものでもないのだが、この分節化は三つの段階を経て行われる。第一段階の「アハド」はまだいかなる多様性も現れていない「存在以前の絶対的一者」である。ここで神の中に「自分を知られたいという欲求」が生じ、神が自分を映して見るための像として世界を創造したとされる。一者には「慈愛の息吹」という本源的な存在衝動が内在しているのである。これに続く第二段階としての「ワーヒド」は「統合的一者」であり、絶対無限定の「アハド」としての神が自己を振り返り、その内部で元型として限定されたものである。これがイマジナルにあたり、無と現象的多者の中間として「有無中道の実在」（イブン・アラビー）などと呼ばれる。これは具体的には次に見るように神名やカバラーにおけるセフィロートとして現象するものであり、「限りなく柔軟で流動性をもった存在の鋳型」として特徴づけられる。(26)

以上が「ファナー」と「バカー」というスーフィーの神秘主義的主体の覚醒とそこにおいて生じる絶対無としての神の自己分節化、イマジナルの現象化の過程である。繰り返しになるが、ここでもう一度本論の論旨からして重要な点を確認しておこう。まず、この修行のプロセスがイマジナル次元にまで踏み込んだ新たな現象学的還元のモデルを提供するであろうという点である。無限にまで突き抜ける「ファナー」の解体作業が提示している経験の深層次元は、フッサールが還元を「生ける現在」の原時間化の出来事にまで徹底化することで拓きながらも志向性という方法論的前提と知識論的動機づけのために引き返してしまったと思われる絶対者の次元に突き進むものであり、「バカー」による神の自己分節化としての現象性の開示は、アンリ、レヴィナスやマリオンによる「ラディカルな還元」、「反還元」すらも超えてその絶対者の次元を元型イマージュとして現象化してみせるものである。さらに、「神秘主義的主体」を「鏡」として生起する無のこの現象化において、イマジナルの持つ「原超越論的な機能」が顕になっている。すなわち、絶対無としての神はこの観想的自己＝鏡にイマージュとして映されることなくしては神でありえないのであり、逆に自己はこの神の自己分節化が展開する「場所」としてしか真の意味で自己ではありえない。遠近法的に世界を見る原点としての自己、自己意識としての自己はこの場所・鏡としての神秘主義的自己という深層から派生した表層的な仮初めの姿にすぎないのである。イマジナルという根源的な現象性において初めて、自己が神の現象の場となり、それによって神は神となり、自己は自己となる。

四 「存在解体のあと」の現象性——イマジナルの論理

以上で、「分節化理論」でモデルとして示された意識＝存在の表層から深層への移行が、ノエマ面で理解できる性質のものではなく、メタノエシスのレベルで意識＝存在がいったん無化される原出来事を通してのみ意味をもってくることが確認された。イマジナルとはそのような過程のなかで、無から発動して自己の深層に映る神の顕現として、原超越論的な意味をもったものなのである。ではそのような原超越論的現象性はいかなる性格をもつのか。知覚の現象学において主題領域とされた志向性に媒介された世界の現象性とそれはいかに異なるのか。具体的な例に即して見てゆこう。

すでに強調したように、この次元の現象性は「絶対者としての神」が全体として、外部の有限な世界に先立って神の内部で一挙に顕現したものであり、したがって時間性や地平といった志向性とその相関項としてのマーヒーヤ的本質に媒介されて有限化されることがない。それは、「流動性」によって特徴づけられる。AはAであってBではない、という同一律と矛盾律というアリストテレス的論理の基本原理がここでは通用しない。A・B・

Cを区別して考える論理は、深層次元の全体から分離されて表層で成り立つ（かのように見える）部分にのみ依拠して初めて成り立つのであり、そこでは諸部分は凝固して相互に排除しあう関係にあるのだが、それらの部分も深層のイマジナル次元に導き返すなら、唯一の光が多様な光として分岐し、それらの光が錯綜し、交錯して仮初めに現し出すものにすぎない。そこでは透明な光同志は互いに浸透しあって流動的な関係を結んでおり、その中ではAはBにもなりCにもなることが可能なのである。[27] 以下で、東洋の諸伝統に通底するこのイマジナル的な流動性の構造を、カバラーの文字神秘主義の例に即して見てゆこう。

ショーレムが言うように、カバラーとは元来、ユダヤ教の歴史の中で定期的に生じるラビ的ユダヤ教に対する神話的思惟の反逆である。この反逆は、多神教においては成立していた神々との生き生きとした関係が一神教の成立と同時に厳しく否定され、無限な唯一の神と有限な人間の世界との間が無限の距離によって隔てられて、その間を媒介するものが神がモーゼを通じて与えた「律法」のテクストしかなくなってしまったことに起因する。一神教成立の代償として原初に抑圧されたこの神話的思惟を、現代においてフロイトは精神分析によって無意識のうちに探り出すことに成功したが、精神分析が登場する以前、正統派のラビ的ユダヤ教の影で異端として脈々と受け継がれてきた神話的思惟こそがカバラーなのである。[28]

ラビ的ユダヤ教による神話的思惟の抑圧は、「十戒」の第二戒「偶像崇拝の禁止」に端的に現れている。神話とはイメージによる思惟であり、神々を多様な形象として描くのに対し、ラビ的ユダヤ教では、第一戒で宣言された「神の唯一性」に背いて神を多様化するいかなるイメージも認めない。それは、律法という言語テクストのみを神との媒介と認めることによって徹底してイメージを排除してゆく。これに対してカバラーはイメージ的・神話的思惟の復活を目論むとはいえ、「一神教的神話」として、この掟に真っ向から対立することはできない。

ここに、カバラーの文字神秘主義の興味深い点がある。それは、律法の文字の深層に神話的・イマージュ的な次元を探り出すのである。「トーラー」を構成する文字は神の啓示であり、神が凝縮したものであって、単なる「記号」、意味の担い手にすぎないものではなく、神の「象徴」なのだとそれは考える。(29) 律法テクストを表層次元で単なる「記号」として見るならばそこには文字通りの意味が読み取られるだけだが、同じ文字テクストを深層次元で無限の「象徴」として見ることもできる。こうしてわれわれは、同じ文字テクストのうちに、表層としての「意味」すなわち「分節化Ⅰ」の次元と、その奥に隠された深層としてのイマジナル的な「象徴」すなわち「分節化Ⅱ」の次元とを見出すことができるのである。

無限の神が文字として象徴的に凝縮される過程は、カバラーのひとつの特徴をなす「神の自己産出」の論理によって説明される。正統派ユダヤ教を神話化することで「神人同型論」に著しく接近するカバラーは、神の内部に女性性を導入するが、そこでは、「バカー」の過程での神の自己分節化は神の胎内での「自己産出」として捉えられる。イマジナルのひとつの典型として神のこの自己産出的自己分節化をイマージュ化したセフィロートの図に示されるように（図3）、「絶対無（アイン）」は、「無限（エン・ソフ）」としてまず分節化され、これがさらに十のセフィロートとして分節化してゆく。この過程は、絶対無としての神が、第一セフィラー「ケテル（王冠）」に表される、すべての分節化を潜在的に含む「原初の点」（ヘブライ語アルファベットのヨッドにあたる）として凝縮して顕現し、それが第二セフィラー「ホクマー」（知恵・父親）と第三セフィラー「ビナー」（知性・母親）の間の性的結合を通してさらに分節化してゆくという産出の過程である。神の自己内産出としてのこのセフィロートの展開は同時に神名の展開でもあるが、またヘブライ語アルファベットの発生も説明する。(30) こうして文字もセフィロートと同じように神の自己内産出的顕現としてイマジナルの一形態なのであり、その起源としての神を象徴するのである。スーフィズムにおいてイマジナルが経験的世界創造の元型だったように、カバラーの伝統でも、古典『セフェル・イェツィラー（形成の書）』が教えるように、二十二個の元型文字の組み合わせによって世界が創造されると考えられる。

カバラーの文字神秘主義は、文字のこのような起源に依拠して、テクストの表層的な意味を破壊することで被造物の世界を解体し、神の内部（胎内）の深層次元における世界の元型としての文字に遡り（「ファナー」）、このイマジナルとしての文字を多様に組み合わせることによって、元型のレベルで新たな意味の生成（「バカー」）を体験する作業である。それは、神による世界創造が原初に一度だけ行われたのだとする「無からの創造」の顕教的解釈に対してユダヤやイスラームの神秘主義者が主張するような「瞬間ごとの創造」[31]を、神顕《テオファニー》の場と化した主体がその「創造的想像力」の働きとして象徴的に執り行うことに他ならない[32]。カバリストが行うこの「創造」は、想像力を駆使して元型イマジナルとしての「トーラー」のテクストの中に絶えず新たな意味を発見してゆくことで行われる。文字を表層の一義的な記号（世界）から深層の多

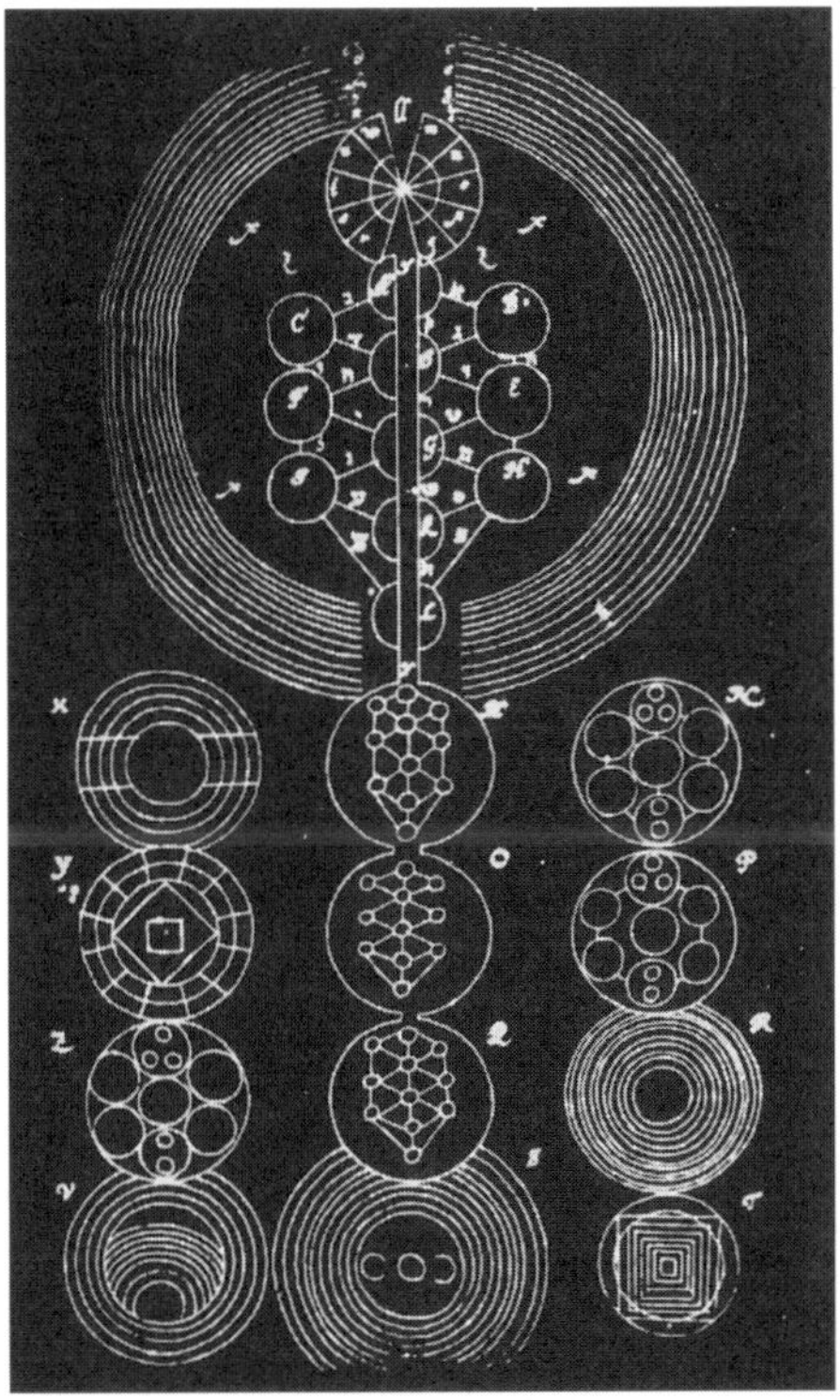

図3　セフィロート：神の自己産出的自己分節化
(Armand Abécassis: La lumière dans la pensée juive, Paris, 1988, p. 98)

図４　ヘブライ語のイマージュ化：文字が意味を離れて形態となる
(Frank Lalou: La calligraphie de l'invisible, Paris, 1995, p. 187)

義的な象徴（元型）に変換するためには、記号の意味作用をいわば「エポケー」して脱意味化し、文字を意味とは異なる次元で捉えねばならない。その具体的な手続きとしては文字を数に変換する方法や純粋に形態（イマージュ）として見る方法があるが、このような次元でテクストを解釈することにより、「マーヒーヤ」的本質に固定してしまった意味は「フウィーヤ」的に流動化し始め、文字は相互に無碍に結びついて、可能性の地平を越えて新たな意味を生み出し始めるのである[33]（図４）。先に見たようにイマジナルが「絶対無の現象性」である限り、この解釈＝創造作業は終わることがなく、その意味で、ニーチェが言うように「すべては解釈である」と言えるだろう。

以上、カバラーの文字神秘主義の分析において明らかになったのは、文字における「分節化Ｉ」すなわち意味記号としての表層機能と「分節化II」すなわち象徴としての深層機能の間の微妙な、目立たない（顕現しない）「差異と同一性」の関係である。同じ文字が、それを読む／見る主体の深度によって記号ともなり、象徴ともなる。神学的に言えば、神の外部の被造界を指し示しもすれば、神の内部で各瞬間ごとに生じている創造の動的な出来事ともなるのだ。そしてこれら表層と深層の現象性を分かつものは、自己と絶対無の間の差異と同一性であった。自己がいかなる実体化からも離れて絶対無の自己内展開を映し出す鏡となったとき、文字はまさにその絶対無の自己内展開すなわち創造の光景と化すのである。このように、「分節化理論」と「イマジナルの現象学」によって哲学に「翻訳」するとき、カバラーにおける神話的イマージュの復活は、カバラーを成立させた歴史的状況から離れてより普遍的な意味を持ってくる。すなわち、神秘主義的レベルでの神そのものの成立には、「神秘主義的主体」という場で、イマジナルとしての文字が流動的で多様な形態を取って顕現することで原超越論的な媒介として機能することが必要なのだという事態をそれは意味するのである。

以上、井筒の「東洋哲学」の構想を私なりにパラフレーズし、「イマジナルの現象学」として考え直してきたが、井筒の方法は、多様な「東洋」の宗教伝統を、分節化モデルを媒介として共時的な平面に翻訳することで哲学化し、それぞれの固有な伝統の壁を取り払って無碍な次元で新たに読み替えようとするものである。それは、表層においては諸伝統の間を分離している歴史的相違を深層レベルに遡ることで超えるのであり、その意味で、「分節化II」の流動的なレベルでテクストを読み替えてゆくスーフィズムやカバラーに共通に見られる「内的解釈学」の方法を、これらの伝統そのものの解釈に適用したものだと言えるだろう。だがこの作業を今日の現象学の展開の中に位置づけるとき、モデル化することによって可能になった諸伝統間の間テクスト的移行が開く広大な現象性の領野が、修行実践にまで深められた還元において実現される絶対者と自己のメタノエシス的なレベルでの一体化した変容という根源的な出来事に支えられていること、デカルトやフッサールが垣間見た深淵を形象化したものだということを忘れてはならないであろう。その意味で、井筒の「共時的構造化」と「イマジナルの現象学」は相互補完的な関係にあると言える。

結論

現代の現象学が宗教を手がかりにしてたどり着いた極限の現象次元を、コルバンと井筒俊彦の仕事を主に援用しつつイマージュ溢れる「東洋」に向けて転換させることによって、現象学本来の無限の領野がそこに開けてくるのだという考えの概要を示してきた。最後に強調しておきたいのは、この現象学が「宗教現象学」ではなく、意味として分節化された世界に覆い隠されている経験のある次元を解き放つことを目的としていることである。今日の現象学は、この次元に気づきながらも、それを宗教的な経験に限定するか、もしくはこのタイプの現象性をそのまま意味世界に適用してしまうか、要するに聖なる次元か俗なる世界かの古典的で非現象学的な二者択一の間を行き来することによって、この次元のもつ無限の豊かさを十分に生かしていないように思われる。いかなるポスト・モダン的コノテーションからも離れ、イマジナル次元として「東洋」を見たとき、そこにはこの無限の豊かさを解き放つ大いなる可能性が潜んでいると思われる。

（1） Henry Corbin: Mundus imaginalis ou l'imaginaire et l'imaginal, dans: *Face de Dieu, Face de l'homme, Herméneutique et soufisme*, Paris, 1983.
（2） 井筒俊彦『意識と本質』岩波文庫版、一九九一年、二〇一頁。
（3） Henry Corbin: *L'imagination créatrice dans le soufisme d'Ibn Arabî*, Paris, 1958, p. 139.
（4） Henry Corbin: *Philosophie iranienne et philosophie comparée*, Paris, 1985, I. Comment concevoir la philosophie comparée?
（5） 井筒、上掲書、二〇二頁。

（6）同箇所。

（7）良く知られているように、コルバンは若き日に『形而上学とは何か』を仏訳することでハイデガーを初めてフランスに導入し、その後、イランのシーア派を中心とするイスラーム神秘主義の研究に移った。そのため、彼のスフラワルディー研究とハイデガーとの関連が指摘されることが多い。にもかかわらず、スフラワルディーの『顕照哲学』（『東洋哲学』）のコルバンによる仏訳の序文でクリスチャン・ジャンベは、スフラワルディーおよび一般に「イマジナル」の哲学は、ハイデガーよりもむしろフッサールの『危機』の構想に比すべきであることを指摘している。Sohravardi: *Le Livre de la sagesse orientale*, traduit par Henry Corbin, p. 46.

（8）本章で多用している「東洋（東方）」(Orient) もしくは「東洋（東方）哲学」(Philosophie orientale) という語の二義性について一言しておきたい。本章ではコルバンと井筒の「東洋哲学」の構想を現象学の最もアクチュアルな問いの中で読み直すことを試みているが、この「東洋」とは地理的な意味ではなく、徹底した還元の果てに開かれてくる経験の深層次元を指し示すものとして主に使用している。井筒自身は確かに「東洋」を地理的な意味にも用いており、インド、中国、日本に限定された従来の「東洋」概念を拡大してユダヤ、イスラームやさらにはギリシャさえもそこに含ませた新たな「東洋哲学」の構想を提起している（『意識と本質』、岩波講座『東洋思想』などを参照）が、このような地理的「東洋」概念は相対的なものであり、われわれにとって二次的な意味しか持たない。これに対して「東洋」は、コルバンがスフラワルディーの「東洋（東方）哲学」から受け継いだ精神地理的な意味をも持つのであり、これは本章で詳論するように、宗教的には神秘主義的修行実践により、現象学的には徹底した還元によって初めて開かれてくる経験の深層次元、「絶対者」の顕現の場面と化した経験の次元を指し示している。「イマジナルの現象学」が「東洋」を新たに見直そうとするに際して、それが多くの場合地理的な意味での「東洋」に伝承されたテクストに依拠するにしても、第一義的に問題なのはむしろ経験の深層次元としての「東洋」なのである。「イマジナル」とはこの意味での「東洋」の現象性に他ならない。

（9）Edmund Husserl: *Husserliana Bd. IX, Die Krisis der europäischen Wissenschaften und die transzendentale Phänomenologie*, Den Haag, 1976, § 18.

（10）「始まり」の二重化に関して、本書第四章「秘密の伝承」を参照。

（11）フッサールはそのための手がかりを残してもいる。本書第四章を参照。

(12) 本書第三章「贈与の現象学」を参照。

(13) Jean-Luc Marion: *Étant donné, Essai d'une phénoménologie de la donation*, Paris, 1997.

(14) Jean-Luc Marion: *De surcroît*, Paris, 2001; *Phénomène érotique*, Paris, 2003.

(15) これはアンリの現象学についても言える。Michel Henry: *C'est moi la vérité, Pour une philosophie du christianisme*, Paris, 1996; *Incarnation, Une philosophie de la chair*, Paris, 2000. なお、コルバンのイマジナルの構想も、神学的には「受肉」という原出来事の持つ媒介機能に由来しているが、彼はスフラワルディーの「東洋哲学」に依拠して「受肉」をグノーシス的に神の内部での元型的な出来事として解釈することによって、アンリやマリオンにない広がりを持たせることに成功している。

(16) Christien Jambet: *La logique des Orientaux, Henry Corbin et la science des formes*, Paris, 1983, p. 37.

(17) この次元の現象性の極度の貧しさは、例えばデリダとマリオンの間で行われた否定神学論争に示されている。cf. John. D. Caputo/Michael. J. Scanlon (edited by): *God, the Gift, and Postmodernism*, Bloomington and Indianapolis, 1999.

(18) 井筒俊彦『意識と本質』(上掲)、一四四頁の図を若干変更した。

(19) ゴットヴァルトは、キリスト教神秘主義をモデルにしつつ、後期フッサールとハイデガーにおいて「現象学の変容」が生じており、そこに「新たな思惟」が生じていることを指摘している。神秘主義的な修行実践にラディカルな還元のモデルを見ている点は優れているものの、彼の議論もキリスト教の枠内にとどまる点で限界があり、イマジナルの次元を開くには至っていない。Eckard Wolz-Gottwald: *Transformation der Phänomenologie, Zur Mystik bei Husserl und Heidegger*, Wien, 1999.

(20) 井筒俊彦『イスラーム哲学の原像』一九八〇年、九頁。

(21) 同、二九頁。

(22) 同、三七頁。

(23) 同、五五－六二頁。

(24) 同、九二頁。

(25) 同、一〇二－〇三頁。

(26) 同、一二一－三二頁。

(27) この構造をイマージュ的に最もよく示しているのが、井筒が華厳の構造を図解したものである（図5、井筒俊彦『井筒俊彦著

作集9　東洋哲学』一九九二年、一五三頁)。

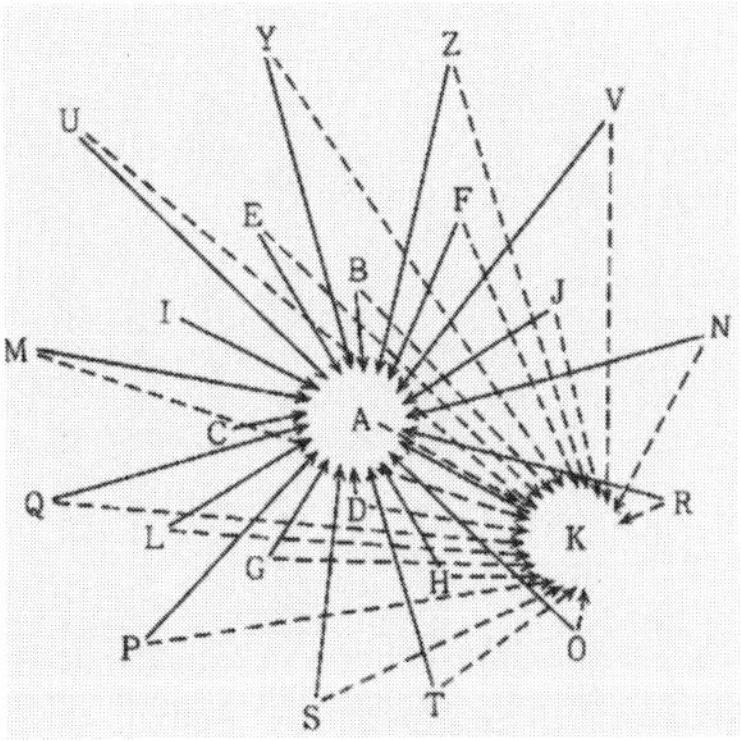

図5

(28) ディヴィド・バカン『ユダヤ神秘主義とフロイド』紀伊国屋書店、一九七六年、本書第四章「秘密の伝承」を参照。

(29) ショーレム『カバラとその象徴的表現』法政大学出版局、一九八五年、とりわけ第二章「ユダヤ教神秘主義における『トーラー』の意味」を参照。

(30) 以上の点について、本書第四章「秘密の伝承」、第六章「神名の現象学」、井筒俊彦『意識と本質』(上掲)を参照。

(31) 井筒は、顕教的な「無からの創造」の神秘主義的な「内的解釈」としてのイブン・アラビーの「新創造」のうちにこのような意味での創造を見ており、これを構造論的に道元の「有時」と対比させている。井筒俊彦「創造不断――東洋的時間意識の元型」、『井筒俊彦著作集9　東洋哲学』(上掲)所収。

(32) ここに、カバラーが魔術化する、あるいは魔術と見なされる可能性があるが、これは例えば冒頭で触れたルネサンスの「創造的想像力」にも多分に含まれている傾向である。

(33) このようなカバラーの解釈学については第六章「神名の現象学」で詳しく論じた。これは、ラビ・ウアクニンが言うように、「まなざしを覆う習慣的意味の沈澱の下に生き生きとした意味を、強く深い情動性を再発見せねばならないという意味で、現象学的なタイプの脱構築の仕事」である。Marc-Alain Ouaknin: *Tsimtsoum, Introductoin à la méditation hébraique*, Paris, 1992, p. 152. ラビ・ウアクニンは、ラビ・イシャヤ・ホロヴィッツに依拠しつつ、神が世界創造に先立って原初に凝縮した無限小の「原初の点」としての文字「י」から神名「יהוה」を経て二十二個のヘブライ文字が展開してくる過程を記述しているが、この展開も記号的意味に先立つ形態（イマージュ）の次元でのみ可能なものである。Marc-Alain Ouaknin: ibid, p. 153-55. cf. ibid: *Concerto pour quatre consonnes sans voyelle, Au-delà du principe de l'identité*, Paris, 1991. なお、フッサールの現象学、とりわけ還元によって開かれる意味の次元の「ユダヤ性」——本論の文脈で言うなら「イマジナル」性——については、第四章「秘密の伝承」で解明を試みた。

第八章　絵画の終焉と像の救済

序

還元を唯一の方法とし、それによって顕になる現象性（像）にあくまでも定位しようとする哲学として、現象学は、まさに像をエレメントとする絵画芸術と本質的な近さを持っている。絵画芸術を現象学のモデルとしたメルロ・ポンティを待つまでもなく、フッサール自身、現象学的還元の方法を発見した時期にすでに、この還元によって開かれる「ノエマ的意味」の次元が芸術家の創り出す世界と極めて似ている点を指摘している。[1]いずれにおいても自然的実在は「括弧に入れられ」、その「措定は差し控えられ」ており、「純粋現象」のみが主題となる。[2]つまり、芸術家は現象学者のように自覚的に還元を遂行しなくても、作品を制作すること自体がすでに無自覚な還元の遂行になっているというのである。[3]この近さは、ノエマ的現象性から「顕現しないもの」の現象性に至るまで深化してゆく還元のそれぞれの段階で確認することができるが、とりわけ「顕現しないもの」のレベルにおいては、内容（ヒュレー）が形式（モルフェー）をはみ出し、飽和するために、[4]理論では「事象そのもの」の動きに追いつかず、むしろ「事象そのもの」の動きと一体化して行われる芸術家による創造行為の実践こそがモデルとして機能する。[5]芸術家の創造行為によって像が像として原初的に立ち現れる現場に巻き込まれ、この出来事をその不可欠の契機として内部から透明化してゆくことこそ現象学者の課題となる。「芸術こそ哲学の器官である」というシェリングの言葉がある意味で現象学にも妥当するのである。この章では、現象学と芸術のこの関係に基づき、①絵画内部での「像の自律」を求める運動と②現象学における還元の深化という運動を重ね合わせて、「イマジナルの現象学」に至る現象学の転回／展開を絵画芸術に即して考えてみたい。

近代から現代に至る絵画史の流れは「模像」という古典的な像の解体の歴史であった。『国家』におけるプラトンの有名な芸術批判にすでに見られるように、絵画芸術も画像とは異なる主題の模写として規定されてきたが、この模写としての絵画という基本的な観念が現代絵画において次第に問い直され始め、主題から画像を自律させて「純粋絵画」を確立することが絵画の主な課題となる。この傾向はミニマルや抽象表現主義において像の禁欲的否定という形を取るに至って頂点に達し、ついには「絵画の終焉」という深刻な事態を迎えるに至った。

極限にまで至ったこの絵画の自己解体に面して、像を復活させることが現在では絵画の新たな課題となってきている。このような試みのなかでも注目すべきものは、一九八〇年代にドイツとイタリーを中心に起こった「新表現主義」(「トランスアヴァンギャルディア」)の運動である。とりわけアンゼルム・キーファー(一九四五—)の試みは、絵画の枠をも超える壮大な規模でこの問題にひとつの決定的な答えを出したものとして注目すべきものである。キーファーのこの試みは、「絵画の終焉」の後の「新たな像の救済」と表現することができるだろう。

近・現代絵画の展開を現象学的還元の深化に伴う現象性(像)の変容として考察するわれわれの文脈で言えば、それはまさに、前章「イマジナルの現象学」で井筒俊彦の分節化理論に即して「絶対無分節」へのラディカルな還元とそこからの新たな現象性(分節化II・イマジナル)の生成として考察した事態に対応するものである。以下で、キーファーの作品においてイマジナルとして蘇るに至るまでの近・現代絵画の歴史における像の解体と救済の過程を、現象学的還元の深化の過程として捉え返してゆこう。

まず、フッサールが現象学の現象概念をもって直接芸術作品の意識分析にあたった「像意識」の分析を参照し、その分析の変遷に即して、絵画の歴史における「主題の模写」から「像の自律」へ向かう展開を現象学的な過程として捉え直す。そこでは、還元が深化し、それによって開かれる次元が「顕現する世界領域」から「顕現しない全体・絶対者」に向かって深まり、拡大されるにしたがって、それに対応する絵画はフッサールが例に取ったデューラーのような古典絵画を離れて、ポスト印象派のセザンヌから表現主義時代のカンディンスキー、抽象表現主義のロスコへと移り変わってゆく。この還元の深化と像の変容にしたがって、現象学者の立場も理論的な「傍観者」の視点から像の生成そのものに内在した実践的な「創造者」の視点へと深まってゆくだろう。最後に、現象学と絵画史を通定する「像の解体とその救済」の流れのひとつの結末であるキーファーの作品を、芸術における「イマジナル」の具体例として扱う。本書の文脈でキーファーにおいてとりわけ注目されるのは、彼が「絵画の終焉」に対して新たな像（イメージ）を立てる際に、本書のイマジナル論で主な参照項としてきたルリアのカバラーを方法として用いる点である。彼は、本書第II部で繰り返し述べてきたカバラーに特有のアレゴリー的無限性を用いて、「顕現しないもの」を、すでに解体された絵画的イリュージョンとしての像とは異なる新たな像において像化するのである。キーファーが芸術家として造像行為のなかで現象学的還元を遂行しつつイマジナルの次元を開示するその戦略を「イマジナルの現象学」の芸術的展開として考察して本章を終える。

一　像主体（主題）からの像の自律化
――像意識の現象学的分析と現代絵画の展開（現象学的還元の最初の展開）

近代から現代に至る絵画の流れは、古典的な絵画の主題から絵画が像として自律してゆく過程である。ギリシャに淵源する絵画の「模写」という性格が否定され、もはや「何らかのものの像」ではない純粋な「像そのもの」を作ることに強調点が移ってゆくのである。それにしたがって「何を描くか」から「いかに描くか」に焦点が移ってゆくが、(6)これはまさに、対象が実体として存在することを素朴に前提する自然的な見方から、対象が「いかに与えられるか」にのみ着目する現象学的な見方への移行に対応している。先に述べたように、画家の造像行為が無自覚のうちにすでにして現象学的還元を遂行しているのであれば、像の外部にある主題の模写としての像からもはやいかなる外部の再現でもない純粋な像へのこの移行は現象学的還元の進展そのものだと言ってよいだろう。この進展の過程を、フッサールの「像意識」（Bildbewußtsein）の分析と現代絵画のそれぞれの変遷を対応させてたどりながら示してゆこう。(7)

（1）　フッサールの像意識分析とその変容

フッサールは主に『空想と像意識』（Hua. XXIII）に集められた諸草稿において像意識の分析を行っているが、その際、基本となる三つの概念を提起している。(8)

①物理的像（physisches Bild）……像の素材
②像客体（Bildobjekt）……………再現・模像するための客体
③像主体（Bildsujet）………………再現・模像された客体

これらの概念は、フッサールが時代的制約もあって古典的な絵画観から絵画を模写としてのみ捉えていたことを反映しているが、模写説を否定した後でもなお分析上の有効性を失うことはない。これらの概念に即して考えてみよう。

まず、古典的な模写の例としてフッサールが提示しているデューラーの『騎士と死と悪魔』を取ろう。①「物理的像」とはこの絵が描かれているキャンバスや絵の具など、素材となる物質であり、②「像客体」とはその素材を使って描かれた線などの形態であり、それらが模写している現実の騎士などが③「像主体」ということになる。この像の成立には現在化する知覚とは異なる独特の現前化する志向性が働いている。①は実際に知覚されているのだが、そこに現前化されて像を結ぶのはそれらのいずれでもなく、③の像としての②なのである。すなわち、知覚されているものがそれとしては見えず、それとは別のものを像として現出させるための媒体として機能するという独特な事態が生じている。この構造によって、ここでは像が現れているのにその実在が措定されない。絵画空間に描かれた自然は実在の自然といかなる連続性も持たない。われわれがさしあたり自然的態度で「内世界的な人間」としてそのなかに実在している世界とは断絶し、独自の次元を持った世界がそこには展開しているのである。フッサールはここに「中和性変様」の等価物を見て取り、さらには現象学的還元への近さを見るのである。

よく知られているように、フッサールは一九一八年の時点でこの像意識分析に決定的な変容を加える。像の本質は、それまで古典的な絵画概念のもとに考えられていたように「像主体を模写する（abbilden）」ことにあるのではなく、「呈示する（darstellen）」ことにある、というのである。(9) この変容によって、美的なものを徹底して実在のくびきから解放し、自律させることが可能になる。フッサールの像意識分析のこの深化が、像を模写から自律させるという現代絵画の運動に対応しているのである。

(2)「純粋絵画」における像の自律化

フッサールのこの分析に対応するかのように、近代に始まる「純粋絵画」の方向性は、描かれた像主体からの像の自立を目指してきた。それにしたがって像の機能は模写から呈示へと次第に移行してゆく。そこでは、①像客体と②物理的像の自律化というふたつの傾向が見られる。

① 像客体の自律化

マグリットの良く知られた作品「これはパイプではない」を例に取ろう。彼がパイプの画像を描き、その下に「これはパイプではない」と書くとき、彼は像主体に対する像の自律性を強調している。どう見てもパイプの絵と見えるものはパイプという像主体を写したものではなく、物理的像＝絵の具を使ってそのような形の像＝像客体を作っただけだというのである。習慣によって自動的にそこに像主体を見てしまう習性を利用して逆に画像の像性を際立たせるわけである。

だが、この方向性をつきつめてゆけば、クラインの連作のように、ついには「いかなる形も描かないこと」、例えば海であれ空であれ、いかなる像をもまったく喚起しないたんなる「青」そのものこそが絵画の像主体に取って代わるまでに至るであろう。そこでは、物理的像と像客体と像主体との間の差異は限りなくなくなっている。

物理的像（支持体）と像客体（表面）との緊張関係を探ってゆくのではなく、反対にそれらの間の差異を極限まで否定して像そのものを表現しようとしたのが、南フランスから起こったミニマル運動「シュポール・シュルファス」である（図1）。彼らは物理的像を可能な限りエポケーし、それを像客体に取り込むことで、「シュポール＝支持体」と「シュルファス＝表面の像」の間の差異を埋めてゆくのである。そのなかでは、当然像主体も消えてゆく。現象としての像の自律こそ、現象学に極めて近いこの運動が目指したものであった。それは、フッサールが指摘した現象学と芸術に共通する次元としての「純粋現象」を、絵画において模写説の束縛から解放されて追求したひとつの帰結と言えるだろう。

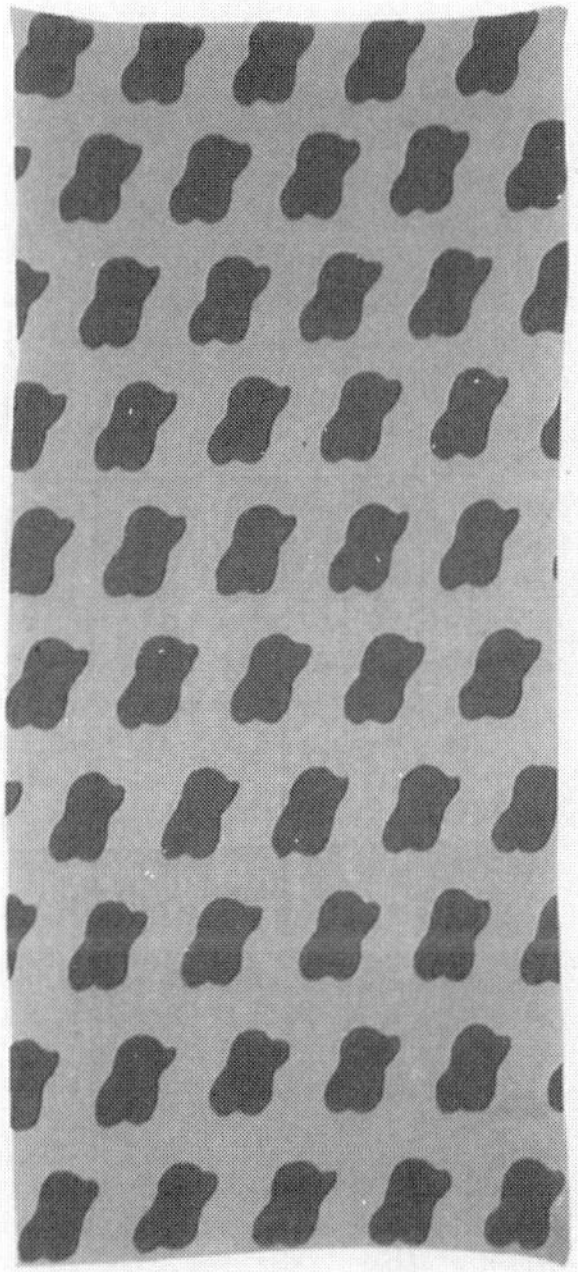

図1　クロード・ヴィアラ「無題」1972年

② 物理的像の自律化

他方で、像が像主体とは区別された像であるということ、像の自律性を主張することにおいて、物理的像＝素材の方もその自律性の度合いを高めてゆく。その例として、一九七〇－八〇年代に日本で展開した「もの派」の運動を挙げることができる。その代表的な作家のひとり遠藤利克は、ある種の「イコン破壊的還元」を遂行する。すなわち、物理的像＝素材の物質性を前面に出

図2　遠藤利克「エピタフ」1986年

し、像から像主体への現前化的な指示はもちろん、像が喚起しうるあらゆる寓意的なイメージへの連想をはがしてゆくことによって、その素材そのものをある「絶対的なもの」の象徴と化せしめようとする。例えば連作「エピタフ」において、遠藤は黒く焼いた材木を重ね合わせてひとつの作品にしている（図2）。このオブジェを、例えば「棺桶」を「連想」させる寓意と見ることは不可能ではないが、そのようなイメージを喚起することは遠藤の目論見には反しているだろう。彼の試みは、材木を現前化的像化のためのいかなる素材ともみなさず、物質として現象せしめることなのである。木材の表面に、焼き具合や色のつけ方によって偶然現れる焼き色のニュアンスの違いがそこでのミニマルな像となるが、これはもはや現前化的に像主体を指示する像客体ではなく、物質の表面にとどまる自律した効果としての「像」なのである。遠藤はこのような「現前化からは免れるが、物質として表面に結びうるなんらかの自律的なイメージ」に絵画のエレメントを絞り込んでいる。このような物質そのものの呈示による像化の構想は、後に見るようにキーファー作品においてより練り上げられた仕方で展開されてゆく。

二　「顕現しないもの」の像化としての現代絵画の展開（「顕現しないもの」の次元への還元の徹底化）

一では、フッサールの像意識分析の模写から呈示への変容を手がかりに、現代絵画における像主体からの像の自律化が現象学的還元の徹底化として見直しうることが示された。現代絵画において模写なき「呈示」は、画面上の処理として物理的像を像に取り込むか、逆に物理的像を呈示することで像を希薄化するかし、何かを喚起する像を可能な限り否定してゆくことで行われるのである。

こうして、還元＝画像次元の深化につれて、現象学を芸術に接近させる「純粋現象」は、フッサール自身の自己理解も超えて「いかなる対象ももはや映すことのない像[10]」となる。本書第Ⅰ部で扱ったような「ラディカルな現象学的還元」によって開かれる現象性次元においては、もはや模写として機能しない新たな像として呈示されるのはノエマ的現象性ではなく、内容が形式を飽和した「原ヒュレー」なのである。それは、「現れるもの」、「見えるもの」の像ではなく、「顕現しないもの」、「見えないもの」の像である。新たな還元により、原ヒュレーが模写としての像を媒介することなしに原初的に像化するプロセスを記述することが可能になるのである。この「顕現しないもの」の像化を、さらに絵画と現象学的還元を対応させ、双方が深化してゆく過程に即して見てゆこう。

（1）　カンディンスキーと反還元——原ヒュレーの表現主義

先に触れたように[11]、フェルマンはフッサールの現象学を芸術における表現主義運動に属するものとして特徴づけていたが、本書第Ⅰ部で主題的に扱ったアンリの現象学は、フッサールの現象学を、それがなお捉われていた先入見を解除することによって、まさにこの表現主義的な方向に深める試みであったと言える。アンリの現象学は、見えるものの世界の現象性を総体的にエポケーし、「見えない生の内在性」という「顕現しないもの」に還元を深め、その現象性を顕にしようとするものだからである。世界には決して現れることのない「内在的生」の現象性とは生の「表現」に他ならない。彼は、このレベルの現象学に絵画において対応するものとして表現主義期のカンディンスキーを取り上げる(12)。

「顕現しないもの」に転回した現象学にとって、芸術において重要なエレメントは「見る」という行為に対置される限りでの「感動」という情感性である。われわれは芸術作品に触れて感動するが、その感動は平板な日常を突き破り、「現れるもの」の自明化し、凝固した意味に押さえ込まれて衰弱した生の力を生き生きとさせ、充溢させる効果をもつ。確かに、ノエマ的な像としての絵画作品においても「感動」を引き起こすことは可能であろう。そのような効果は、「ミメーシス」としての芸術においても起こりうる。世界の中に現れた何らかのものを模写した絵画や彫刻を見てわれわれは十分感動することができる。現象学的に言うなら、原印象・過去把持・未来予持を初めとする志向性に媒介された「現れるもの」と「現れること」の混合形態としての現象性である絵画を見ることで感動することは確かに可能なのである。

だがこの場合、感動そのものはノエマ的意味にではなく、それを見る「生」の自己触発に由来するのであり、「現れるもの」(描かれている「何か」、絵画の主題)が介入することによって、感動すなわち生の自己増大は制限されてしまうことも確かである。純粋性を目指す現代芸術、とりわけカンディンスキーの抽象絵画が試みるのは、モンドリアンに代表されるような数学的抽象とは根本的に異なり、彼が「外部」とか「世界」と呼ぶ「現れ

り解放することである。(13) この意味での絵画的「抽象」はこうしてアンリの現象学的「反還元」と重なることになる。

だがそれは、カンディンスキーのこの試みも「見えない生の現象学」と同様の大きな困難を抱えることを意味する。そもそも「見えるもの」をエレメントとする絵画がいかにして「見えないもの」を描くことができるのか。「見えるもの」である絵画はせいぜいのところ「見えない生」を象徴したり代理表象することしかできないのではないか。だがそれではカンディンスキーの構想する「抽象」は実現しない。

そのための方法が、「抽象的形式」と呼ばれるものである。ここでも「生の現象学」の反還元と同じ事態が生ずる。フッサール的な可視化する還元においては、根源的に与えられた「内容」である「実的ヒュレー」は、それとは「異なるもの」と想定された可視性の「形式」としての時間性の流れに媒介されることで初めて現象化された。反還元はこの内容と区別された形式たる時間性を突き破って原印象を印象へと反転させ、生の自己触発という未曾有の現象性を開示したのだった。カンディンスキーの「抽象的形式」とは、これと同じように、〈内容すなわち「見えない生」と一体化したものとしての形式〉であって、「見えない生」そのものをいかなる外的形式にも頼ることなく現象化せしめるものである。内容が生ならば、それと一体化した形式もまた生の一様体に他ならない。そのような形式、「絵画的要素」として「色」と「形」を考えてみよう。

まず「色」。具象絵画における色は、当然のことだが、キャンバスに描かれているもの――例えばノートルダムの教会――の属性としての――白い――色である。色の「現れ」はしたがって「現れるもの」という基体に従属している。カンディンスキーの行う反還元である抽象は、色をこの従属から解放し、「色そのもの」として捉

図3　「コサック」1911年

図4　『芸術における精神的なもの』のための木版画，1952年

え直す。例えばキャンバスに塗られる以前の、チューブからパレットに絵の具を出した瞬間の色。それこそが「純粋な絵画的形式」としての色であり、それはまだいかなる記号としての機能ももたず、自己自身以外の何ものをも指示することはない。このような「内在」次元での「色そのもの」は、喜びや苦しみといった情態性として、それまで硬直していた生を気分づけ、変容させ、もっぱら自己触発せしめる機能しかもたない。それこそ「見えない生」の内部に没し、それと一体化した「見えない生の現象性」に他ならない。

抽象的な「絵画的要素」としての「形」に関しては、カンディンスキーは「文字の形」の興味深い分析を残している。文字は「意味として現れるもの」と「現れない生」との境界線上に位置する現象である。言語現象として、文字は通常何らかの意味を担う記号として機能する。それは志向性によって活性化されて一定の意味を持つに至る。だが他方で、書などに典型的に見られるように、文字を意味から切り離して純粋な「形」として見ることも可能である。ことさらにテクニックを用いなくとも、文字をじっと見つめているうちにそれがおのずと意味から分離され、何も意味することのない不可解な形に見えてくる様は容易に実験することができる。これも「生の現象学」からすれば、現れる意味の素材としての原印象を現れない生の直接の表現としての印象へと反転させる反還元の手続きに他ならない（図3、4）[14]。

カンディンスキーが抽象芸術のテクニックとしてこの文字の脱意味化を挙げているのは、このテクニックがカバラーが用いる典型的な技法のひとつであるだけに大変興味深い。ユダヤ教において神は文字言語（『トーラー』のテクスト）を用いて世界を創造したと考えられるが、カバリストは文字テクストのいったん固定した意味（創造され、現れた世界）から神の内部へと身を引き、いまだ世界創造が行われる以前の、意味以前の純粋な文字テクストに戻って、そこから新たに解釈を加えることによって新たな世界を創り出そうとする。この意味以前の純粋文字テクストこそ形に還元された文字に他ならないのであり、そこで文字に含蓄された無限の創造エネルギーがすでに固定した意味＝世界から解放されてその原初の充溢に引き戻されるわけである[15]。カンディンスキーもカバリストと同様に、世界創造に先立つ無限の創造可能性を「神的生の無限の充溢」として捉えるが、それを認識する方法はそれと一体化するしかないため、その知はいかなる距離も介在しない「感動」としてのみ成立する。抽象芸術は神＝生と一体化することによるパトス的認識という神秘主義と同じ役割を果たすものと考えられる。

（2）還元としての絵画——セザンヌ、ロスコと「飽和した現象」

①　還元としての絵画

「タブローは、還元という現象学的方法の興味深い、場合によって随意に選ばれた例を提供するのではない。それは還元を、現出することの（強度もしくは「強度の大きさ」という）質にしたがってラディカルに遂行するのである。（……）タブローは〈与えられたもの〉（ce qui se donne）を〈おのれを示すもの〉（ce qui se montre）に――偶像の体制において――還元するのだ。[16]」

マリオンにとって絵画は、世界の現象性とはその現象構造を異にする「顕現しないもの」の現象性である「飽和した現象（phénomène saturé）[17]」を画面に提示することにおいて、ラディカルな現象学的還元の遂行そのものに他ならない。そこで提示される像の質によって還元の深度は変化する。理論的に思考する現象学者が自然的な視覚の自明性に呪縛されて身動きが取れなくなっているところでも、画家はその呪縛から脱した「飽和した現象」を新たな像として眼前に提示することでラディカルな還元を遂行して見せる。

「タブローとは、見えるもののみが支配し、見られないもの（欠如による見えないもの）を廃止し、現象を純粋可視性に還元する非物理的空間である。タブローは、現象的なものを完全に見えるものに還元するがゆえに、もっとも古典的でもっとも厳密な現象学に属している。そしてこれこそ、フッサールの超越論的還元が決してなしえなかったことなのだ。この還元は、自然的態度からのそのあらゆる転換にもかかわらず自然の野に留まるからであり、本質的に（おそらくもっぱら）世界という領域の対象に関わっており、それらの対象に惑わされたままだからである。[18]」

世界内の物の知覚においては「〈見るもの〉が〈見られるもの〉を見る」という二元的な視覚構造が支配しており、この体制内では「見えるもの」は「見られるもの」に切り詰められ、「見えないもの」は「見るもの」もしくはその「志向的まなざし」に同一化される。「まなざし」の志向は「見えるもの＝見られたもの」に遭遇することで空虚な志向を部分的に充実されるが、それで充足され切ることなく、無限に「それ以上」を目指して彼方に向かう目的論的な動性を持つ。[19] そこに地平という「見えないもの」が生じる。「見えるもの」はその内部と外部にわたる「見えないもの」もしくはより正確に言えば「見られうるもの」の広大な地平に囲まれ、それに媒介されて「見えるもの」として現れうるのである。「志向的まなざし」と「地平」、相関関係にあるこれら二種類の「見えないもの」、「見えるものの剰余」が自然的知覚を構造化しており、このため、直接的な呈示としての現在化（Gegenwärtigung）と間接的代表象としての現前化（Vergegenwärtigung/Appräsentation）の絡み合いがここでは基本的な構造となっている。[20]

絵画における世界表象の枠組みとしての遠近法は、この二元的視覚構造を理論化することによって生まれたものである。[21] 志向的まなざしを起点として地平的に構造化された表象空間において重層的に配置された像は当然物そのものではなく、その表象、再現、模写にすぎない。三次元の世界を二次元の画面に像として写し取ったうえで、再現されたその像をオリジナルのように見せること、その一種の視覚の詐術が遠近法の持つ機能のすべてである。習慣によって惰性化した世界の見方がこの詐術を現実そのものと取り違えるところに自然的な仮象が発生する。近・現代絵画が求めてきた「像の自律」とは、まさにこの模写機能におけるオリジナルと像との従属関係とそれが生み出す仮象から像を解放することとして一種の還元に他ならない。しかし、この仮象は還元の遂行によって一挙に払拭されるものではない。言い換えれば、自然的視覚や遠近法で理解された「見えるもの」と「見えないもの」は、還元の過程の一階梯における極めて限定された形態でしかなく、真の「見えるもの」と「見えないもの」はそこではまだ顕になっていないのである。それを顕にするためには還元のさらなる深化が必要である。それが絵画においては「飽和した現象」としての画像を提示することなのである。

②「飽和した現象」の提示による「見えるもの」と「見えないもの」の変容

「飽和した現象」においては「見えないもの」が「見えるもの」にぴったりと相即することにおいて、「自我（志向的まなざし）」と「地平（奥行き）」という「見えるもの」をはみ出す「見えないもの」が「見えるもの」に還元される。だがそれはもちろん還元以前の素朴な「見えるもの＝見られたもの」ではなく、ラディカルな意味での「見えるもの」である。「見え」という根源的な出来事が志向的まなざしと地平に先立って、それらに条件づけられることなく原初的に生起するのであり、そこでは「見えるもの」も「見えないもの」もその唯一の出来事に内在する契機以外のものではなくなる。かくして、新たに開かれたこの次元において、「見えるもの」と「見えないもの」は出来事の法外な贈与に曝されていずれも変容する。[22]「見えるもの」はまなざしによって「見られたもの」、構造的に地平として「見えないもの」をはらんで、それに支えられて初めて成立する「見えるもの」であることをやめ、完全に現れ切ったもの、現れるためにまなざしに見られ、地平に媒介される必要はなく、おのれ自身から顕になるものと化す。[23]「見えないもの」の方はそれに応じて「見えるもの」をその手前（まなざし）や彼方（地平）にはみ出すもの、「見られうるもの」ではなくなり、新たな「見えるもの」に密着し、相即した「見えないもの」となる。それは「見えるもの」の影に隠れて「見えないもの」ではもはやない。「見えない」の意味がここではラディカルに変化している。それは今や「最も顕に見えるもの」なのだから、「見えない」というよりもむしろ「目立たない＝顕現しない（inapparent）」と言った方がふさわしいだろう。こうして「見えるもの」と「見えないもの」は「同一のもの」（唯一の出来事）に接合されるが、それによって初めて顕現しない真の差異も顕になるであろう。

　まなざしと地平という相関的な「見えないもの」とは位相を異にする「見えないもの」。「見えるもの」に相即した、それとの厳密な同一性を保ちつつ、まさにそのことにおいてそこからずれてゆく「顕現しないもの」。それが今や問題である。このような「顕現しないもの」を画家はいかに描くのか。志向的まなざしから解放された「見えないもの」と「見えるもの」を真に交錯させうる画像とはいかなるものでありうるのか。

③　セザンヌとメルロ・ポンティ――「見えるものと見えないもの」の可逆的交錯

メルロ・ポンティが現象学の遂行そのものとして描き出すセザンヌは、このような「見えるもの」に密着し、そこから一歩も離れることなく「見えないもの」に触れようと徹底して試みた画家である。セザンヌは確かに徹底して眼でものを見て形を描くが、彼のまなざしは、身体を通して「見え」の生成そのものにその一契機として埋め込まれたものとしての眼であり、決して遠近法のように古典的な二分法的視覚を支配する志向的まなざし、精神の眼ではない。ここから、セザンヌの描く像の特殊性が明らかになる。それはまなざしが見て把捉した限りでの像ではない。決して明確な線を結ぶことのない「ぶれ」の集積のような彼の描く像はそれを証している。メルロ・ポンティの現象学的解明を参照するなら、画家の身体の両義性を通して作動する「肉」(chair) と呼ばれる存在の裂開 (差異化と同一化の同時的生起) において、「見え」(光景) とそこに内的契機として含みこまれた限りでの「まなざし」とが原初的に同時に生まれる、その瞬間を捉え、像として留めたもの、それがセザンヌの絵画なのである。だからそこには世界の光景とそれを見るまなざしの二元的な差異はまだ生じていない。まなざしはあくまでもこの原出来事から初めて生まれるのだ。画家のみならず、セザンヌの絵画を見る者がそれまでの慣習的・惰性的な世界の見方から浄化され、新たなまなざしをもって生まれ変わる体験をすることができるのもこのような像の密度ゆえである。すでに弛緩し、見えるものの世界との間に距離を取ってしまったまなざしがそこにある物を惰性的に写し取っただけの像からはこのような体験は決して生まれえない。

図5　「サント・ヴィクトワール山とシャトー・ノワール」1904-06年

メルロ・ポンティがアンドレ・マルシャンを引用して言うような「私が森を見ているのではなく（……）、樹々が私を見ているような」[24]画家の経験があるとすれば、それはこのレベルでのみ言えることである。まなざしが還元的に自己否定し、もはや見ることのできない「存在の裂開」の出来事に参入し、そこから新たに変容して生まれる。[25]それはいわば「天地創造の第一日目の光景」である。そこからして初めて真の「見（え）ること」、「見る者」と「見られるもの」の区別はもちろん、「見えるもの」と「見えないもの」の間にも寸毫の差異もない可視性の出来事が生じるのであり、この密やかな存在＝裂開こそが「真の見えないもの＝顕現しないもの」なのである。セザンヌが繰り返し「サント・ヴィクトワール山」を像に描く行為において「見せ」ようとするのはこの山の形態であるよりも、それを地平とは異なる仕方で見えるものたらしめているこの「真の見えないもの＝顕現しないもの」に他ならない（図5）。

この次元がこの造像行為を「終わりなきもの」にしている。この「終わりのなさ」は、フッサールが考えた志向性の目的論に組み込まれた限りでの無限性とは全く異なる性質のものである。それは「より多く知ろう」とする理論的・知識論的な動機付けに駆り立てられるのではなく、還元によってより物そのものに近づき、その見えの生成のただなかに入り込んでその像化の一契機と化そうとする形而上学的なパトスなのであって、要するに実在そのものの動きにその内部から立ち会おうとする試みである。この形而上学的なパトスにおいて、画家と現象学者と神秘家が出会うのである。

④ セザンヌからロスコへ

セザンヌの絵画とそれに対応するメルロ・ポンティの現象学においては、すでに志向的まなざしから「見えるもの」と「見えないもの」の交錯における「見え」そのものの原初的生起（「肉」）に像化の場面が移行しており、それに応じて「真の見えないもの＝顕現しないもの」の像化としての「飽和した現象」が主題になっている。「見えるもの」の原初的生成、画家の造像行為を通して「見えるもの」が初めて真に見えるようになること。そしてその出来事と厳密に同一の過程として、その像化を通して「見えないもの」を描くこと。そしてその造像行為＝可視化を通して「見るもの」（画家・鑑賞者）が絶えず新たなまなざしとして変容し、生まれ変わって、世界が新たな相貌をもって顕になること。これがセザンヌ＝メルロ・ポンティが絵画＝現象学的還元において実践したことである。そこでは「肉」という可逆性の原理、「見えるもの」と「見えないもの」の交錯、現象学的還元の果てに露呈される一種の「弁証法」が根本的な、究極の構造なのであり、そこでは出来事への内在において一体化している「見えるもの」と「見えないもの」を分離させることは古典的視覚の表象に逆戻りすることを意味する。ここでは「顕現しないもの」をあくまでも像を通して顕にすることが至上命令なのであり、これに背けば現象学の体制から踏み外すことになるだろう。

しかし、自律した新たな像を求める現代絵画の徹底した要求はこのようなタイプの現象学（還元）をも超えて、「飽和した現象」をその密度を薄めることなく像にすることを目指す。それは、セザンヌもなおそうしたように、言わば光に照明されて顕になった物の像を描いたり、その像を通して間接的に光を描こうとすることは一切やめ、光そのものを像にすることである。そのような極限の光景こそが徹底して還元された「純粋可視性」としての「見えるもの＝見えないもの」に相応しいのではないか。だが人間のまなざしには光源を見つめることはできない。あえて見つめようとすればハレーションを起こし、果ては失明するに至るだろう(26)。像の概念のさらなる変容がここで必要になる。

ロスコの平面をこのような新たな像の試みとして理解することができる。そこではセザンヌとは異なり、模写像からの徹底した解放の行き着く帰結として「見えるものの像」は極限まで否定される。真の「見えるもの」と「見えないもの」を顕にする「飽和した現象」としての画像は、古典的画像の残滓を徹底して排除=還元してゆくなら、遂には「何も描かないこと」に行き着くからである。(27)プラトンが「洞窟の比喩」で語るように、自然的態度の牢獄において自然的な事物とその像に眼を奪われた素朴性の状態を脱し、真理のイデアに直接身を曝すためにはいったん盲目状態を経由せねばならないのである。真理の光に眼が慣れたときに、新たな現象性の分節化が再び現れてくるであろう。(28)

⑤ ロスコの像

世界の現象性に慣れ切ったわれわれの自然的なまなざしをいったん遮断し、かくして真の「見えるもの=見えないもの」へと覚醒させるためのロスコの絵画的還元の主な技法は、画面のスケールの大きさと、その画面にかろうじて描かれたミニマルな像である。さらに、そこで極限の像を浮かび上がらせるために、色彩が大きな役割を果たしている。(29)現象学的な表現をあえて使うなら、画面の大きさは還元を遂行し、ミニマルな像はその還元によって顕にされた変容した現象性の光景を呈示する。フッサールの分析では還元とそれに相関する受動的先構成の概念がこれに近い事態を表しているように思われるが、以下に見るように、ロスコの絵画的還元とフッサールの理論的還元の間にはこの類似にもかかわらず大きな次元の差異がある。(30)

額縁によって区切られること、もしくはまなざしによって測ることができるサイズの画面に切り詰められることによって、画面はそれだけでまなざしの支配のもとに置かれ、「見られたもの」の地位へと限定される。(31)絵画の歴史のなかで無自覚に行われ、自明化してきたこの限定を脱するためにロスコが取る方法は、まず、アメリカの抽象表現主義の画家が多く行うように、まなざしがもはや支配できないほど大きな画面を導入することである。大画面を前にしたまなざしは焦点を失って眩暈に襲われ、まなざしによって秩序づけられてきた世界は解体する。だがこの攪乱によって世界（まなざしと地平に依拠した「見えるもの」と「見えないもの」）がいったん解体することで、本当の意味で「見えるもの」（「純粋現象」）が顕になる次元が開ける。大画面はまなざしを自明性から解き放ち、それが前提していながら忘却していた広やかな次元に委ねることで還元を遂行するのである。

ではこの還元によっていかなる光景が顕になるのだろうか。マレヴィッチの非対象絵画ほどではないにしろ、この大画面にはなおセザンヌが執着していたように何らかの像が描かれることはもはやない。ロスコの一連の作品においては、画面に認められるのは垂直や水平に区切られた色面や、背景から浮き出すように見える大きな色面などだけである（図6）。それも背景とほとんど変わらない色で塗られている場合、色のわずかな濃淡の差異だけが画面にかろうじてコントラストを作り出している（図7）。

図6　「No.46」1957年

図7　「赤，オレンジ，赤の上のオレンジ」1962年

大画面によって飽和されることでまなざしがいったん消失したあとで、そこから改めて幽かな分節化（見え）が立ち現れる兆しのようなこのミニマルなコントラスト[32]は、フッサールが「受動的綜合の分析」において記述する受動性の原現象としてのコントラストを思い起こさせる。大画面による還元は、フッサールが発生的現象学において遂行した還元と類似した効果を持ち、画面が大きくなってまなざしの支配が弱まれば弱まるほど、それに応じて受動性の現象次元を開示するからである。だがこの類似にもかかわらず、両者の間には還元不可能な次元の差異がある。フッサールの還元においては志向的まなざしは原受動的な「生き生きとした現在」に還元され、そこから世界の「見え」が発生してくるさまが記述される。最も根源的で普遍的な時間性の形式が綜合されると、それに次いでこの形式の内で連合の原現象によって同質性と異質性の綜合が生じ、コントラストが形成される。地の上に浮かび上がった図が受動的な触発を引き起こし、それによる覚起に段階的に応じる形で次第に自我（志向的まなざし）が覚醒して、それに対する地平的世界が構成されてくるのである[33]。すなわち、コントラスト現象は二元的な視覚を構造化するまなざしと地平の最も原初的な形態なのであり、そこではまだ明確に分節化していないものの、その萌芽としての差異化なのである。したがってここではすでに「おのれを示すもの」から「与えられたもの」への移行が始まっており、まなざしによる世界の制御が起動している。その萌芽は「より多く知ろうとする」志向性の理論的・知識論的動性として目的論的に展開してゆくであろう。

これに対してロスコの大画面に描かれたコントラストはそのような志向的方向性は萌芽の形であれ一切持っていない。フッサールが記述するコントラスト現象の前提となっている「生き生きとした現在」における時間性の地平の綜合がここでは起こっていない。もしロスコのコントラスト像がこの時間性の綜合に先立たれており、その地平の内部に秩序づけられて展開しているのだとしたら、それはロスコの作品を前にして誰しもが感じるあの陶酔感を引き起こすことはないだろう。陶酔、至福、崇高、その他いかなる名で呼ぼうとも、この根本情態性は「生き生きとした現在」の原綜合も含めてあらゆる地平を破壊し、突破してまなざしを飽和することによってのみ引き起こされる性質のものである。こうして、いかに似ていようともフッサールとロスコの呈示する「受動的」な像はその強度においてレベルを異にする。フッサールの受動性現象が見ることとの原形態としてもっぱら知に向かうのに対し、ロスコの画面は見ることを飽和することによって「幸福」という根本情態性を引き起こす。大画面を通して「顕現しないもの＝光そのもの」に抱擁されるこの「幸福・至福」という根本情態性は同時に、まなざしが捉えうる形態としてはほとんど何も像を結ばず、逆にまなざしを飽和し、押し潰してくるという意味で「苦しみ」でもあるだろう。「飽和した現象」としていかなる地平的な隠れの余地も残さないほどに稠密なこの像のラディカルな内在における「苦しみ＝幸福」は、アンリがその内在的生への反還元の遂行の果てに現象学化された「喜び＝苦しみ」として発見したスピノザの「幸福」と同じ性質のものである。[34]

だが、まなざしの論理からついに解放されたこの飽和した「見えるもの」という新たな像に到達した後、絵画はいったいどこへ向かうのか。ミニマルな像は絵画の到達点と同時に終焉をも意味していないだろうか。セザンヌのように形態としての「見えるもの」にあくまでもとどまる道に戻るのでなければ、画家にはこの後、描くべき何が残されているのか。アンリの生の現象学に対して出されたのと同じ疑問がここでも提起される。

（3）キーファーによる像の破壊と救済

①　光から闇へ――像の原理の転回

まるで廃墟のようなキーファーの作品を前にする時、われわれは、セザンヌやカンディンスキー、ロスコの作品を見る時とは全く異なる感覚に襲われる。ロスコやマレヴィッチのような禁欲的でミニマルな画面に対し、そこには現代絵画がその趨勢として否定し、封印してきたイメージや物語が再び登場している。キーファーは写真も含めて極めて多様なイメージを自在に使いこなすが、それらのイメージはあくまでも具象的なものであって、カンディンスキーがその端緒を開いた「抽象」のイメージはその痕跡すら全く見られない。抽象とは逆に、極めて生々しい具象的なイメージを過剰に喚起させ、氾濫させることがそこでは目指されている。例えばヒトラーを模倣したポーズで物議を醸した「占領」（一九六九）や「英雄的アレゴリー」（一九七五）、「世界智の道——ヘルマン会戦」（一九七八、図8）などを始めとするナチスの記憶やドイツ民族の歴史を題材とした作品や、髪や衣服を使ったアウシュヴィッツの出来事を想起させるような一連の作品にその例を見ることができる。また、「飛べ、コフキコガネ」（一九七四、図9）や「ニュルンベルク」（一九八二）のように自然の光景が描かれることも多いが、それはセザンヌが描いたような南仏の降り注ぐ太陽の光のもとで見える豊かな光景とは対照的な、光の当たらない荒れ果てた荒野である。キーファーはかつてマチスに関して「色を使えるのはフランス人だけだ」と言ったことがあるが、それは技術の差を言っているのではもちろんなく、一時代の規範となったフランス近代絵画が拠って立つ古典的な光の原理とは全く別の原理に則って彼の作品が作られていることを意味している。

図8 「世界智の道——ヘルマン会戦」1978年

ここでは光から闇へのラディカルで決定的な転回が起こっている。光による可視化に基づく伝統的な絵画はこ

図9　「飛べ，コフキコガネ」1974年

こでは「死んで」いる。光という「見えないもの」とそれに照らされた「見えるもの」をそれらの相即において描くセザンヌにしろ、さらに進んで「見えない」光そのもののただなかに入り込んでそれを内側から像化しようとするロスコにしろ、還元の深度の差異こそあれ、キーファーの立つ地点から見るならば光という絵画の伝統的な可視性の原理の外には一歩も出ていない。「像の自律」を目指す絵画の運動はあくまでも光の地平の内部で追求されてきたのであり、だからこそこの追求は最後にはミニマルな像に行き着かざるをえず、絵画像そのものの自己否定に行き着かざるをえなかったのである。

キーファーの衝撃はこの原理そのものを解体したこと、そしてそれに代わる新たな像化の原理を発見したことにある。光を媒質とする限り、その中で現れるものは物そのものではありえず、光によって照らし出され、映し出された限りでのその像にすぎない。これに対してキーファーが描こうとするのは光の地平の中で現れることのない、「顕現しない」(unscheinbar/inapparent)「事象そのもの」の像である。「像の自律」という絵画史の課題に対するひとつの究極の回答として、絵画そのものの枠組み全体がここでは破壊されながらも、単なる破壊に留まらず、その廃墟のなかからまったく新たな原理による像、光の届かぬ廃墟としての像が立ち現れている。キーファーの企図はこのように「絵画の解体的救済」という壮大でメシアニックな射程を持ったものなのである。では光を媒介としない新たな像化の原理とはいかなるものなのか。そしてそこではいかなる現象学的還元が遂行されているのだろうか。(35)

② カバラーと「物質」の誕生

本書を通じて「イマジナルの現象学」の導きの糸となっており、第II部でレヴィナスに関して繰り返し論じたルリアのカバラーこそ、ここでもキーファーにとって光から闇の廃墟へと場面を転回せしめる新たな原理を提供するものである。(36)「カバラーを知る前からカバラー的に思考していた」(37)と言われるキーファーは、ベンヤミンとショーレムを通じてルリアのカバラーを導入し、そこから像の破壊的救済の方法論を練り上げた。「神の収縮」の教説を志向性の光が決して届かない次元を開く新たな還元のモデルとする点ではこの試みはレヴィナスと共通しているが、ここではそれが他者ではなく、いかなる模写でもない新たな画像を切り開く還元として捉え返されている。キーファーが繰り返し作品として像化しているこのカバラーを今一度振り返っておこう。(38)

神は世界の創造に先立って原初の創造として自己の内部に「収縮(ツィムツム)」した。こうして存在の充溢であった神は自己自身の内に「無」を抱えるに至る。次いで神の無限の光がこの「無の空間」の内部に流出するが、セフィロートの形態をした器がこの光を受け止めきれずに破裂し、原初のカタストロフが生じる(「器の崩壊(シェビラー・ハ・ケリーム)」)。その結果この器の破片が「無の空間」に落下して行き、これらの破片を収集して元の器の形態に戻そうとするメシアニックな作業が「修復・贖罪（ティクーン）」なのであった。

ベンヤミンとそれに従うキーファーがこの根源的災厄から引き出すのは、シェリングと同様、光とは分離された闇＝物質の誕生の理論である。創造の原初において、光に照らし出された世界の創造に先立って、ツィムツム／シェビラーによって世界の光が届かない闇の次元が生み出されるのであり、これが世界の隠れた基底となる。これが「物質」である。ルリアのカバラーを志向性の光が届かない（構成によっては接近できない）次元を顕にするラディカルな現象学的還元として捉え返すことによって、レヴィナスが社会性の顕現しない起源として「他者」の現象を説明したのと同じように、ここでは世界の顕現しない基底としての「物質」が説明されるのである。(39)

光のあまりの強度に耐え切れずに起こった原初のカタストロフ＝器の破裂の結果として生じた破片としての物質。セザンヌの描く恵みの光景がこの原初のカタストロフ（創造以前の原創造）とそれによる隠れた基底の上に創造された光に満ちた世界の像であり、ロスコの作品が神の光の強度を受け止めた像であるとすれば、(40)キーファーの描く廃墟はシェビラーによって破裂し、散乱した器の破片／物質を収集（ティクーン）したものなのである。ではこの光なき物質の次元をキーファーはいかにして画面として像化するのか。

③　「物質」とアレゴリー

キーファーの画面は、神秘主義的・形而上学的にその発生が説明されたカバラーの物質概念を絵画の問題としての物質概念に重ねることによって成り立っている。先程から見てきたように、絵画の地平の内部でも、イリュージョンとしての像から像そのもののリアリティーを奪い返すものとして「物質」は問題になってきた。フッサールの像意識分析の言葉を使うなら、「像客体」を通して「像主体」を写すことから「物理的像」そのものを「物質」として呈示することへと重点が移ってくるのである。この流れの中で、一九六〇年代には、クラインのモノクロームやステラのシェイプドキャンバスなどのように極力光を避けて物質性を強調する作品を作る作家たちが現れてくる。元来光＝色を表す手段の位置にある絵の具を物質として呈示する、あるいはイリュージョンとしての像に従属していたキャンバスを多様な形に切り取ってそれだけで表現力を持たせる。先にも触れた日本の「もの派」は巨大な石や木を端的に呈示することでこの方向をさらにラディカルに推し進めたものだった。

キーファーが使用する物質は確かにこの絵画的文脈の中で一応は理解することができるし、絵画的問題への解答にもなっているのだが、それにとどまらず、ツィムツム／シェビラーによって生み出される物質概念によって絵画的可視性の地平そのものを破裂させることで、光＝可視性とは異なる新たな原理に従う像の表現力を引き出している。そこでは絵画的次元が完全に否定されるわけではなく、画面として呈示されることで物質は絵画と神秘主義的理論の二つの次元の交錯点に置かれ、それによって絵画の内側から絵画を解体し、それをはみ出す像を現出させることに成功している。(41)

このように絵画的画面に織り込まれつつその地平には現れ切ることのない「顕現しないもの」としての物質を、キーファーはアレゴリーとして像化する。ショーレムを通じてルリアのカバラーに触発されて構想されたベンヤミンのアレゴリー論を彼は新たな像の理論として導入するのである。アレゴリー（寓意）とはもちろん比喩の一形態であり、不在のものへの指示であるが、ベンヤミンはドイツ・バロック悲劇に即した分析の中でこれを象徴と区別し、それ自体ではいかなる意味も持たない、あらゆる生を抜かれた「死せる物」と規定する。

「メランコリーのまなざしのもとで対象がアレゴリー的なものと化し、メランコリーがその対象から生を流出させて、この対象が死んだものではあるが永遠のなかに確保されたものとして残るとき、この対象はアレゴリカーの前にあり、彼に無条件に引き渡されている。それはすなわち、今後この対象はなんらかの外的意味（Bedeutung）、なんらかの内的意味（Sinn）をみずから放つことがまったくできなくなるということである。アレゴリカーがそれに与えるものがこの対象の意味となる」[42]。

「絵画の死」をも意味するこの「死」とは、現象学的に捉え返すなら、「生＝生き生きとした現在」、つまり可視性＝現象性の根源的な原理から外れていることである。「生き生きとした現在」の「生」（Leben/lebendig）とは、徹底化した還元によって開かれた原初的な世界発生（原時間化）の現場において、諸位相・断片の「差異化・断片化」と「取り集め・同一化」が同時的に、原受動的に生起して現象を現れさせる根源的出来事（「現在」）の動性を指す。この原時間化＝原現象化の出来事を基盤として初めて受動性から能動性にわたる爾後のあらゆる綜合＝構成が可能となるのであり、そこから外れている（死）とは、フッサール的な還元においては「現象しない」ことであり、現象学的に意味を持たない[43]。そこでは断片は断片のまま、いかなる綜合によっても統一されず、いかに収集しても元の器の形に修復されることはありえない。ロスコの画面においても光の像としてのコントラスト現象はフッサールの受動的綜合におけるような受動的志向性のコントラスト現象と似ていながら次元を異にしており、決して秩序形成（綜合）の萌芽とは見なされなかったが、キーファーの作品は物質の使用によってさらに光＝志向性から遠ざかる。キーファーが物質の原理として導入するツィムツム／シェビラーとは現象学的に見るなら「生き生きとした現在」を脱臼させてそこから外れる偶像破壊的還元の遂行なのであり、それによって開かれる「反時代的な／時機を逸した」(intempestif)[44]画面に残されるのは破壊された像の残骸としての死せる物質の断片のみである。そこに収集され、貼り付けられた断片としての物たちが綜合的に結びついて統一的に何かを表現することは一切なく、イメージのアナーキーな氾濫があるだけである。[45]これこそがアレゴリーに他ならない。ここには断片としての物が志向性の光を媒介することなく、すなわち何らかの主題(「現出するもの」)の現れ(「現出」)として現象することなく、自由に、それ自体で現れることができる広やかな闇の場面、ルリアの表現を使うなら「無の空間」が開けている。画面はこうして、セザンヌの場合よりもさらにラディカルな仕方で(死＝闇のなかで)まなざしと地平の拘束から解放される。

ツィムツム／シェビラー的還元による物質の解放によってアプリオリに内在的な意味はすべて否定されるが、それはまったくの無意味ということではなく、断片同士が並置されることで思いもよらない意味が発明される。言わば内在的意味を否定することと引き換えにアレゴリカーは自由を手に入れるのである。フッサール的な志向性による意味付与の体制から解放され、それとは全く異なる原理によって、アレゴリカーは断片を寄せ集めて自由に意味を創出してゆく。予め空虚に志向されたものが充実されるというのではなく、いかなるアプリオリな、予定調和的なつながりもないところに新たなつながりを発見してゆくこの「組み合わせ」の作業をベンヤミンは「配置／星座」(Konfiguration/Konstellation)と呼ぶ。[46]原因・結果の因果連関からも志向性の動機づけ連関からも外れたところで、アレゴリー的意味は語と語、物と物の偶然の配置・組み合わせによって「偶然に」生じる。[47]「死せる物」であればこそそこにアナーキーに意味を発見してゆくことができるのである。[48]こうして世界＝画面は光＝志向性という可視性の媒体ゆえに隠されてきたその本来の奥行きを取り戻す。[49]

④　「イマジナル」としてのキーファー作品　ベンヤミンのアレゴリー論を通してカバラー的な見方を導入することでキーファーの作品で起こっていることをイマジナルの現象学からまとめて見るなら以下のようになるだろう。キーファーは、ルリアのカバラー、ツィムツム／シェビラーをラディカルな現象学的還元として方法的に新たに蘇らせて遂行し、光＝志向性を原理とする経験の表層次元から光の届かない深層次元へと遡行して、そこに開かれてくる新たな現象性として「物質」を発見する。それは生から死へと変容しつつ移行することなのであり、そこでは物質はアレゴリーとして機能し、光＝志向性の地平における意味の制限を脱して自由な意味付与を許すようになる。こうして新たな像の原理に従ってイメージの自由な氾濫が可能になるのである。これを具体的な作品に即して見てみよう。

よく指摘されるように、キーファーが用いる多様な物質のなかでも代表的なものは鉛である。[50]鉛には錬金術的な意味を始めとして様々なイメージが染み込んでおり、闇の原理である「連想」[51]を喚起する点でイマジナルの媒体としては優れたものであるが、そういった沈澱したイメージを抜きにしても、感覚的なレベルで「顕現しないもの」を表現している。すなわち、画面に曝されながらも決して光に照らされることでその表面に現れ尽くすことなく、見るまなざしを圧倒するその存在だけで光によるイメージを破壊し、別の像化、アレゴリーの次元に見るものを誘う力を持っている。要するにキーファー作品では鉛こそが優れて「飽和した現象」の役割を果たしているのであり、カバラー的還元の絵画的方法となっているのである。例えば一九八四年の「出エジプト」（図10）に見られるような写真のイメージと鉛の物質の並置には、まさにこのキーファーによるイマジナルへの還元が明らかに見て取れる。画面下方に貼り付けられた光の原理に従う砂漠の写真のイメージの現象性が、上方に塗られた鉛という物質の圧倒的な飽和する力によって還元される。[52]

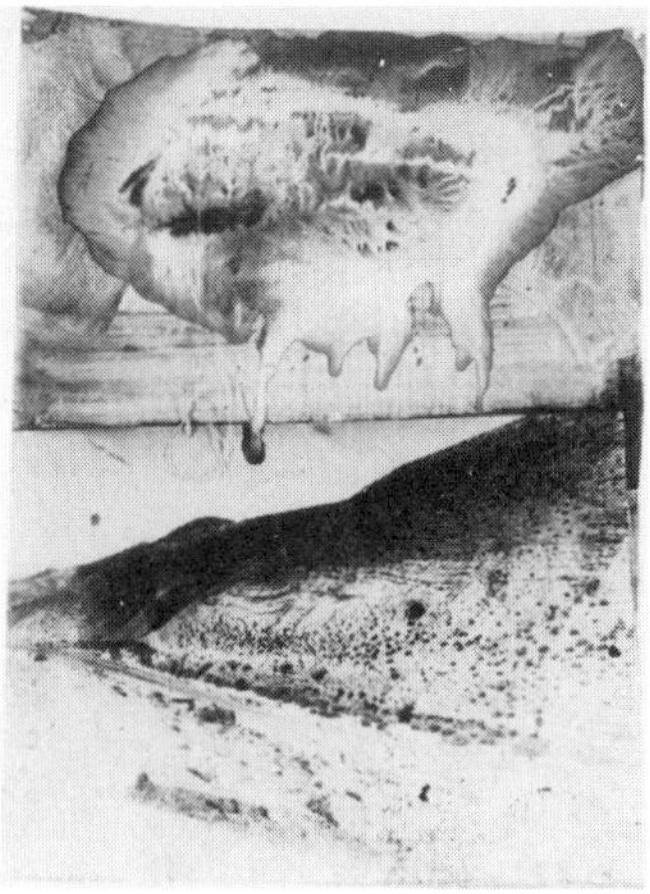

図10 「出エジプト」1984年

図11 「ツィムツム」2000年

また、先に挙げた「ツィムツム」や「流出」といったルリアのカバラーそのものを主題にした連作ではそのような鉛の威力がさらに遺憾なく発揮されている。二〇〇〇年に発表された「ツィムツム」（図11）を見てみよう。画面上方の大部分には腐食して微妙な質感を持った鉛板が何枚も重ねて貼り付けられており、圧倒的な力で見る者のまなざしを飽和するとともに多様なイメージの連想に誘ってゆく。これがアレゴリーの領域である。鉛は何かを見せたり何かを意味したりするわけではない。連想的に意味付与できる自由の次元、イマジナルの場面である「無の空間」がこれによって開かれるのだ。画面下方には一筋の道が地平線の彼方に向かってゆく様が遠近法的に描かれており、これによって「神が収縮し、退却して世界を開いた」という「ツィムツム」の原出来事が視覚的イメージとして表現されているが、この遠近法的イメージは「出エジプト」におけるよりもさらにラディカルに、画面上に占める面積としても質感としても圧倒的な鉛の存在によって変容させられ、還元されている。[53]
一九九〇年作の「ツィムツム」（図12）では、画面の構成は二〇〇〇年作品と同じだが、鉛の喚起するイメージは全く異なるものになっている。このように、いかなるイマジナル的イメージが呈示されるかは、画家の意思よりもむしろ鉛という物質がその都度偶然に醸し出すニュアンスに依存している。また、一九八四－八六年に製作された「流出」では、「ツィムツム」に比べて鉛の存在感は減少するものの、海のイメージを描いた画面のただなかに亀裂のように鉛の一筋が走っており、鉛＝物質によって伝統的イメージを破壊するツィムツム／シェビラー的還元はより分かりやすくなっている。[54]

図12 「ツィムツム」1990年

このように、キーファー作品においてもロスコの画面と同様、「飽和した現象」が呈示されることでラディカルな現象学的還元が遂行されている。つまり、見るものが志向性の光を媒質として画面を見るという体制から、逆に、言わば画面によって見られるという体制に還元的に移行している。そこではまなざしの生成に先立って画面の方が自己像化してくるのであり、まなざしはその原初の像化・可視化の「原始的」とも言える圧倒的な動きのなかに巻き込まれて変容する。それではこれはイコン的現象性なのだろうか。そうではない。原初の法外な出来事がキーファーでは創造に先立つ破壊的なカタストロフであり、断片化である以上、その像化はこの次元を飛び越して成り立つキリスト教的イコンとは位相を異にする。キーファーの画面では、イコンが飛び越してしまった現象性の次元、イマジナルこそが主題になっている。[55] それは想像力の次元であるが、光の中で見ることのうちに働く想像力ではなく、物質に畳み込まれたアレゴリー的でより自由な想像力、創造的想像力なのである。ロスコの画面やイコンが封印してしまったこの豊饒なイメージの次元こそ、物質のみが解き放つことのできたものである。ここでは飽和されたまなざしは何も見ないのではなく、より一層豊かなアレゴリー的現象性の次元に開かれてゆくのである。

こうしてキーファーにおいて絵画はカバラー的還元によっていったん解体されることで新たな像として蘇り、救済される。それはまさに「イマジナルの現象学」の絵画における遂行に他ならないであろう。

(1) 一九〇七年一月一二日付けのホフマンスタールに宛てた書簡で、フッサールは現象学と芸術の間に或る特有の親近性があることを語っている。Edmund Husserl: *Briefwechsel Bd. VII* Dordrecht/Boston/London, 1994, S. 133-36; 金田晋『芸術作品の現象学』世界書院、一九九〇年、三九ー四五頁。

(2) このような芸術的次元を開く自然的態度からの意識様態の脱措定的変様をフッサールは「中和性変様」と呼び、現象学的還元と極めて類似した変様であることを指摘している。Edmund Husserl: *HuaIII*, Den Haag, 1976, § 109-11; cf. Françoise Dastur: Husserl et la neutralité de l'art, in: *La part de l'oeil, Dossier: Art et phénoménologie*, Bruxelles, 1991, p. 19-29.

(3) フェルマンは、現象学と芸術のこの近さをホフマンスタールも属していた表現主義芸術に即して考察し、フッサールの現象学を表現主義運動の一形態とみなしている。そこでは表現主義の芸術に共通するモチーフが「脱現実化的現実化」と規定されるが、現象学の形而上学的使命が還元によって自然的実在としての世界を解体し、それを「絶対者の深みの内に取り返す」(フィンク)ことにあるとすれば、それは確かに表現主義芸術の目指すものと重なるであろう。ただし、ノエマ的意味を解き放つにとどまる還元では、この目論見はまだ緒に着いたにすぎない。F・フェルマン『現象学と表現主義』岩波書店、一九八四年を参照。

(4) 本書第一章「内在領野の開示」、第三章「贈与の現象学」を参照。マリオンはこの事態を「飽和した現象」と表現する。Jean-Luc Marion: Le phénomène saturé. in: *Le visible et le révélé*, Paris, 2005, p. 35-74.

(5) 本書第三章「贈与の現象学」の「結論」を参照。

(6) 林道郎『絵画は二度死ぬ、あるいは死なない・ロバート・ライマン』ART TRACE、二〇〇四年を参照。

(7) 以下、ダステュールの上掲論文、および金田晋の上掲書、第三章「フッセルの想像力論」を参照。
(8) Edmund Husserl: *HuaXXIII*, p. 19; 金田、上掲書、八四頁。
(9) 金田、上掲書、四八頁。
(10) このような絵画はマレヴィッチに代表される。cf. Emmanuel Martineau: *Malévitch et la philosophie*, Paris, 1977.
(11) 注(3)参照。
(12) Michel Henry: *Voir l'invisible*. Paris, 1988.
(13) 本書第一章を参照。
(14) Michel Henry: ibid, p. 60-68. La forme abstraite: la thêorie des elements.
(15) 本書第II部、とりわけ第四章を参照。
(16) Jean-Luc Marion: *De surcroît*, Paris, 2001, p. 82.
(17) 注(4)を参照。
(18) Jean-Luc Marion: ibid., p. 81-82.
(19) この無限に彼方を目指す動性は志向性の本質をなすものである。フッサール『受動的綜合の分析』(Edmund Husserl: *HuaXI, Analysen zur passiven Synthesis (1918-1926)*, Den Haag, S. 3) などにおける地平志向性の分析を参照。
(20) Jean-Luc Marion: La croisée du visible et de l'invisible, in: *La Croisée du visible*, Paris, 1991, I-III, p. 11-30. なお、志向性のこの混成構造については本書第三章「贈与の現象学」で主題的に論じた。
(21) Ibid.; 遠近法に関して、本書第三章「贈与の現象学」をも参照。
(22) この「変容」とそれによる再生は、本書第七章「イマジナルの現象学」で分析した「神顕的自己」の転回的・変容的誕生に等しい。
(23) この現象性は、レヴィナスが『全体性と無限』の分析で他者の顔が「自己意味」すると言う時の現象性に極めて近いものである。その微妙だが決定的な差異については、Jean-Luc Marion: *De surcroît*, p. 93-98. を参照。そこでマリオンは、ロスコとレヴィナスの扱う次元の近さを確認しつつもロスコが人間の顔を描くことを放棄した事実を挙げて、絵画は偶像にとどまるのであり、決してイコン的な顔の次元には届かないのだとしている。

(24) Maurice Merleau-Ponty: *L'Oeil et l'Esprit*, Paris, 1964/1988, p. 31.

(25) この変容による画家の誕生に関しても、注(22)で指示した箇所を参照。

(26) デリダの「盲目性」についての議論はこの次元に関わる。本書第四章「秘密の伝承」の末尾で触れたデリダ-マリオンの「否定神学論争」を参照。なお、このような事態に面して、次に扱うキーファーは、ロスコやマレヴィッチとは逆に、ルリアのカバラーに依拠しつつ、光を受け止めきれずに崩壊した破片の廃墟を描く道を採る。

(27) マレヴィッチのシュプレマティズムはこの点でさらに徹底している。Jean-Luc Marion: La croisée du visible et de l'invisible, in: *La Croisée du visible*, Paris, 1991. 本章の注(10)を参照。

(28) 第七章「イマジナルの現象学」において「絶対無分節」を経て現れる「分節化II」を参照。

(29) ロスコ作品における「飽和した現象」としての色彩に関しては論じなければならないことが多いが、ここではスケールとミニマルな形態の二点にしぼって論じる。

(30) この次元の差異に関して、本書第三章「贈与の現象学」、第七章「イマジナルの現象学」を参照。

(31) Jean-Luc Marion: *De surcroît*, Paris, 2001, p. 47-82.

(32) これは、注(28)で指示した「絶対無分節」とそこから展開する「分節化II」(顕現しないものの現象性=イマジナル)の現象性にあたる。

(33) この過程のフッサールによる分析は、『受動的綜合の分析』(Edmund Husserl: *HuaXI, Analysen zur Passiven Sythesis*, Den Haag, 1966) と『経験と判断』(Edmund Husserl: *Erfahrung und Urteil*, Hamburg, 1972) に詳しい。

(34) 本書第一章「内在領野の開示」を参照。スピノザ/アンリの「自己原因・自己触発」の現象学的分析をロスコの絵画的還元が開く現象次元の記述に用いることは十分に可能であろう。

(35) 以下のキーファーに関する論述は、「現象学の転回」という本論の視点に絞って論じるものであり、複雑を極めるキーファー作品の全貌を明らかにしようとするものではないことを断っておく。

(36) 本書第II部のカバラーとレヴィナスについての主題的分析を参照。なお、ルリアのカバラーはキーファーにとって決定的に重要なファクターであることは疑いがないが、彼の作品の背景をすべてカバラーに還元できるわけではない。本論では方法的にカバラーに焦点を絞っている。多木浩二「灰と鉛のフーガ」、*Anselm Kiefer-Melancholia*, 一九九三年、五〇−五一頁を参照。多木は、「キーファーを神秘主義者という言葉で括ってしまってはならない」（51頁）とし、キーファーとカバラーの関わりを過大視しないよう繰り返し警告しているが、カバラー、神秘主義の概念をいささか狭く取りすぎているように私には思われる。少なくとも本論では神秘主義を単なる秘教的なものとは見ず、第七章「イマジナルの現象学」で示したように、現象学的還元の徹底化された形態として、経験の深層次元を開く作業として捉え返している。この視点から見るなら、問題になるのはカバラーとキーファー作品の間の歴史的な対応関係ではなく、両者に共通して見られる世界の見方の徹底した変容なのである。

（37）ドレート・レヴィット・ハルテンの言葉。多木浩二の前掲論文、五二頁から引用。

（38）キーファーは、ツィムツムとそれに続く神の光の流出、シェビラーといったルリアのカバラーのモチーフをそのまま何度も作品にしている。代表的なものとして、「ツィムツム」（一九九〇年（図10）、二〇〇〇年（図9）他）、「流出」（一九八四－八六年、二〇〇〇年他）、「シェビラー・ハ・ケリーム」（一九九〇年、二〇〇〇年（図11）他）、「セフィロート」（一九九〇年、一九九七年、二〇〇〇年他）など。

（39）キリスト教カバリストを通してドイツ神秘主義からドイツ観念論の核心部分に突き刺さった棘のようなこのルリアのカバラーは、例えばシェリングのイマジナル的な創造論のモデルとなっている。シェリングは『自由論』においてエティンガーやバーダーから学んだルリアのカバラーをドイツ土着の自然崇拝の伝統と綜合して「無底（脱根拠）」、「神の内なる自然」という考えを提起するが、これは神の光＝知解可能性の地平を原初の創造からして免れた物質の次元を指しており、唯物論の萌芽となっている。それはまたエックハルトによる神と神性の区別にも通じるものであるが、エックハルトの無底の現象学化の例としては本書の第一章、第二章で論じたアンリの『顕現の本質』を参照。これはレヴィナスがツィムツムを現象学化して開く次元と通じているが、アンリは明示的にエックハルトの神秘主義を参照している。

（40）ルリアのツィムツムにおいて、上位三つのセフィロート（ケテル・ホクマー・ビナー）は神の光を受け止めるとされる。

（41）例えば、遠近法を使った像を画面に組み込むことが挙げられる。キーファー作品における画面という絵画的次元とそれをはみ出す神秘主義的な「顕現しない」次元の交錯は、セザンヌ＝メルロ・ポンティにおける「見えるものと見えないものの交錯」よりもさらに深い次元でハイデガーの「存在論的差異」の両義性に呼応するものだと思われる。

（42）Walter Benjamin: *Ursprung des deutschen Trauerspiels*. in: *Walter Benjamin Schriften I-1*, Furankfurt am Main, 1974, S. 359. ベンヤミン『ドイツ悲劇の根源』下、浅井健二郎訳、筑摩書房、一九九九年、六四頁を参照した。

(43) 本書第一、二章でも触れたヘルト『生き生きとした現在』の分析を参照。

(44) この言葉は、デリダがニーチェやハイデガー、ベンヤミンに潜むメシアニックな次元を表現する際に使用したものである。デリダはまたハイデガーの「接合（Fug）」の概念を意識しつつ『ハムレット』の「時間の蝶番が外れている」(„The time is out of joint")という表現を引用する（Jacques Derrida: *Spectres de Marx*. Paris, 1993, p. 42.）。いずれも「生き生きとした現在」を脱臼させてそれとは異なる次元に身を曝す経験を指し示している。

(45) これはタルムード・カバラーの意味の並置的増殖の論理に対応する。本書第四章「秘密の伝承」参照。

(46) Walter Benjamin: ibid, S. 214-15. „Idee als Konfiguration". これはまさにカバリストの手法そのものである。注(49)を参照。

(47) このようにして発見される新たな意味をユダヤの伝統では「ヒドゥシュ」（新たなもの）と呼ぶ。本書第四章参照。

(48) デリダが『声と現象』で分析したフッサール『論理学研究』における記号理論をここで参照するべきであろう。デリダが彼の出発点となったこの著作でフッサールの現象学の出発点を脱構築的に読解することで明らかにするのは、志向性による世界構成の理論の根底に、いかにしても志向性によって構成＝合理化できない基底、指標としての記号があることとである。この「指標」こそ「生き生きとした現在」の根源的綜合を外れていかなる意味からも逃れる死せる物質、読解不可能な象形文字の次元である。この指標こそベンヤミン風に言えばアレゴリーの成り立つ次元であり、志向的意味とはまったく異なる意味の増殖（脱構築的散種）がここに開ける。キーファーの画面はこれを像化したものと考えることができる。

(49) ドイツ悲劇（Trauerspiel）を手引きとしてベンヤミンが展開したこのアレゴリー論は、カバラーに淵源するものである。カバリストにとって「死せる物質」こそが『トーラー』を構成する「文字」に他ならない。文字とは意味の単なる媒体に過ぎないのではなく、ルリアがツィムツムのカバラーで神話的にその発生を説明した光の地平から外れた物質の断片が、神の痕跡としての文字なのである。この点について詳細は第五、六章を参照。そこでは文字は神の火花を包む「ケリポート＝殻」とされていた。起源のカタストロフは、この痕跡＝文字が神から決定的に分離され、打ち捨てられた次元に記されること、その分離ゆえにこの痕跡からは内在的＝地平的な意味が徹底して排除されていることを意味している。キリスト教はこの分離によって開かれた距離をイエスの受肉によって媒介し、文字を意味へと成就させる方途を見出したが、そのような媒介を認めないユダヤ教では分離はラディカルなものとなる。この意味で「神は死んだ」のである。この分離＝死ゆえに、廃墟としての神の痕跡＝文字をカバリストは地平的な意味を離れた次元でアレゴリーとして自由自在に意味づけることができる。第四章で詳しく述べたゲマトリア（文字の数値への変換）やノタリコン（句の分割と入れ替え）といった一見言葉遊びにしか見えない技法の使用はこの次元であればこそ正当化される。そしてこのアレゴリー的解読作業こそがカバリストにとっても救済に向かう手段なのである。なお、キーファーによる物質の使用は、カバラーの影響を受けつつも神の痕跡としての「死せる物質」を文字から自然物に置き換えるドイツの自然神秘主義や錬金術の流れを引いているものと考えられる。

(50) 多木浩二の前掲論文、五四－五七頁「5　本と鉛」を参照。

(51) この「連想」は、本書第四章「秘密の伝承」でフッサールの「受動的綜合」の原理としての「連想（連合）」との対比において論じたものである。

(52) 多木浩二は前掲の論文で、連作「辺境ブランデンブルクの砂III」（一九七六年）を参照しつつ、このようなイメージの物質化をキーファー作品の核心にある「変容」として指摘している（四七－五〇頁、「3　変容あるいは物質としての歴史」）。「キーファーは画面を焼き、紙や藁や鉛をはりつける。その画面の上でナチの建築は荒廃し、辺境ブランデンブルクの野原は焼け焦げるか、砂に埋もれていくのである。変容こそ、キーファーの芸術の核心に作用している力である。歴史がそこで変容する、物質がそこで変容する、イメージがそこで変容する。変容はさまざまな次元で起こる。というよりこの変容する過程こそ、芸術のあたらしい定義にほかならないのである」（多木、上掲論文、四九頁）。もっぱら画面上で考えられたこの変容を、本論では創作者や鑑賞者をも巻き込むイマジナルへのラディカルな現象学的還元として捉え返している。

図13「シェビラー・ハ・ケリーム」1990年

図14「シェビラー・ハ・ケリーム」2000年

(53) 同様のモチーフがやはりカバラーを主題として同じ年（二〇〇〇年）に作られた「セフィロート」にも見られる。

(54) 二〇〇〇年に作られたバージョンでは同じ構図でより物質の飽和力が増している。「シェビラー・ハ・ケリーム」に関しては、本棚を模った立体作品（図13）が有名であるが、二〇〇〇年にはルリアのカバラーを忠実に形にした作品が作られている（図14）。鉛の板を張り合わせたものに紐でセフィロートの形態が描かれ、そのそれぞれのセフィラーに器が配されている。神の光を受け止めた上位のセフィラーの器は割れていないが、下方のセフィラーは崩壊し、破片となって地面に落ちている様が像化されている。また、一九九〇年には衣服を使用して「シェビラー・ハ・ケリーム」や「セフィロート」の一連のカバラー的作品を作っているが、これらは先に見た「ツィムツム」や「流出」に比べてイメージの次元があまりにも支配的になっているように思われる。

(55) 第七章「イマジナルの現象学」のマリオンへの批判を参照。

第九章　神と妖怪の現象学

一　妖怪学の方法

妖怪とは何か。柳田國男が『妖怪談義』のなかで言っているように、「全体オバケというものはあるものでござりましょうか」と問われれば「そんなことはもう疾うに決しているはず」だと答えるしかないだろう。[1] だがわれわれは妖怪を見たことがなく、そんなものは単なる幻想だと思っていても、それを完全に否定する気にもならないのではなかろうか。たんなる空想とは若干異なるリアリティをわれわれは妖怪に与えてはいないだろうか。それは妖怪というものが長い集合的な民俗的時間の厚みをもった文化的存在だからかもしれない。だが、妖怪が現れるときにはそれだけに尽きない何らかのリアルな経験があるはずだ。畏怖、不気味さ、何かこの世界とは異なるもの。そういった感情が妖怪を顕現させるのである。怪異のもつこのある種のリアリティについて考えてみたい。

明治の仏教哲学者・井上円了は、その浩瀚な『妖怪学講義』のゆえに妖怪学の祖として知られている。だが、彼がこの講義を通じて目指したのは妖怪を迷信として葬り去ることであった。実際、明治の近代化の黎明期にいかに妖怪が日本の社会において実在感をもって信じられていたかを現在の時点で想像するのは難しい。[2] 妖怪がまだ跋扈していたこの世界に西洋近代の世界解釈の方法である科学が一元的に持ち込まれたのであり、円了の妖怪学はこの世界解釈の刷新のための道具として構想された。フッサールの言葉を使うならば、「人類のヨーロッパ化」(3)がこの世界にまで拡大されてきたのであり、妖怪とはこのヨーロッパ化の前に零落してゆく前代の世界の住人たちだったのだといえる。(4)それゆえもし妖怪が現代でもまだ生き続けているとすれば、それはこのヨーロッパ化され尽くさない「故郷世界」の抵抗なのであり、民俗学とはそういう世界の仕組みを探る学問であるといえよう。だが、円了の妖怪学は、無際限に未知を科学知に変換してゆくだけのこのような世界解釈のみを単純に取り入れただけではなく、それを形而上学的に統合する原理として仏教の「真如」を持ち込んでいる。「真如(空)」とは世界の現象を現象として成り立たせつつそれ自身はこのような現象性の地平から身を引く隠れた次元のことである。したがってこれは現象の平面で科学的理性が対象として解き明かせるような性質のものではない。このような二重の視点からして、円了は不思議・怪を物怪・心怪・理怪に分け、このうち物怪と心怪を仮怪とし、理怪を真怪とする。仮怪は妖怪として迷信されている不思議であり、これは科学的にしかるべき観察を行うことで完全に解消可能であるとされる。これに対して真怪とは仏教の根本原理・真如(空)のことであり、これにのみ科学的に解明することの原理的に不可能な不思議が認められ、こうして人間理性の有限性が保証されることになる。「妖怪学の目的は仮怪を払い去りて真怪を開き示すにあり」(5)。円了は自らの妖怪学をこのように位置づける。

柳田國男の妖怪研究は、円了のこの仏教に裏づけられた合理化的妖怪学に対する反感をそのひとつの原動力にしていたと考えられる。『妖怪談義』に先立つ「幽冥談」においては仏教を排撃する古学者・平田篤胤の幽冥界研究を踏まえて円了の素朴な妖怪即迷信説が頭から批判され、(6)『妖怪談義』自序においても円了の立場を引き合いに出し、それとは反対に「私たちにもまだ本とうはわからぬのだ。気を付けていたら今に少しずつ、分かって来るかも知れぬ」[7]という態度で妖怪に接することを親から教えられた旨が書かれている。もちろん柳田は妖怪の存在を前近代に帰って再び肯定するわけではない。民俗学的な視点から、常民の生活世界を、西洋近代の世界解釈から独立に再構築してみせることが彼の新たな妖怪学の野心であった。したがって目的はあくまでも妖怪そのものにではなく、人間の精神構造の把握にあった。本章の冒頭に触れたように、妖怪が単なる空想の産物であることは柳田にとって問うまでもない自明なことだったはずだ。民俗学という通路を経て、柳田は妖怪たちを円了の妖怪退治からかろうじて救い出したにすぎない。だが、このようなスタンスで河童やザシキワラシや小豆洗いといった妖怪たちを論じた柳田妖怪論のなかに、一篇とりわけ目を引く文章がある。「幻覚の実験」と題されたこの論文は、柳田自身が幼い日に実際に経験した「不思議」を語ったものである。祠の前を掘り起こしながらふと首を上げると、「実に澄み切った青い空」に「日輪のありどころよりは十五度も離れたところに、点々に数十の昼の星を見たのである」。その経験は、「その際にひよどりが高いところを鳴いて通ったこと」も覚えているほどにリアルなものだった。[8]ここに鏡花に通じる幻想文学者としての柳田の感性を指摘することは容易だが、それだけにはとどまらないように私は思う。この文章を読むと、柳田は妖怪や怪異を民俗学研究の主題として扱いながらも、その根底には怪異のあるリアリティを信じる姿勢がやはりどこかにあったのではないかと思わせるのである。

ではそのようなリアリティはどのようにして捉えたらよいのか。そのための方法を柳田はまだ手にしていなかった。妖怪を本当に存在するものとして措定することは過ぎ去った前近代にのみ許される素朴さであり、かといって円了のようにその存在を科学というひとつの可能な世界解釈を普遍化することで否定するのもうひとつの素朴さのそしりを免れない。民俗学は妖怪の存在論を回避してその共同体内部での意味だけを問題にするために、そのリアルな経験に接近することはできない。この傾向は構造主義を経た現代の民俗学的妖怪学にあってますます顕著になっている。存在する、存在しないといった判断が下される以前の、妖怪が現象として現れてくる次元に身を置くこと、それが恐らくもっとも有効な方法であろう。それが「事象そのもの」に接近する現象学の方法である。現象学的還元を行ってしまえば、妖怪が実体的に存在するか存在しないかはもはや問題ではない。妖怪がある種のリアリティをもって現れている。その事実だけを手がかりに妖怪の現象学を試みることが可能なはずである。柳田は妖怪のこのリアリティを「畏怖」という言葉で表現している。

「われわれの畏怖というものの、最も原始的な形はどんなものだったろうか。何がいかなる経路を通って、複雑なる人間の誤りや戯れと、結合することになったでしょうか。(9)」

以下で、「畏怖の現象学」としての「妖怪の現象学」の可能性を探ってみたい。

二 「畏きもの」の現象としての神と妖怪

よく知られているように、本居宣長は『古事記伝』第三巻において、その後の神理解の基調となる、それまでに見られなかった明晰な神の定義を行った。

「さて凡て迦微とは、古御典等に見えたる天地の諸々の神たちを始めて、其を祀れる社に座ス御霊をも申し、又人はさらにも云ず、鳥獣木草のたぐひ海山など、其餘何にまれ、尋常ならずすぐれたる徳のありて可畏き物を迦微とは云なり。[10]」

この定義は今日においてもその有効性を失ってはいないが、本論の論旨からして重要な但し書きがその後に続く。

「すぐれたるとは、尊きこと善きこと、功しきことなどの、優れたるのみを云に非ず。悪きもの奇しきものなども、よにすぐれて可畏きをば、神と云なり。[11]」

通常われわれが抱く神の観念に反して、神は善悪に関わる観念ではなく、神の本質とは善悪を超越した「よにすぐれて可畏き」もの、すなわち畏怖の念を抱かせるものだというのである。ここから「畏怖」の起源の形を探ることを目的とする柳田の妖怪学まではあと一歩である。

それを折口の民俗学における語源の考察からもうすこし解明してみよう。カミという言葉は、タマとモノという概念と類縁関係にある。タマとは外から身体に出たり入ったりして威力を与える霊を指し、これの働きがタマシイである。このタマが祀られてカミにもなり、逆にモノにもなる。日本の神は元来タマであったが、タマに善悪の価値が付与されるに至って、その善い面がカミ、悪い面がモノとされるに至ったというのである。[12]モノはオニと同義とされ、妖怪を指す本来の言葉「物の怪」とは、悪しき霊が取り付くことを意味する。[13]神でもあり妖怪でもありうる「畏きもの」、「不気味なもの」、「不思議なもの」。それは世界のなかでいかに現れてくるだろうか。われわれの住む日常の生活世界をフッサールにならって「故郷世界 Heimwelt」と名づけるとしよう。そのなかではすべてが「慣れ親しんだ」ものとして秩序づけられ、一定の意味を与えられている。そのなかにいわゆる不思議な理解できないこと——「異他的 fremd なもの」と呼んでおこう——は日々生じているが、過去の経験が積み重なって形成された習慣によってそのうちの大方のものは理解できるものとして処理されてしまう。たとえそれがよく考えてみれば説明不可能なものであっても「見慣れないもの」はいつかは「見慣れたもの」になる。建てられたときには「怪物」扱いされたパリのエッフェル塔やポンピドゥー・センターは、今やパリのシンボルとなっている。このように「異他的なもの」を故郷世界という「慣れたもの」、「親密なもの」へと変換してゆくシステムがわれわれの生活世界の志向的な構造であるといってよいだろう。[14]

だが、構造的にこのようなシステムでは処理しきれないほど強烈に不思議な現象が起こることがある。これこそ、真の意味で「畏きもの」である。例えばレヴィナスは、他者の「顔」を現象学的に記述し、「顔」だけは現象するにもかかわらず世界の内部での意味づけを免れると主張する。「顔」は内世界的な現象とは原理的に異なるその独特の現象仕方によってわれわれが住み慣れた世界に裂け目を生じさせ、自らは世界内部での現象から身を引きながら世界そのものを意味をもったものとして成立させる。われわれがこの顔に触れることができるのはもちろん世界内の物を知覚するような仕方ではない。そのような世界の「外部」との関係は、触れると同時に隠れさせるという特権的な経験である「愛撫」によってのみ可能なのだと彼はいう。しかもユダヤ的一神教を濃厚に反映させたレヴィナスの他者の現象学にあっては、世界の境界線上での唯一可能な他者の顕現たるこの他者の顔は「掟」だと考えられている。神がシナイ山頂でモーゼに与えた十の掟。その掟の授与=神の啓示がいかに戦慄すべき「畏きもの」であったかは『トーラー』一九―一四～一九に見ることができる。[15]

だが、果たしてこの世界・現世の「外部」を開いて世界・現世を意味として成立させる境界線は掟としての他者の顔だけだろうか。それは民俗社会という、レヴィナスのような一神教の立場からは「融即」を原理とする「未開社会」の名のもとに否定し去られる故郷世界にあってはさまざまな場所に見出すことができるのではないだろうか。

折口信夫は、宣長に続いて後世に大きな影響力を残す神の定義を行った。それによれば、神とは「まれびと・来訪神」であり、「常世・異郷」と呼ばれる他界から定期的に民俗的生活世界にやってくるものである。神のこの性格は、折口が沖縄でニライカナイから訪れるまれびと信仰を知ったときに決定的なものになる。この神の観念は、形而上学的に考えたとき、柳田が日本の神を祖先神に還元したことに比べて計り知れない重要な意味を持っているといえるだろう。民俗的・集合的ではあれ人間の水平の時間に決して還元することのできない垂直の他界・異界の存在がそこではっきりと神の次元として主張されているからである(16)。

折口の考えた神の故郷としてのこの「異界」・「異郷」こそが民俗社会にあって故郷世界の意味のシステムには決して回収することのできない「畏きもの」、「他なるもの」として現象するのではないか。神と妖怪の可逆性を考慮に入れれば当然そこには多様な段階の現象様態が考えられる。それは神としては祭り＝祀りにさいして「依代」において顕現する。折口は彼の処女論文『髭籠の話(17)』以来、この垂直・水平の神の顕現を「依代」として思考してきた。異界から訪れる本来不可視の神が一時的にせよ世界の内部で依代を媒体として形を取って顕現・現象すること。現象学的に解釈したとき、神のこの微妙で両義的な現象様態に柳田の「神の零落としての妖怪」という仮説を基礎づけることができよう。すなわち神が妖怪へと零落してしまったのは、現象学的に見るならば、神が世界・現世のなかの形象として現象してしまったことを意味している。神そのものが依代に顕現するときには、それは真の他性として妖怪のような様態では現世のうちに現象することはない。幽界・異界と現世との間の境界線上での神の微妙な、特殊な現象様態、それが「依代」なのである。ここでは神は依代としては現れながらも、それ自身は不可視なものにとどまることができる。可視的なもののなかに顕現しながら不可視にとどまることができるというこの逆説的な性格、これこそが神の本質をなす。

だが妖怪も神と同様、世界・現世のなかで形象として現象してしまったとはいえ、志向性によって物が知覚される場合のように固定された意味をもつことはない。妖怪というもののもつこの振幅を視野に収めて考えなければならない。妖怪とは本来境界線上に現れるものであり、曖昧で流動的な捉えがたいものなのである。なかにはほとんど飼いならされてわれわれの日常の内部に「見慣れないもの」、「奇異なもの」という意味づけをされた上で取り込まれてしまった妖怪も数多い。それらは限りなく通常の志向的な知覚によって捉えることのできる形象に固定されたものである。例えば現代の日本人のもつ河童のイメージは誰のものでもそう大差ないだろう。これに対して「風狸」や「機尋」のような妖怪はおよそ普通には想像できないであろう。すなわち妖怪の現象とは、神ほどではないにしてもやはり流動的なものであり、それは彼らが世界・現世の「外部」たる異界・他界からの越境者であることを示している。江戸後期の妖怪絵師として名高い鳥山石燕がその『画図百鬼夜行』や『百鬼徒然草』に描いた妖怪のほとんどは彼がその想像力によって形にするまで固定した姿のないものだったのである。石燕の仕事はしたがって、神から妖怪への零落にとどめを指すものだったのだといえるかもしれない。

「他界・異界」がわれわれの住む生活世界のただなかに現象してくるさまを、「畏きもの」としての神があるいは依代を媒体として現世に顕現し、あるいは零落して妖怪として形象化されるものとして見てきた。これらは異界からの越境者であるゆえに地平的な志向性には取り込めない現象である。次にこの点をさらに深く追究してみたい。

三　妖怪の現象学

井上円了の妖怪学がもっぱら科学的・地平的な方向性をもったものであり、その限りで妖怪を語りうるものではなかったこと、それに対して柳田の妖怪論は民俗学の衣装をまといながらも妖怪のリアリティに迫る可能性をもっていることを指摘した。この妖怪経験のリアリティというものは、科学的・地平的方向では決して捉えられないものであるが、折口においてはこのリアリティの現象性が「まれびと」とそれが現象する媒体としての「依代」という形でさらに深く考えられていた。だが、そこにもなお折口自身が自覚していたように、民俗学という学問の限界がある。折口自身が詩人としては民俗学という科学の枠に収まりきることのない感性をもっていたとはいえ、妖怪現象を素朴に人間の精神構造に還元するその後の民俗学の展開を見れば、折口においてすでに経験と方法とが必ずしも合致していなかったことがわかる。では現象学的に、すなわち経験に即して、このリアリティをいかに考えることができるだろうか。

夕暮れ時を「逢魔が時＝大禍時」という。まさに「魔」すなわち妖怪に出会い、わざわいが起きる時間帯である。[18]または「かはたれ時」という。それは、世界に存在する事物をはっきりと知覚させてくれる昼の光——現象学的にいえば志向性——がまさに消えようとする時刻である。[19]先に柳田の「神の零落したものとしての妖怪」という仮説を現象学的に現れの様態の変様として解釈し、妖怪が曖昧なものであることを見たが、不可視の神が可視的となる現象につきまとう曖昧さはこのような時間帯を条件とする。いいかえれば、それは異界と世界との間の時間的な境界線なのである。また、空間的にも妖怪が村のはずれの墓地や辻、橋といった境界線上に現れることは民俗学において繰り返し指摘されてきた[20]。ここではそのような妖怪出現の条件を指摘する民俗学の作業から一歩進めて、そのような条件下で現象学的にいかにして妖怪が現れるのか考えてみたい。

フロイトはその論文『不気味なもの』で、この問題に迫る考察を行っている。それによれば「不気味なもの」は「不安なもの」の一種なのだが、いったい何が「不安なもの」のなかでも「不気味なもの」を区別するのか。周知のようにここでフロイトは「不気味（unheimlich）」という言葉の語源を考察することと、不気味なものの具体的なさまざまな経験からそれらすべてに共通する核を取り出すというふたつの視点からひとつの結論に達している。それによれば、「不気味なものとは結局、古くから知られているもの、昔からなじんでいるものに還元されるところの、ある種の恐ろしいものなのである」[21]ということになる。

不気味なものの必要条件として挙げられるのは「新しいもの、親しみのないもの」ということである。だが、これだけでは必ずしも不気味とはいえない。その一例として、フロイトは「不気味さ」の分析において、この感情が「知的不確実さ」に由来するというイェンチュの考えを否定している。イェンチュによれば、ホフマンの小説『砂男』のもつ不気味さは、この小説に登場する「自動人形」が引き起こす「生きている人間なのか生命をもたない人形なのかわからない」という感情に由来する。このような知的不確実さが引き起こす様態化の例は、フッサールが『受動的綜合の分析』などのテクストで行っている受動的志向性の分析のなかに見られるものである。例えば遠くから見たときに人間として知覚されたものが、近くから見ると人形ではないか思われてくる。このとき志向性の明証性は様態化を起こして懐疑に陥り、不確実性のなかに置かれる。だが、ここに見られるのはあくまでも知的不確実さであって、それは何ら不気味さを引き起こすものではない。いいかえれば、これはいかに受動的であってもあくまでも志向性の問題であって、当初の志向の「当てが外れる（enttäuscht）」ことによって引き起こされるこの不確実性の状態は、新たな志向が充実されることによってさらに高次の客観的な知に至るための一階梯という意味しかもたない。ところが「不気味さ」は知に変換されるような性質のものではないからこそ不気味なのである。すなわちそれは、志向性の受動性よりもさらに深い別のレベルで考えられねばならないことになる。イェンチュの解釈に対して、『砂男』の不気味さはまさに眼をつぶすという「砂男」そのものに求められるべきだとフロイトは主張し、さらにそれを幼児の去勢不安に還元する。

フロイトはまた、「不気味なもの」の例としてドッペルゲンガー現象を挙げ、これを次のように説明する。「なんといおうとも不気味なものの性格はただただ、ドッペルゲンガーがすでに克服された心的原始時代に属する形成物（むろんその当時はもっと親しいものであったのだが）であることに由来するのである。神々が、神々を支えていた宗教の滅亡以後は悪霊になるように、ドッペルゲンガーは恐怖像となったのである（ハイネ『流鼠の神々』）」[22]。

この、不気味なものとして回帰してくる「かつては親しいものであった克服された心的形成物」をフロイトはその他の諸例も参照しながら「アニミズム」とする[23]。「去勢不安」にしろ「アニミズム」にしろ、これらの現象はフロイトが語源の分析からも導き出しているように、「heimlich」もしくは「heimisch」なもの、われわれにもっとも近いもの、慣れ親しんだものであり、これが克服され、抑圧されて「unheimlich（無気味）」なものとなったのだというのである。そして重要なのは、ここに、「零落した前代の神としての妖怪」という、柳田がハイネから受け継いだ仮説が心的レベルで語られていることである。フロイトの論理に従えば、妖怪という「不気味なもの」は、かつては「親しいもの」であったがすでに克服されたものが回帰してきたものだということになる。

しかし、フロイトは彼の主張した無意識の抑圧過程の存在論的身分の解釈において決して一貫していない。無意識に抑圧された「慣れ親しんだもの」とはいったい何なのか。一方でフロイトはこれを実証科学的な視点を取って、すでに時間化された存在者的な過程と解釈する。すなわち、彼のいう「不気味なものとして回帰してくるアニミズム的段階」とは、かつて人類が、そして各人が過ぎ去った「現在」において経験したものの、その成長過程で克服してきたものを意味する。だが他方で、アンリの解釈が示しているように、フロイトはこの抑圧を純粋に現象学的に考えてもいる。[24] そしてそこで問題になる現象学は、先に「知的不確実さ」の例として挙げたような現在化する知覚をモデルとする志向性の現象学ではもはやない。[25] 抑圧される「慣れ親しんだもの」とは、あらゆる志向性の現在化するまなざしに先立って不可視のレベルで自己触発し続けるわれわれの生という「動き」なのである。そこではいかなる地平方向での知覚も問題にならないほどに生は自己自身に近いのである。[26] だとすれば、「unheimlich」の否定を意味する前綴り「un」とは「抑圧の刻印」[27] なのだとしても、その抑圧は原抑圧であり、決して地平的な光の中に現れることがないという意味での否定なのだと考えられる。

「不気味なものとは、一度抑圧を経て、ふたたび戻ってきた「慣れ親しんだもの」であり、そしてすべての不気味なものがこの条件をみたしていることはどうやら確かなようである[28]」。

このようなわれわれにもっとも近しい無意識の生の絶えざる動きこそが「不安なもの」の一様態である「不気味なもの」として現象する。すなわち、「畏怖すべきもの」とはこの生そのものなのである。[29] われわれは日常生活においてたいていは志向性の光のなかで知覚されるもの、言い換えれば理解可能なものに関わって生きており、その限りでは「不気味なもの」に出会うことはないが、何らかのきっかけで――「逢魔が時」や辻や橋といった時間的・空間的な境界線上において、または人生の節目という意味での境界線上において[30]――志向性の光が原理的にあたらない不可視の生の現象に出会うことがある。それが妖怪の正体なのである。その経験そのものはリアルなものだが、これに想像力という再現前化する志向性が形象を与えたものが妖怪のイメージとなる。

だが、ここで再び確認しておくべきことは、この「もっとも近しいもの」が抑圧されたものである「不気味なもの」だというとき、この近さをすでに時間化されたレベルでのそれと取り違えてはならないということである。ここに民俗学的アプローチの危険が存しているように思われる。先に触れたように、柳田や折口ら草創期の民俗学は、明治期に近代化された日本が失い始めた「前近代の民俗社会」を近代の側から再構築して見せようとする学問であった。この発想からすれば、「慣れ親しんだもの」、「近しいもの」とは前近代の生活世界であり、近代化の結果それが抑圧されたのだと考えることができよう。そしてそれが「不気味なもの」として回帰してきたのが妖怪だと考えることができるかもしれない。さらにこの抑圧モデルを普遍的に用いて、前近代においてもさらにそれ以前の失われた生活世界が回帰してきて妖怪という姿をとったのだといえるかも知れない。だが、ここで私が妖怪の正体と考える「不気味なもの」とはそのような時間的・時代的な抑圧–回帰とはレベルを異にするものである。もし民俗学におけるように時間的に過ぎ去ったものが抑圧されると考えるならば、そこで想定される「不気味さ」は本来は不気味でも恐ろしくもなかったことになる。それを不気味にしたものは時間の経過もしくは時代の変遷であり、これを逆にいえば妖怪の恐ろしさも相対的な恐ろしさに過ぎないことになる。いいかえれば、柳田が「妖怪は前代の神の零落した姿である」というとき、この「零落」という過程を時間的な出来事と捉えては妖怪のリアリティを捉え損なってしまうのだ。柳田自身もあるいはこういった時間的なレベルで神の零落を考えていたのかもしれない。だがここではこの仮説を現象学的に解釈し、先時間的なレベルでの不可視の生の可視化の過程と捉えた。こうして初めて、第一節で述べた柳田の実感した怪異のリアリティを捉えることができると思う。第一節で柳田の妖怪論にはある両義性があることを述べた。それは、折口にも共有されるものであるが、彼らのもっていた実体験と方法としての民俗学の間の齟齬である。実体験はリアルなものであるが、民俗学という実証科学的な方法ではそのリアリティをそのまま表現することはできない。それゆえに折口は詩という別の表現媒体を必要としたのである。(31)「イマジナルの現象学」に転回した現象学の方法は、学問的にそのリアリティを捉える可能性を提供することができるであろう。

(1)『柳田國男全集』6、筑摩書房、ちくま文庫版、一四―一五頁。
(2)例えば湯本豪一編『明治妖怪新聞』、柏書房、一九九九年、にその実例を豊富に見ることができる。
(3)フッサールのこの考えに関して、ヘルトの講演論文「フッサールの『人類のヨーロッパ化』というテーゼ」とそれに対するホーレンシュタインの反論 Klaus Held: Husserls These von der Europäisierung der Menschheit; Elmar Holenstein: Europa und Menschheit. Zu Husserls kulturphilosophischen Meditationen, in: Christoph Jamme und Otto Pöggeler (Hg): *Phänomenologie im Widerstreit*, Frankfurt am Main, 1989.、さらにデリダの『精神について』におけるフッサール批判 Jacques Derrida: *De l'esprit*, Paris, 1987, p. 94-96, VII, note2. を参照。
(4)後に詳しく述べるように、柳田が妖怪を「零落せんとする前代神」(『妖怪談義』前掲全集6、五六頁他)と規定したことはよく知られている。明治の近代化において生じたのも、神々の、そして妖怪たちのさらなる零落であった。
(5)井上円了選集第一六巻『妖怪学講義』1、東洋大学、一九九九年、第一総論五節「仮怪と真怪との別」六〇頁、緒言二二―二四頁。なお、妖怪学を予備学とする円了哲学の全体像とその限界について、次の論文を参照。新田義弘「井上円了の現象即実在

論」、斎藤繁雄編著『井上円了と西洋思想』東洋大学、一九八八年。

(6) 講談社学術文庫版・柳田國男『妖怪談義』によせた中島河太郎の「解説」がこの点をやや詳しく解説している。なお、平田篤胤の古学は柳田・折口の民俗学の前身ということができるが、折口が認めるように、科学という方法と引き換えに、民俗学は篤胤学の一面しか受け継ぐことはできなかった。「われわれはもとより篤胤先生の千分の一、万分の一にも及ばない。それは実際のことです。（……）だけれども方法においては篤胤先生の時代よりは幸福にも、優れた、或いは進んだ、豊かなものがあります」という折口の発言はこのことを語っている（折口信夫「平田国学の伝統」、中公文庫版『折口信夫全集』第二〇巻、三四九－五〇頁）。篤胤が確実に感じ取っていた異界やその住人たちとの交流は民俗学から排除され、鎌田東二が指摘するように主に出口王仁三郎らの霊学に委ねられることになる。鎌田東二『神界のフィールドワーク――霊学と民族学の生成』青弓社、一九八七年、を参照。

(7) 『柳田國男全集』6、九頁。

(8) 同、六六頁。

(9) 同、一三頁。

(10) 本居宣長『古事記伝』（一）、岩波書店、一九四〇／二〇〇三年、一七二－七三頁（岩波文庫）。なお、谷川健一は『民俗の思想』岩波書店、一九九六年、で、折口の考えにおもに依りつつカミの観念を明快に説明している。四三頁参照。

(11) 本居宣長、同、一七三頁。谷川前掲書、四〇－四一頁。

(12) 谷川前掲書、三二－三四頁。

(13) 同、四六－四七頁。

(14) この点の超越論的な意味合いは次の節で論じる。

(15) 聖なるものの引き起こすこの戦慄は、R・オットーが『聖なるもの』岩波書店、一九六八年（岩波文庫）で「ヌミノーゼ」という畏怖の感情として記述しているものである。

(16) 皆川隆一が指摘しているように（西村亨編『折口信夫事典』大修館書店、三一－四四頁「常世」）、折口の異郷論は大正九年に書かれた「妣が國へ・常世へ（異郷意識の起伏）」（『折口信夫全集』第二巻、中央公論社、一九七五年）から昭和二十七年に書かれた最後の論文「民族史観における他界観念」（同全集第十六巻）に至るまで、沖縄体験に由来する転回をはさんで複雑な変遷を見せているのだが、ここではそれを細かくたどることはできない。なお、折口の構想する日本の民俗社会における他界・異郷は、垂直性と水平性が重なり合ったものと考えられる。つまり、それは故郷世界からすれば他界であり、その意味である断続性を持ちながら、例えば山といった具体的に眼に見える水平的な場所とみなされる。この両義性を捉えられるか否かが折口の異郷論を素朴な信仰の記述と見るか、形而上学的な奥行きを持った「他界論」と解釈できるかの分岐点になると私は思う。この点に関連することだが、折口の構想していた「神道」が俗流に解釈されたいわゆる多神教や柳田の祖先神崇拝とは一線を画し、ユダヤ・キリスト教に比すべき一神教への接近を見せていたことは、『折口信夫全集』第二十巻の後半に収められた「神道の宗教化」に関する一連の講演などに見ることができる。そこではさらに、スサノオが贖罪のために「苦しむ神」としてキリストに比せられている。一例として、「神道宗教化の意義」のとりわけ四五七頁以下を参照されたい。神道と一神教を接近させるこの構想は、西田長男の神道研究に受け継がれている。

(17) 『折口信夫全集』第二巻、一八二―二一二頁。

(18) 「彼は誰」の意。それは、鬼とほぼ同一視されていた見慣れない旅人が急いで村を過ぎていこうとした時刻である。『柳田國男全集6』、三七―三九頁。

(19) 光がまったくなくなって暗闇になってしまえば、妖怪ではなく幽霊の出る時間になる。

(20) 小松和彦『妖怪学新考』小学館、一九九四年、赤坂憲雄『異人論序説』ちくま学芸文庫、一九九二年、二五五―六一頁、その他。

(21) フロイト「不気味なもの」、教文社版『フロイト選集7』日本教文社、一九七〇／一九八四年、二七一頁。

(22) 同、二九七頁。

(23) 同、三〇三頁。

(24) Cf. Michel Henry: *Généalogie de la psychanalyse*. Paris, 1985, IX. Le singe de l'homme: l'inconscient.

(25) 無意識の現象学の可能性についてはフッサールの再想起、想像、衝動志向性などの分析を踏まえてさらに綿密な考察が必要である。この点に関してルドルフ・ベルネの研究がある。その一例として、「フロイトの無意識概念の基礎づけとしてのフッサールの想像意識概念」『思想』二〇〇〇年一〇月号、を挙げておく。

(26) 谷徹氏は、この生の自己への先時間的な近さを、三〇年代のフッサールの故郷世界と異他世界の分析から「原故郷的なもの」

として取り出している。故郷世界と異他世界の対比のさらに根底に、このような対比をそもそも可能にする、超越論的機能をもった「原故郷的なもの」が考えられる。これは地平的なレベルでは考えられないため、本論でフロイトとアンリの議論を参照しつつ取り出した生の自己触発のレベルで考えるべきであろう。本論で度々批判的に言及してきた民俗学的な「他界」「異界」は、このフッサールの分析からすれば地平方向の「異他世界」に属するものと考えられる。谷徹「原故郷と異他世界」、『他者の現象学II』北斗出版、一九九二年、所収；„Heimat und das Fremde" in *Husserl studies 9*, Kluwer, 1992. アンリの「生の自己触発」については本書第一章、第二章を参照。

(27) フロイト前掲書、三一一頁。

(28) 同箇所。

(29) 同書三〇八頁において、フロイトはアニミズム的な感覚においては「隠秘な力」をもつものが「不気味なもの」とされるとしている。これは先に触れた本居宣長による神の定義と重なってくる。だが、日本の神を短絡的にアニミズムと規定することはできないと私は思う。

(30) この例として、江戸末期、広島県三次で稲生平太郎が一月にわたって経験した怪異がある。これは平田篤胤が注目し、『稲生物怪録』として出版したことから有名になった。稲生平太郎自身が後年口述したテクストに絵巻を添えたものが残っているが、ここでは志向性によって知覚された世界（平太郎が妖怪に出会った部屋）と、不気味な妖怪とが同じ画面に描きこまれている。もっぱら屋内でしかも昼間に起こるこれらの怪異は先に見た妖怪出現の境界線的条件から外れるように見えるが、稲垣足穂らが指摘するように、これは当時十四歳だった平太郎の通過儀礼として、人生の時間の境界と考えれば一応の説明はつく。谷川健一編『稲生物怪録絵巻』小学館、一九九四年、倉本三郎『妖怪の肖像』平凡社、二〇〇〇年、も参照。

(31) 志向性によって構成される像には尽きることなく、逆にこの像を支える神と妖怪のこのリアリティは、現世に対する他界・異界の経験であった。折口はこの他界・異郷意識を一貫して追求した末に、最後の論文「民俗史観における他界観念」でこの意識の根底に死があることを強調している。この世界のリアリティを支えるものとしての他界と死は、現象学的形而上学の大いなるテーマである。なお、仏教の世界観に基づいてはいるが、森敦の『月山』は、この他界・死の経験を現世との境界線上に身をおいて詩的イメージとして描いた稀有な作品である。

結　論

フッサールが発見した現象学的還元とは、「映されたもの」（多様性）から「映すこと」（一性）へ相関性の原理にしたがって遡り、そこから「映されたもの」を「映すことにおいて映されたもの」として捉えなおす作業である。ここから見るならば、「何ものかについての意識である」という志向性の有名な定義は、「意識」の本質的特性としての超越を示すものであるよりも、映像のこの根本構造を「映すこと」のある位相に定位して表現したものにほかならない。これを「意識」に力点をおいて理解すると重大な誤解に陥り、その結果として映像本来の無碍な遊動を閉塞させてしまう怖れがある。「意識」とはあくまでも「映すこと」のひとつの名にすぎないのである。映された映像には必ずそれを映すことが相関している。映された映像に捉われ、それを映すことを忘却して、映像がそれだけで実体的に存在すると錯覚し、それに没入して生きるところに誤謬が生じるのである。現象学とは、映像のこの構造的相関性に気づくことによってこの誤謬を徹底して解体してゆくことに他ならない。そう考えるならば、この「映すこと」のみが現象学的に意味を持つ「自己」なのであり、これはフッサールによって「超越論的主観性」という誤解を招きやすい名で名指されたが、本来は端的に「映す」こと以外の何も意味しない以上、近代哲学の自己意識的主観性とは全く位相を異にするものである。にもかかわらず、この「映されたもの－映すこと」という相関構造は多層的であり、近代的主観性をもその中にひとつの層として含み込んでいるために、不十分な還元がこの構造を近代的主観性と同一視する誤りを生ぜしめるのである。志向的まなざしが地平において映す映像をフッサールが現象学の主なフィールドとするとき、これ自体はあるレベルの映像の論理の相関的解明として現象学的な作業であるが、志向性を「意識」の超越から記述することによってフッサールは一時「意識」を端的に「映すこと」という機能を超えて固定化し、近代的な意味で解釈することで自らこの誤解に陥った。地平を介して志向的まなざしによって見られた現象性は「事象そのもの」ではなく、志向性に媒介され、限定されて切り取られた事象のいわば「模像」の世界であるにもかかわらず、そこではこの模像性が気づかれることなく、まなざしの動きに合わせてその都度隠れてゆく地平的奥行きが世界の厚みとして実在を保証するものと取り違えられてしまうのである。現象学の転回は、この表層的な模像から「事象そのもの」を像化する像(「イマジナル」)へと深まることであり、それによって像が本来持つ融通無碍で創造的な動きを取り戻すことである。そこには像化の原理の決定的な転回/変容がある。

転回的「反還元」によって「自己」は「意識」への呪縛から解かれ、地平において映された像を見る限定された志向的まなざしから、いかなる条件もなしに端的にすべてを「映すことそのこと」という本来の機能に変容する。それに応じてそこに「映されるもの」も次第に地平的拘束から解放されて何らか特定のものを映す像から変容してゆき、最後には自己以外の何物をも映し出すことのない「顕現しないもの」の像となる。ここでは映すことと映されるものの間にもはや地平的差異が介入せず、両者が厳密に「同じ一つのもの」となっている。同じ一なる全体が自己において自己自身を映すのである。しかもこのぴったりと隙間なく重なり合った一なる全体＝自己は徹底的に還元されており、いかなる実体性も持たない。この新たな像化の構造を「全体一挙顕現」と呼んでおこう。全体は地平の原型たる「生ける現在」の幅を持った構造によって過去把持・未来予持に媒介されて模像化されるに先立って、前後の位相から切断された瞬間の位相において一挙に像化する。各瞬間の位相は前後の位相にそれ自体ではいかなる結びつきも持たないがゆえに、毎瞬ごとに全体が一挙顕現しながら不連続に連続する。位相間に過去把持的なつながりがあるなら、全体はそのものとして一挙に現れることは決してなく、時間的に推移してゆく移行綜合の流れに絡め取られてそのなかで漸進的にその影を現すだけであろう。

不連続の連続における全体の瞬間的一挙顕現というこの像化構造は、「同一のもの」の内在的像化として、一見したところ自己閉塞的で無内容な同語反復に思われるかもしれない。しかしこの「同一的全体」は還元によって徹底して実体性を抜かれているがゆえに、そこにこそあらゆる地平的可能性を脱して真に新たなものが出来《しゅったい》しうるのである。この特徴を「創造的流動性」と呼んでおこう。地平に媒介されて多様化することなく一挙に像化する「一なる全体」は先時間的な「瞬間」の出来《しゅったい》であるとはいえ、時間を超越した永遠の静止であるどころか、創造的な絶えざる「動き／変化」なのである。動きや変化は一般に時間的な多様性の地平においてこそ生じるものと考えられるが、時間地平に映されるのは実は静止した模像の連続でしかなく、真に新たなものの創造的湧出としての動きはそこにはありえない。それに対して実体なき「一なる全体」の脱地平的一挙顕現は真に創造的な流動性なのであり、あらゆる可能性の地平の彼方からいかなる予料をも越えて未知なるものを到来せしめる。

「全体一挙顕現」と「創造的流動性」からなる「顕現しないもの」の像化はこのように、ひたすら「映すことそのこと」へと変容した自己において、その自己と同一の決して実体化しない「一なる全体」が、地平に媒介されて多様化することなく、非連続の「瞬間」において創造的流動として絶えず新たに未知なるものとして出来《しゅったい》する出来事である。「映すこと／自己」とはここでは決して静的なものではなく、顕現しない非実体的「一者」の創造的動きそのものと一体になり、その器官となる。それが「創造的想像力」の働きである。それは、「再生的想像力」のように既成の概念を図式化して一者／全体の創造的動きを外から、その動きを一瞬止めて模像として写し取るのではなく、神秘家や芸術家がその動きと一体化し、内側から像化して表現にもたらすときに働くような実在そのものの図式化である。この図式化によって例えば画家は世界のまったく新たな見方を表現にもたらす。これこそ「イマジナルの現象学」の器官なのであり、そこにこの新たな現象学が宗教、とりわけ神秘主義や芸術と緊密に結びつく理由がある。

このように、「イマジナルの現象学」は志向的まなざしと地平に拘束されて硬直した現象学の限界を転回的に突破し、「顕現しないもの」の次元において無碍で創造的な現象性の領野を解き放つはずのものだが、本書で主な手引きとした現代フランスにおける現象学は、「反還元」の遂行によってこのような新たな現象性への道を開きながらも、神学的前提ゆえに「創造的想像力」が働くフィールドをもっぱら世界と厳然と区別された生や他者として現れる神／一者の領域に限定し、極めて乏しい極限の現象性しか顕にすることができなかった。

アンリの反還元は決して実体的内在への非現象学的な閉塞ではなく、一なる全体としての生が地平構造に媒介されることなく毎瞬間ごとに圧倒的な力で未知のものとして湧出する出来事そのものに自己がなりきり、その創造的な動きに身を曝して変容し続ける「顕現しないもの」の像化の経験を「自己触発／自己産出」として論理化したものであった。その限りではそれは「創造的想像力」の像化の論理を鋭く捉えたものであるが、それを世界と次元的に区別された自己の内在におけるパトス的な「苦しみ／喜び」としてしか記述できない点に問題がある。それは、彼の記述が、エックハルトの神秘主義や『ヨハネ福音書』などを手引きとしつつ、神の子キリストが神の一性の外に出ることなくその内在的像として受肉したという原像化の出来事に基づいているからである。こうして、反還元によって「映すことそのこと」に遡行した後、そこから「映されたもの」としての世界へ帰還する通路は閉ざされてしまう。

レヴィナスにおいても「顕現しないもの」の像としてもっぱら主題となっているのは他者として現れる神であるが、この像はキリスト教的受肉ではなくタルムードやカバラーのユダヤ教解釈学を背景としているがゆえにアンリの内在的生と異なり、ある種の非地平的な奥行きをもった現象性として現れる。アンリの記述の原型となるキリスト教の受肉が神との同一性に基づく内在的像化だったのに対し、レヴィナスが「顔」のモデルとするユダヤ教における神の啓示としての律法の文字テクストは、世界に先立つ神の像化といえどもいかなる分節化もない唯一の神そのものではなく、神がその「痕跡」として分節化したものである。唯一の神そのものと創造された多様な世界の間の「中間界」として位置づけられるこのレベルでの像は、神がそれを通して世界を創造する「元型」として機能する。神秘主義的・修行実践的還元によって神の動きを映す「鏡」に変容したカバリストは、様々な技法を駆使してこの世界の原像としての文字を無碍に動かし、間接的に世界と自己を流動化させるのである。この元型的文字テクストとしての律法を現象学化したレヴィナスの「顔」も同じく「中間界」という身分ゆえに世界に現れきることなく、微に現れると同時に世界内に固定化されることなく流動化され、世界から隠れてゆくのである。

神との端的な一体化の像化にしろ律法のテクストとしての中間界的な分節化にしろ、世界からの還元的遡行の後にそれによって変容した世界に再び帰る道は塞がれている。これに対して、神秘主義的／還元的に自己と一体化しているとはいえ唯一神を原理とする一神教と異なり、「空性」を原理とする仏教は、世界から反還元的に「映すことそのこと」に遡行した後、そこからあらゆる実体性を抜かれた「映されたもの」へ、しかも還元の徹底性ゆえに意識が地平上に映し出す模像ではなく、世界そのものの像へ戻る道を提供しているように思われる。「空性」において、「映すこと」と「映されたもの」としての世界は「即」で結ばれるのである。そこでは「中間界」における世界の元型だけでなく、世界そのものがもはやまなざしによって動きを止められ、凝固した模像ではなく、「事象そのもの」として融通無碍に流動する創造的像に変容して現れる。そこでは「顕現しないもの」は世界と区別されるどころか世界と寸分のずれもなく重なり合い、それを創造的に流動する「事象そのもの」の像として映し出す働きとなるであろう。ここには「イマジナルの現象学」の新たな可能性が示されている。

あとがき

本書は、現在のところ「イマジナルの現象学」と名付けている私の現象学構想を一冊の書物としてまとめた最初のものである。今後の展開のなかで形を変えてゆくにしても、根本の問いはここに出ているように思う。この問いの形成過程を三人の先生への謝辞という形で振り返り、「あとがき」に代えることにしたい。

まず、私の現象学研究は基本から現在に至るまで変わらず新田義弘先生の教えに多くを負っている。日本に本格的な現象学研究の土台を築かれ、その後も常に現象学の最先端を切り拓き続けておられる新田先生は、現象学を中心に据えつつドイツ古典哲学や西田哲学などを通じて、地平の現象学から「顕現しないもの」の「深さの次元」への思惟の変貌を唱えておられるが、「顕現しないもの」への現象学の転回という本書の構想も基本的に先生のこのお考えに学び、私なりに問うてみたものである。「問い」を持つことの重要性を教えてくださった先生にこの場を借りて改めて深く御礼申し上げる。

日本で主にフッサールを読んでいた私は、一九八八年、現象学を「顕現しないもの」に向けて先鋭化させていたフランスに渡った。当時パリではアンリ、レヴィナス、デリダや彼らの問いを受け継ぐ次世代の現象学者たちの活動によって現象学が再び活性化しつつあり、「現象学ルネサンス」とでも言うべき様相を呈し始めていた。私はそこで実に多くの刺激を受けたが、なかでも最も大きな衝撃を受けたのがジャン・リュック・マリオン先生との出会いである。彼は当時すでにハイデガーを背景としてデカルト研究と神学の大胆な革新を成し遂げており、それを新たな「顕現しないものの現象学」に結実させてフランス第二世代の現象学を総括することを目論んでおられた。「存在なき神」から「贈与」、「出来事」へと進む彼の思惟は私に、新田先生に学んだ「顕現しないもの」の問いをフランスに固有の「神学的」な文脈のなかで考えることを教えてくれた。

パリで出会ったもう一人の先生、ラビ・マルク・アラン・ウアクニン師はユダヤ教のラビでありながら哲学者でもあるという稀有な存在で、最初はプライベートに、次いでユダヤ人教育センター「サントル・アレフ」の授業において、私にタルムード／カバラー的思惟の何たるかを教えてくれた。彼の教えなくしては、ユダヤ教の研究者でもない私がタルムードやカバラーの広大な海に一歩でも踏み込もうなどという無謀な考えを抱くことはなかったであろう。本書で提唱した「イマジナル」の構想は、直接的にはコルバンと井筒俊彦を参照しているが、ウアクニン師の授業、とりわけ「ゲマトリア」などの技法を駆使して『トーラー』のテクストを創造的に流動化させ、予想もつかない新たな意味を発見してゆくスリリングな読解の体験がその原点になっているように思う。

これら三人の先生方とともに、パリで現象学研究会ALTERの創設時に出会って以来常に刺激を与え続けてくれる優れた現象学者ナタリー・ドゥプラズ、神秘主義的・形而上学的な感覚を教えてくれた故フランク・ヴィラールの二人の友人、また、常に私を叱咤激励して下さり、本書が成るきっかけも与えて下さった東洋大学哲学科の同僚の皆さん、とりわけ山口一郎、河本英夫の両氏に感謝の意を表したい。

本書の元になったのは以下の諸論文であり、これらに加筆・修正を行った。とりわけ第八章は括弧内に示した論文を全面的に書き改めたものである。

初出一覧

第Ⅰ部

第一章　内在領野の開示（「ミシェル・アンリ――「顕現しないもの」への現象学の転回」、東洋大学哲学科編『東洋大学哲学講座4　哲学を享受する』知泉書館、二〇〇六年）
第二章　自己産出する生（新田・山口・河本編『媒体性の現象学』青土社、二〇〇二年）
第三章　贈与の現象学（『現代思想』二〇〇一年十二月臨時増刊号「現象学――知と生命」青土社）

第Ⅱ部

第四章　秘密の伝承（末木文美士他編『岩波講座宗教4　根源へ――思索の冒険』岩波書店、二〇〇四年）
第五章　神の収縮（掛下・富永編『仏蘭西の知恵と芸術』行人社、一九九四年）
第六章　神名の現象学（『思想』八七四号、岩波書店、一九九七年四月号）

第Ⅲ部

第七章　イマジナルの現象学（『思想』九六八号、岩波書店、二〇〇四年十二月号）
第八章　絵画の終焉と像の救済（Bild des Absoluten in den Werken von Anselm Kiefer, in: H-R. Sepp/J. Trinks (Hrsg): Phänomenalität des Kunstwerks, Verlag Turia+Kant, 2006.）
第九章　神と妖怪の現象学（「妖怪の現象学・序説」、河本・谷・松尾編『他者の現象学Ⅲ』北斗出版、二〇〇四年）

最後になったが、知泉書館の小山光夫さんと髙野文子さんには本書の出版にあたって全面的に大変お世話になった。厚く御礼申し上げる。

なお、本書は独立行政法人日本学術振興会平成一八年度科学研究費補助金（研究成果公開促進費）の交付を受けて出版されたことを付記しておく。

二〇〇七年二月一日

永井　晋

永井　晋（ながい・しん）

1960年東京生まれ。早稲田大学第一文学部卒業，同大学院修士課程修了，同博士課程退学。1988-91年および1992-95年（フランス政府給費留学生），パリ第1大学（DEA取得），第10大学，第4大学に留学。現在東洋大学文学部助教授。文学博士。

〔主要論文〕「イマジナルの現象学」（『思想』No.968，岩波書店，2004年12月号），「秘密の伝承」（『岩波講座宗教4　根源へ――思索の冒険』岩波書店，2004年），「贈与の現象学」（『現代思想』2001年12月臨時増刊号「現象学――知と生命」青土社）など。

〔現象学の転回〕　ISBN978-4-86285-004-1

2007年2月15日　第1刷印刷
2007年2月20日　第1刷発行

著　者　永井　晋
発行者　小山光夫
印刷者　藤原愛子

発行所　〒113-0033 東京都文京区本郷1-13-2　電話03(3814)6161 振替00120-6-117170　http://www.chisen.co.jp　株式会社 知泉書館

Printed in Japan　印刷・製本／藤原印刷

人名索引

ア　行

カ　行

サ　行

タ　行

ナ　行

ハ　行

マ　行

ヤ　行

ラ　行

事項索引

ア 行

カ　行

サ　行

タ　行

ナ　行

ハ　行

マ 行

ヤ　行

ラ　行

文 献 表

1　一次文献

Henry Corbin: *L'imagination créatrice dans le soufisme d'Ibn Arabî,* Paris, 1958/1993.

———: *En Islam iranien. Aspects spirituels et philosophiques. V. Le Schîisme duodécimain*, Paris, 1971.

———: *Le paradoxe du monothéisme*, Paris, 1981.

———: Mundus imaginalis ou l'imaginaire et l'imaginal, dans: *Face de Dieu, Face de l'homme, Herméneutique et soufisme*, Paris, 1983.

———: *Philosophie iranienne et philosophie comparée*, Paris, 1985.

Jacques Derrida: *L'origine de la géométrie*, Paris, 1962/1974.

———: *La voix et le phénomène*, Paris, 1967.

———: *L'écriture et la difference,* Paris, 1967.

———: *Marges de la philosophie,* Paris, 1972.

———: *Glas*, Paris, 1974.

———: *De l'esprit*, Paris, 1987.

———: *Psyché,* Paris, 1988.

———: *Donner le temps 1. La fausse monnaie*, Paris, 1991.

———: et Geoffrey Bennington: *Jacques Derrida*. Paris, 1991.

———: *Spectres de Marx*, Paris, 1993.

———: *Khora*, Paris, 1993.

———: Foi et savoir, Les deux sources de la《religion》aux limites de lasimple raison. In: Jacques Derrida et Gianni Vattimo: *La religion,* Paris, 1996.

Martin Heidegger: *Sein und Zeit*. Tübingen, 1979.

———: *Kant und das Problem der Metaphysik*, Frankfurt am Main, 1973.

———: *Vorträge und Aufsätze,* Tübingen, 1954/1978.

———: *Identität und Differenz,* Tübingen, 1957/1982.

———: *Gelassenheit,* Tübingen, 1959/1985.

———: *Wegmarken,* Frankfurt am Main, 1967/1978.

———: *Gesamtausgabe Bd. 15. Seminare,* Frankfurt am Main, 1986.

———: *Zur Sache des Denkens,* Tübingen, 1969.

Michel Henry: *L'essence de la manifestion,* Paris, 1963.

———: *Philosophie et phénoménologie du corps. Essai sur l'ontologie biranienne,* Paris, 1965.

———: *Généalogie de la psychanalyse,* Paris, 1985.

———: *Voir l'invisible,* Paris, 1988.
———: *Phénoménologie matérielle,* Paris, 1990.
———: Phénoménologie de la naissance. in: ALTER No. 2, Paris, 1994.
———: *C'est moi la vérité.* Paris, 1996.
———: *Incarnation, Philosophie de la chair,* Paris, 2000.
———: *Paroles du Christ*, Paris, 2002.
———: *Auto-donation. Entretiens et conférences*, Paris, 2002.
———: *phénoménologie de la vie, Tome I: De la Phénoménologie,* Paris, 2003.
———: *phénoménologie de la vie, Tome II: De la subjectivité,* Paris, 2003.
———: *Le bonheur de Spinoza. suivi de Etude sur le spinozisme de Michel Henry par Jean-Michel Longneaux*, Paris, 2004.
Edmund Husserl: *Husserliana Bd. I, Cartesianishe Medetationen und Pariser Vorträge, Haag, 1973.*
———: *Husserliana Bd. II, Idee der Pänomenologie, Haag, 1973.*
———: *Husserliana Bd. III, Ideen zu einer reinen Phänomenologie und phänomenologischen Philosophie, Erster Buch, Allgemeine Einführung in die reine Phänomenologie,* 1976, Den Haag.
———: *Husserliana Bd. IX, Die Krisis der europäischen Wissenschaften und die transzendentale Phänomenologie,* Den Haag, 1976.
———: *Husserliana Bd. X. Zur Phänomenologie des inneren Zeitbewußtseins*. Den Haag, 1966.
———: *Husserliana Bd. XI, Analysen zur passiven Synthesis (1918-1926*), Den Haag, 1966.
———: *Husserliana Bd. XV, Zur Phänomenologie der Intersubjektivität, dritter Teil: 1929-1935,* Den Haag, 1973.
———: *Husserliana Bd. XXIII, Phantasie, Bildbewußtsein, Erinnerung,* The Hague/Boston/London, 1980.
Edmund Husserl: *Briefwechsel Bd. VII*, Dordrecht/Boston/London, 1994.
Emmanuel Lévinas: *De l'existence à l'existant.* Paris, 1986.
———: *Totalité et infini*, La Haye, 1961.
———: *Autrement qu'être ou au-delà de l'essence*, Dordrecht, 1986.
———: *L'au-delà du verset*, Paris, 1982
———: *En découvrant l'existence avec Husserl et Heidegger,* Paris, 1982
———: *A l'heure des nations*, Paris, 1988,
J-L. Marion: *L'idôle et la distance*, Paris, 1977.
———: *Dieu sans l'être,* Paris, 1982/1991.
———: *Prolégomènes à la charité,* Paris, 1986.
———: *Réduction et donation,* Paris, 1990

———: *La Croisée du visible,* Paris, 1991.
———: Réponses à quelques questions. In: *Revue de métaphysique et de morale, No. 1- 1991: A propos de réduction et donation de Jean-Luc Marion*, Paris, 1991.
———: Le sujet en dernier appel, In: ibid.
———: *Étant donné, Essai d'une phénoménologie de la donation,* Paris, 1997.
———: *De surcroît*, Paris, 2001.
———: *Phénomène érotique*, Paris, 2003.
———: La raison du don. In: *Philosophie, numéro78: Jean-Luc Marion*, Paris, 2003.
———: *Le visible et le révélé*, Paris, 2005.
Maurice Merleau-Ponty: *Phénoménologie de la perception*, Paris, 1945.
———: *Signes*, Paris, 1960.
———: *Sens et Non-sens*, Paris, 1966.
———: *Le visible et l'invisible*, 1964.
———: *L'Oeil et l'Esprit*, Paris, 1964/1988.

2 二次文献

Armand Abécassis: Genèse, histoire et signification de l'angélologie dans la tradition d'israel. dans: *Cahier de l'hermétisme. L'Ange et l'homme*, Paris, 1978.
———: *La lumière dans la pensée juive*, Paris. 1988.
———: *Les temps du partage, 2. Les fête juives de Roch Hachanah à Pourim,* Paris, 1993.
David Banon: *La lecture infinie. Les voie de l'interpretation midrachique*, Paris, 1987.
Jocelyn Benoist: *Autour de Husserl, L'ego et la raison,* 1994, Paris.
Walter Benjamin: Ursprung des deutschen Trauerspiels. In: *Walter Benjamin Schriften I-I*, Furankfurt am Main, 1974.
H. Bloom: *Kabbalah and criticism*, New York, 1975.
Massimo Cacciari: *Icônes de la loi* (traduit de litalien par Marlene Raiola), Paris, 1985/1990.
John D Caputo and Michael J Scanlon (edited by): *God, the Gift, and Postmodernism,* Bloomington and Indianapolis, 1999.
Celui qui est. Interprêtations juives et chrêtiennes d'Exode 3-14 et de Coran 20, 11-24, Paris, 1986.
Catherine Chalier: *Figures du féminin*, Paris, 1982,
———: L'âme de la vie. Lévinas, lecteur de R. Haim de Volozin, dans: *Cahier de l' Herne: Emmanuel Lévinas*, Paris, 1991/1993, p. 442-p. 460.
Jean-François Courtine: *Heidegger et la phénoménologie*, Paris, 1990.
Françoise Dastur: Husserl et la neutralité de l'art, in: *La part de l'oeil, Dossier: Art et phénoménologie*, Bruxelles, 1991.

Alain David et Jean Greisch (éd.): *Michel Henry: L'épreuve de la vie*, Paris, 2001.
Natalie Depraz: *Transcendance et incarnation. Le statut de l'intersubjectivité comme altérité à soi chez Husserl*, Paris, 1995.
René Descartes: Les Méditations, in: *Oeuvres philosophiques (1938-1642) Tome II*, édition de Ferdinand Alquié, Paris, 1967.
Gabrielle Dufour-Kowalska: *Michel Henry. Une philosophie de la vie et de la praxis*, Paris, 1980.
———: *L'art et la sensibilité. De Kant à Michel Henry*, Paris, 1996.
———: *Michel Henry. Passion et magnificence de la vie*, Paris, 2003.
Eugen Fink: *Studien zur Phänomenologie 1930-1939*, Den Haag, 1966.
Didier Franck: *Chair et corps*, Paris, 1981.
E. Gilson: *L'esprit de la philosophie médiévale*, Paris, 1948.
R. Goetscl: *La kabbale*, Paris, 1985.
Gérard Granel: *Le sens du temps et de la perception chez E. Husserl*, Paris, 1968.
Jean Greisch et Jacques Rolland (éd.): *Emmanuel Lévias. L'éthique comme philosophie première*, Paris, 1993.
Jean Grondin: *Le tournant dans la pensée de Martin Heidegger*, Paris, 1987.
J. Habermas: Dialektischer Idealismus im Übergang zum Materialismus — Geschichtsphilosophische Folgerungen aus Schellings Idee einer Contraction Gottes, in: *Theorie und Praxis*, Frankfurt a. M., 19563/1988.
S. A. Handelman: *The Slayer of Moses*, New York, 1982.
G. W. F. Hegel: *Werke in zwanzig Bänden Bd. 3. Phänomenologie des Geistes,* Frankfult am Main, 1970.
Klaus Held: *Lebendige Gegenwart,* Den Haag, 1966.
———: Die Phänomenologie der Zeit nach Husserl. in: *Perspektiven der Philosophie.* Bd. 7, 1981.
———: Husserls These von der Europäisierung der Menschheit, in: Christoph Jamme und Otto Pöggeler (Hg.): *Phänomenologie im Widerstreit*, Frankfurt am Main, 1989.
Elmer Holenstein: Europa und Menschheit. Zu Husserls kulturphilosophischen Meditationen, in: Christoph Jamme und Otto Pöggeler (Hg.): *Phänomenologie im Widerstreit*, Frankfurt am Main, 1989.
Moshe Idel: *Maimonide et la mystique juive* (traduit par Charles Mopsik), Paris, 1991.
Christien Jambet: *La logique des Orientaux, Henry Corbin et la science des formes*, Paris, 1983.
Dominique Janicaud: *Tournant de la phénoménologie française*, Paris, 1991.
Emmanuel Kant: *Kritik der reinen Vernunft*, Hamburg, 1956/1976.
Anselm Kiefer, Herausgegeben von Städtische Kunsthalle Düsseldorf, Düsseldorf/

Paris, 1984.

Rolf Kühn: *Leiblichkeit als Lebendigkeit. Michel Henrys Lebensphänomenologie absoluter Subjektivität als Affektivität*, Freiburg/München, 1992.

———: und Michael Staudigl (Hrsg): *Epoché und Reduktion. Formen und Praxis der Reduktion in der Phänomenologie*, Würzburg, 2003.

———: *Radikalisierte Phänomenologie*, Wien, 2003.

Sébastien Laoureux: Michel Henry au-delà de l'onto-théologie? Remarques sur la phénoménologie matérielle et la《métaphysique》. in: Jad Hatem (éd.): Michel Henry, *La Parole de la Vie*, Paris, 2003.

Henri du Lubac: *Exegèse médievale. Les quatre sens de l'Ecriture*. IV vol, Paris, 1959-1964.

———: *L'Écriture dans la tradition*, 1966.

Eliane Amado Lévy-Valensi: *La poëtique du Zohar*, Paris, 1996.

Emmanuel Martineau: *Malévitch et la philosophie*, Paris, 1977.

C. Mopsik: La pensée d'Emmanuel Lévinas et la cabale, dans: *Cahier de l'Herne. Emmanuel Lévinas*, p. 428-p. 441.

———: *Les grands textes de la Cabale. Les rites qui font Dieu*, Lagrasse, 1993.

Lettre sur la sainteté, traduit et commenté par C. Mopsik, Paris, 1986,

Stéphane Mosès: *Système et révélation. La philosophie de Franz Rzenzweig*, Paris, 1982,

———: *L'Ange de l'histoire. Rosenzweig, Benjamin, Scholem*, Paris, 1992.

André Neher: *L'exil de la parole*, Paris, 1970.

———: *L'essence du prophétisme*, Paris, 1972/1983.

Marc-Alain Ouaknin: *Le Livre brûlé, Philosophie du Talmud*, Paris, 1986/1993.

———: *Lire aux éclats*, *Eloge de la caresse*, Paris, 1989/1992.

———: *Concerto pour quatre consonnes sans voyelle. Au-delà du principe de l'identité*, Paris, 1991.

———: *Méditations érotiqu*es, Paris, 1992.

———: *Tsimtsoum*, *Introductoin à la méditation hébraique*, Paris, 1992.

———: *Bobliothérapie, Lire, c'est guérir*, Paris, 1994.

———: *Dans la double silence du Nom* (inédit).

Revue philosophique de la France et de l'étranger. 2004, No. 2: Tourner la phénoménologie, Paris, 2004.

P. Ricoeur: Note introductive, dans: *Heidegger et la question de Dieu*, Paris, 1980.

B. Rodjman: *Feu noir sur feu blanc, essai sur l'herméneutique juive*, Paris, 1986.

F. Rosenzweig: *Der Stern der Erlösung*, Frankfurt a. M., 1988.

———: "Urzelle" des Stern der Erlösung, in: *Kleinere Schriften zu Glauben und Denken*, Dordrecht, 1984.

Mark Rothko, Musée d'art Moderne de la ville de Paris, Paris, 1990.

Alexandre Safran: *La Cabale*, Paris, 1972.
Gershom Scholem: *Die judische Mysik in ihren Hauptströmungen*, Frankfurt a. M., 1967.
———: *Sabbatai Tsevi. Le Messie mystique 1626-1676* (traduit par Marie-José Jolivet et Alexis Nouss), Paris, 1983.
———: *Le messianisme juif. Essais sur la spiritualité juive*, traduit par B. Dupuy, Paris, 1974.
———: Schöpfung aus Nichts und Selbstvershränkung Gottes, in: *Über einige Grundbegriffe des Judentums*, Frankfut a M., 1970.
———: L'idée de rédemption dans la Kabbale, dans: *Le messianisme juif, Essais sur la spiritualité juive*, traduit par B. Dupuy, Paris, 1974.
———: *Le nom et les symboles de Dieu dans la mystique juive* (traduit par M. R. Hayoum et G. Vajda), Paris, 1988.
Henri Serouya: *La Kabbale, ses origines, sa psychologie mystique, sa metaphysique*, Paris, 1947.
Jenny Slatman: L'invisible dans le visible. Vers une phénomenologie de l'eikôn. In: Marie Cariou, Renaud Barbaras et Etienne Bimbenet (éd.): *Merleau-Ponty aux frontières de l'invisible*, Paris, 2003.
Sohravardi: *Le Livre de la sagesse orientale*, traduit par Henry Corbin, Paris, 1986.
A. de Souzenelle: *Le symbolisme du corps humain*, Paris, 1974/1991
Spinoza: *Éthique*, texte et traduction par Charles Appuhn, Paris, 1983.
Adin Steinsaltz: *La rose aux treize pétales. Introduction à la Cabbale et au judaisme* (traduit par J. Eisenberg et M. Allouche), Paris, 1989.
Michael Staudigl: *Die Grrenzen der Intentionalität. Zur Kritik der Phänomenologie nach Husserl*, Würzburg, 2003.
Catherine Strasser: *Chevirat Ha-Kelim, Le bris des vases. Anselm Kiefer, Chapelle de la Salpêtrière*, Paris, 2000.
Toru Tani: Heimat und das Fremde. in: *Husserl studies 9*, Kluwer, 1992.
Samuel Trigano: *Le récit de la disparue*, Paris, 1977/1985.
Rabbi Hayyim de Volozhyn: *L'âme de la vie* (*Nefesh Hahayyim*), traduit et commenté par B. Grosse, Paris, 1986.
Eckard Wolz-Gottwald: *Transformation der Phänomenologie. Zur Mystik bei Husserl und Heidegger*, Wien, 1999.
M. Zarader: *La dette impensée. Heidegger et l'héritage hébraique*, Paris, 1990.
Le Zohar, Tome I (traduit par Charles Mopsik), Paris, 1981.

赤坂憲雄『異人論序説』筑摩書房，1992年
井筒俊彦『イスラーム哲学の原像』岩波書店，1980年

――――『意識と本質』岩波書店，1983・1991年
――――『井筒俊彦著作集 9　東洋哲学』中央公論社，1992年
井上円了『井上円了選集』第十六巻「妖怪学講義」1，東洋大学，1999年
パール・エプスタイン『カバラーの世界』青土社，1995年
R. オットー『聖なるもの』岩波書店，1968年
折口信夫『折口信夫全集』第二巻，中央公論社，1975年
――――『折口信夫全集』第十六巻，中央公論社，1976年
――――『折口信夫全集』第二十巻，中央公論社，1976年
マッシモ・カッチアーリ『必要なる天使』柱本元彦訳，人文書院，2002年
金田　晋『芸術作品の現象学』世界書院，1990年
鎌田東二『神界のフィールドワーク――霊学と民俗学の生成』青弓社，1987年
――――『記号と言霊』青弓社，1990年
アンゼルム・キーファー『メランコリア』セゾン美術館，1993年
倉本三郎『妖怪の肖像』平凡社，2000年
ピーター・ゲイ『神なきユダヤ人』入江良平訳，みすず書房，1992年
小松和彦『妖怪学新考』小学館，1994年
ゲルショム・ショーレム『ユダヤ神秘主義』山下他訳，法政大学出版局，1985年
――――『カバラとその象徴的表現』小岸昭／岡部仁訳，法政大学出版局，1985年
多木浩二「灰と鉛のフーガ」*Anselm Kiefer－Melancholia*，セゾン美術館，1993年
――――『シジフォスの笑い――アンゼルム・キーファーの芸術』岩波書店，1997年
谷　　徹「原故郷と異他世界」『他者の現象学 II』所収，北斗出版，1992年
谷川健一『民俗の思想』岩波書店，1996年
――――編『稲生物怪録絵巻』小学館，1994年
玉城康四郎『生命とは何か――ブッダを通しての人間の原像』法蔵館，1993年
ヨゼフ・ダン「ユダヤ神秘主義――歴史的概観」『岩波講座・東洋思想，第二巻　ユダヤ思想 2』岩波書店，1988年
ナタリー・ドゥプラズ「現象学的形而上学を求めて――ミシェル・アンリとマイスター・エックハルト」伊藤泰雄訳，新田・山口・河本編『媒体性の現象学』青土社，2002年
――――「認知科学とグノーシス的形而上学の試練を受けて――超越論的経験論としての現象学の実践的転回」永井晋訳，『思想』No.962，岩波書店，2004年 6 月号
西村亨編『折口信夫事典』大修館書店，1988年
新田義弘『現象学とは何か』紀伊国屋書店／講談社，1968／1992年
――――『現象学』岩波書店，1978年
――――『現象学と近代哲学』岩波書店，1995年
――――『現象学と解釈学』白菁社／筑摩書房，1997／2006年
――――『現代の問いとしての西田哲学』岩波書店，1998年
――――『世界と生命』青土社，2001年
――――「井上円了の現象即実在論」斎藤繁雄編著『井上円了と西洋思想』東洋大学，

1988年
――――「知の自証性と世界の開現性――西田と井筒」，『思想』No.968，「現象学と東洋思想」岩波書店，2004年12月号
ディヴィド・バカン『ユダヤ神秘主義とフロイド』岸田秀他訳，紀伊国屋書店，1976年
ハロルド・ブルーム『カバラーと批評』島弘之訳，国書刊行会，1986年
林　道郎『絵画は二度死ぬ，あるいは死なない・ロバート・ライマン』ART TRACE, 2004年
スーザン・ハンデルマン『誰がモーゼを殺したか』山形和美訳，法政大学出版局，1987年
デイヴィッド・ビアール『カバラーと歴史――評伝ゲルショム・ショーレム』木村光二訳，晶文社，1984年
エーリヒ・ビショフ『カバラ Q&A　ユダヤ神秘主義入門』林睦子訳，三交社，1995年
フェルディナント・フェルマン『現象学と表現主義』木田元訳，岩波書店，1984年
ジグムント・フロイト『モーセと一神教』渡辺哲夫訳，日本エディタースクール出版部，1998年
――――「不気味なもの」，『教文社版フロイト選集７』日本教文社，1970／1984年
クラウス・ヘルト『生き生きした現在』新田義弘他訳，北斗出版，1988年
――――「フッサールとギリシャ人たち」小川編訳『現象学の最前線』晃洋書房，1994年
ルドルフ・ベルネ「フロイトの無意識概念の基礎づけとしてのフッサールの想像意識概念」，『思想』岩波書店，2000年10月号
ヴァルター・ベンヤミン『ドイツ悲劇の根源』上／下，浅井健二郎訳，筑摩書房，1999年
トーレイフ・ボーマン『ヘブライ人とギリシャ人の思惟』植田重雄訳，新教出版社，1957年
本居宣長『古事記伝』(一) 岩波書店，1940／2003年
森　　敦『月山・鳥海山』文芸春秋社，1979年
柳田國男『柳田國男全集』６，筑摩書房，1989年
――――『妖怪談義』講談社，1977年
山田　晶『在りて在るもの』創文社，1979／1986年
湯本豪一編『明治妖怪新聞』柏書房，1999年
マーク・ローゼンタール「アンゼルム・キーファー概論」*Anselm Kiefer－Melancholia*，セゾン美術館，1993年